Romani Rose / Walter Weiss
Sinti und Roma im »Dritten Reich«

Romani Rose / Walter Weiss

Sinti und Roma im »Dritten Reich«

Das Programm der Vernichtung durch Arbeit

Herausgegeben vom Zentralrat Deutscher Sinti und Roma

Lamuv Taschenbuch 95

CIP-Titelaufnahme der Deutschen Bibliothek

Rose, Romani:
Sinti und Roma im »Dritten Reich« : das Programm
der Vernichtung durch Arbeit / Romani Rose ;
Walter Weiss. Hrsg. vom Zentralrat Dt. Sinti und
Roma. – -Göttingen : Lamuv, 1991
   (Lamuv-Taschenbuch ; 95)
   ISBN 3-88977-248-X
NE: Weiss, Walter; GT

Bitte fordern Sie unser kostenloses Gesamtverzeichnis an:
Lamuv-Verlag, Düstere Straße 3, D-3400 Göttingen

1. Auflage, Januar 1991
© Lamuv Verlag GmbH
Düstere Straße 3, D-3400 Göttingen und
Zentralrat Deutscher Sinti und Roma
Zwingerstraße 18, D-6900 Heidelberg, 1991

Gestaltung und Redaktion: Fritz Greußing
Titelfoto: Sinti und Roma beim Bau der Bahnstrecke Weimar-
Buchenwald
Gesamtherstellung: Grafische Werkstatt von 1980 GmbH
ISBN 3-88977-248-X

Inhalt

Vorwort

Zur planmäßigen Durchführung des nationalsozialistischen Völkermords aus Gründen der »Rasse« an 500 000 Sinti und Roma im besetzten Europa gehörte das Programm der »Vernichtung durch Arbeit«. Der für den Völkermord am jüdischen Volk verwendete Begriff der Einmaligkeit trifft genauso für diesen Holocaust an den Sinti und Roma zu. Als Sklavenarbeiter wurden sie Opfer des Vernichtungsprogramms in SS-Unternehmen und in den deutschen Rüstungsbetrieben. Zu diesen SS-Unternehmen gehörten Firmen wie die Deutsche Erd- und Steinwerke GmbH (DEST), die eigens für die Ausbeutung der Sklavenarbeiter in den Steinbrüchen der Konzentrationslager Mauthausen, Buchenwald, Flossenbürg, Natzweiler und Groß-Rosen gegründet wurden. Als Sklavenarbeiter waren Sinti und Roma nicht nur in den großen Rüstungswerken von Siemens, Daimler-Benz, AEG, Heinkel, Messerschmitt, BMW, VW, IG Farben und Steyr-Daimler-Puch, sondern auch in den kleineren Zulieferbetrieben der Rüstungsindustrie und bei Firmen wie dem heute so bekannten Bauunternehmen Philipp Holzmann beschäftigt.

Nach Schätzungen des Zentralrates Deutscher Sinti und Roma waren im »Dritten Reich« mehrere tausend Sinti und Roma aus fast allen nationalsozialistisch besetzten Ländern Europas zur Sklavenarbeit gezwungen worden. Sinti und Roma wurden bereits im Jahre 1938 nach den ersten umfangreicheren Deportationen zum Aufbau von Konzentrationslagern und nach Himmlers sogenanntem »Festschreibungserlaß« im Jahre 1939 zur Sklavenarbeit herangezogen. Die Arbeitsbedingungen in den einzelnen Rüstungsbetrieben der deutschen Industrie waren ähnlich grausam und unmenschlich wie in den Konzentrationslagern selbst. Sklavenarbeit von täglich 12 bis 15 Stunden mit völlig unzureichender und mangelhafter Ernährung war die Regel; sie führte nach wenigen Wochen zu Unterernährung, Krankheit und Entkräftung und zum sicheren Tod der Arbeitssklaven. Hinzu kamen tausende von Sklavenarbeitern, die von der SS bei der Arbeit mißhandelt, erschlagen, erhängt und erschossen wurden. Die überlebenden Sinti und Roma haben aufgrund der Sklaven-

7

arbeit für die deutsche Rüstungsindustrie schwere gesundheitliche Schäden davongetragen.

Nach dem Ende der nationalsozialistischen Gewaltherrschaft wurden Sinti und Roma systematisch um ihre berechtigten Entschädigungs- und Wiedergutmachungsansprüche betrogen. Die jahrzehntelange Verdrängung des planmäßigen Völkermords hat bis heute eine rechtliche und soziale Benachteiligung zur Folge.

Die Bürgerrechtsarbeit des im Februar 1982 gegründeten Zentralrats Deutscher Sinti und Roma führte dazu, daß der Holocaust an den Sinti und Roma noch im selben Jahr von der Bundesregierung durch den damaligen Kanzler Helmut Schmidt als »Völkermord aus rassischen Gründen« anerkannt wurde. Bundeskanzler Helmut Kohl sagte darüber hinaus am 7. November 1985 im Deutschen Bundestag: »Die Erinnerung an diese wie an die unzähligen anderen Opfer von Gewaltherrschaft und Rassenwahn darf niemals verlorengehen.«

Der Anspruch auf individuelle Entschädigung für erlittenes Unrecht im »Dritten Reich«, für Verfolgung, Deportation, Haft, Schaden an Gesundheit und Leben und für Sklavenarbeit hat sich auch für die deutschen Industrie-Unternehmen in den vergangenen 45 Jahren größtenteils auf biologische Weise durch den Tod der Entschädigungsberechtigten von selbst »gelöst«. Die heutigen Industrie-Unternehmen, die im »Dritten Reich« Sklavenarbeiter beschäftigt hatten, weigern sich vielfach bis heute, das dunkelste Kapitel ihrer Geschichte selbstkritisch aufzuarbeiten und eine moralische Verantwortung für die Ausbeutung und den Tod der Arbeitssklaven zu übernehmen. Dabei ist der finanzielle Aufbau der Industrie nach 1945 zu einem großen Teil das unmittelbare Ergebnis der Sklavenarbeit.

Die Industrie-Unternehmen IG Farben, Krupp, AEG, Telefunken, Siemens und Rheinmetall haben in den fünfziger und sechziger Jahren Entschädigungszahlungen für ehemalige jüdische Zwangsarbeiter an die Jewish Claims Conference geleistet. Als zur Jahreswende 1985/86 die Deutsche Bank vom Flick-Konzern die Dynamit Nobel AG kaufte und in diesem Zusammenhang die von Flick verweigerte Entschädigung für ehemalige jüdische Sklavenarbeiter der Dynamit Nobel öffentlich bekannt wurde, zahlte auch die Deutsche Bank 5 Millionen Mark an die

Claims Conference. Von all diesen Zahlungen konnte nur ein kleiner Teil der ehemaligen jüdischen Sklavenarbeiter mit Einzelbeträgen bis maximal 5000 Mark – die meisten weit darunter – entschädigt werden. Diese Firmen leisteten die Zahlungen ausdrücklich ohne Anerkennung einer moralischen Verantwortung. So zahlte die Firma Rheinmetall im Jahre 1966 zunächst einen Betrag von 2,5 Millionen Mark an die Claims Conference und erhielt anschließend von der amerikanischen Regierung einen Rüstungsauftrag in Höhe von 74,2 Millionen Dollar. Der Zentralrat Deutscher Sinti und Roma verlangt seit dem Jahre 1986 ebenfalls von einzelnen großen deutschen Industrie-Unternehmen Entschädigungszahlungen für ehemalige Sklavenarbeiter der Sinti und Roma. Die meisten Unternehmen wiesen Entschädigungsforderungen zurück, einige von ihnen behielten sich vor, die Sache weiter zu prüfen. Die AEG beschränkte sich in diesem Zusammenhang darauf, den Zentralrat auf die geleisteten Zahlungen an die Claims Conference hinzuweisen. Ähnlich verhielten sich bisher Krupp, BMW und die Deutsche Bank. Der Luft- und Raumfahrt-Konzern Messerschmitt-Bölkow-Blohm (MBB) bestritt, Rechtsnachfolger damaliger Flugzeugwerke wie Messerschmitt und Blohm & Voss zu sein. Siemens lehnte es gegenüber dem Zentralrat Deutscher Sinti und Roma ebenfalls ab, »Zahlungen zu leisten, zumal finanzielle Ansprüche unseres Erachtens nur gegenüber dem Rechtsnachfolger der damaligen Arbeitsverwaltung geltend gemacht werden können«, so das Siemens-Schreiben vom 19. März 1986.

Wie schnell sich diese Argumentation ändert und sich Industrie-Unternehmen als »Rechtsnachfolger« von Firmen aus der NS-Zeit verstehen, verdeutlicht das Beispiel der »IG Farben in Abwicklung«. Sofort nach Auflösung der DDR und der Eingliederung der fünf neuen Länder in die Bundesrepublik meldete dieses Unternehmen im Oktober 1990 Entschädigungsansprüche in Milliardenhöhe an und berief sich dabei auf Akten der Jahre 1936 bis 1945 aus dem früheren IG Farben-Archiv. Zur IG Farben gehörten neben Bayer, Hoechst und BASF zahlreiche weitere Chemie-Unternehmen, die Sklavenarbeiter ausbeuteten, unter anderem die Buna-Werke, für die »IG Farben in Abwicklung« jetzt Entschädigung für Grundstücke und Anlagen in der früheren DDR forderte. Dadurch stiegen die an der Frankfurter Börse notierten Aktien dieser »Abwicklungsgesellschaft« im Oktober 1990 innerhalb weniger Tage um das Doppelte. Allein in der Großanlage der Buna-Werke in Auschwitz-Monowitz wurden von 1941 bis 1945 mindestens 30 000 Arbeitssklaven – darunter viele Sinti und Roma – ermordet. Der IG Farben und der DEGUSSA gehörte auch die Deutsche Gesellschaft für Schädlingsbekämpfung (DEGESCH), die das Monopolrecht zur Herstellung des Massenvernichtungsgases Zyklon B besaß.

Die Glaubwürdigkeit für einen unternehmerischen Neuanfang in der Bundesrepublik Deutschland hängt auch davon ab, inwieweit diese Unternehmen anstelle einer Verdrängung bereit sind, ihre eigene Verstrickung mit dem NS-Regime selbst aufzuarbeiten.

Die Daimler-Benz AG hat auf ihrem Gelände in Stuttgart ein Mahnmal zur Erinnerung an die in ihren Werken im »Dritten Reich« beschäftigten rund 40 000 Fremd- und Sklavenarbeiter errichtet. Daimler-Benz hat Ende der achtziger Jahre einzelne Zahlungen an Wohlfahrtseinrichtungen für KZ-Überlebende in Holland und Polen geleistet. Individuelle Entschädigungen lehnte Daimler-Benz ab. Nach Gesprächen mit dem Zentralrat Deutscher Sinti und Roma stellte die Daimler-Benz AG im Herbst 1990 in Aussicht, für das Dokumentations- und Kulturzentrum Deutscher Sinti und Roma in Heidelberg eine Ausstellung über den nationalsozialistischen Völkermord an den Sinti und Roma in Europa zu fördern.

Der Aufbau dieses Dokumentations- und Kulturzentrums sowie ein Werkstattprojekt zur Förderung traditioneller Stein- und Holzbildhauerkunst von Sinti in der Pfalz werden schon seit 1986 von der mit der Firma Freudenberg verbundenen Freudenberg-Stiftung finanziell unterstützt, die damit die gesellschaftliche Verantwortung gegenüber der Volksgruppe der deutschen Sinti und Roma im Bewußtsein der Geschichte wahrnimmt.

Heidelberg, im Dezember 1990

11

Seite 11: *Reichsführer SS Heinrich Himmler mit IG-Farben Vertretern im März 1941 bei der Besichtigung von Auschwitz-Monowitz* (oben)

Die Buna-Werke im Auschwitz-Monowitz im Jahre 1945 (unten)

I. Einleitung

Heute leben in der Bundesrepublik etwa 60 000 deutsche Sinti und Roma – in der Regel diskriminierend als »Zigeuner« oder »Landfahrer« bezeichnet. Vor über 1000 Jahren – zur Zeit der Völkerwanderung in Europa – wanderten die Vorfahren der Sinti und Roma aus dem Nordwesten Indiens nach Europa. Die deutschen Sinti leben seit 600 Jahren im deutschsprachigen Mitteleuropa. Die deutschen Roma waren zunächst in Osteuropa beheimatet und kamen um die Jahrhundertwende und mit den deutschen Flüchtlingen nach 1945 nach Deutschland. Alle 60 000 hier lebenden deutschen Sinti und Roma sind deutsche Staatsbürger mit Berufen als Handwerker, Kaufleute, Künstler, Fabrikarbeiter, Angestellte usw. Schon vor der Völkermordpolitik der Nazis waren Sinti und Roma auch Beamte, beispielsweise bei der Post und Bahn. Die ca. 40 000 Sinti unterscheiden sich von den ca. 20 000 Roma ähnlich wie Bayern von Preußen. Ihre eigene, aus dem altindischen Sanskrit stammende Sprache wird in Europa von ca. fünf bis sechs Millionen Roma und Sinti von Land zu Land verschieden gesprochen. Mit den Gastarbeitern und seit der Öffnung der Grenzen zu Osteuropa kamen aus Jugoslawien, Polen und Rumänien auch ausländische Roma in die Bundesrepublik.

Die Geschichte der Sinti und Roma ist genauso wie die der Juden geprägt von Verfolgung, Diskriminierung und Ausgrenzung. Die Nationalsozialisten beabsichtigten mit dem Völkermord ihre vollständige Vernichtung.

Schon vor 1933 lebten die Sinti und Roma in Deutschland an festen Wohnorten und übten dort schon damals wie heute ihre Berufe aus. Sie dienten als Soldaten in der Kaiserlichen Armee und anfangs auch in der Deutschen Wehrmacht, bis der Reichskriegsminister mit gesonderten Erlassen die Juden und »Zigeuner« vom Wehrdienst ausschloß. Auch in den anderen Ländern Ost- und Westeuropas waren schon damals die Roma in Städten und Dörfern fest beheimatet wie die Juden.

Während der nationalsozialistischen Herrschaft sind rund fünf Millionen Männer, Frauen und Kinder mit Gewalt aufgegriffen und als Sklaven verschleppt worden. Millionen von Menschen wurden aufgrund ihrer »Rassenzugehörigkeit« verfolgt, verhaftet und in Konzentrationslager eingeliefert. Juden, Sinti und Roma, Polen, Russen und Ukrainer fielen der Ausrottungspolitik der Nazis zum Opfer, einer Politik, die nur ein Ziel verfolgte: die systematische Vernichtung allen »unwerten Lebens«. Dieses Vernichtungsprogramm war gekoppelt mit einer Sklavenarbeitspolitik, die ebenfalls eine programmatische Ausrichtung erlangen sollte. Von ihr waren nicht nur die Millionen von verschleppten und versklavten Zivilisten betroffen, sondern auch die Häftlinge der Konzentrationslager, die ohne Entlohnung in Fabriken und Betrieben überwiegend der Rüstungsindustrie arbeiten mußten. In den Jahren 1942 bis 1944 beschäftigte die SS ungefähr 1,8 Millionen Menschen, von denen ein Großteil an Rüstungsbetriebe ausgeliehen wurde. Viele Häftlinge wurden unmittelbare Opfer der unmenschlichen Arbeit; sie wurden in vielen Fällen buchstäblich »zu Tode gearbeitet« oder starben infolge von Mißhandlungen und Unterernährung aufgrund der katastrophalen Zustände in den Lagern. »Stets war die Idee der Arbeit mit der Idee der Ausrottung verbunden«, hieß es im Urteil des Internationalen Militärgerichtshofes von Nürnberg im Jahre 1948 gegen den SS-Obergruppenführer und General der Waffen-SS Oswald Pohl.[1] Die Arbeitskraft der Häftlinge wurde von der Privatindustrie und der SS-Industrie äußerst gewinnbringend eingesetzt. Die wirtschaftlichen Erfolge heutiger Konzerne und Industrieunternehmen verdanken sie zum Teil jenen »billigen« Arbeitskräften, die im »Dritten Reich« verschleppt und versklavt wurde, und den Häftlingen aus dem ungeheuren Reservoir der Konzentrationslager, aus dem die Industrie reichlich schöpfte.

Im November 1947 bezeichnete der Internationale Militärgerichtshof II in seinem Urteil gegen die Verantwortlichen für die Konzentrationslager und den Arbeitseinsatz der Häftlinge die Verhältnisse in den Lagern als so entsetzlich und grauenvoll, daß sie jeder Beschreibung spotteten, und mahnte gleichzeitig die Nachgeborenen, solches Grauen niemals zu vergessen.

»Die grauenhafte Geschichte der Mißhandlungen von Millionen Sklaven durch Deutschland, die die Konzentrationslager bis zum Bersten anfüllten – endlose Stunden erschöpfender Arbeit, Schlagen und Tötungen, Hunger und Erniedrigung – all das hat an Interesse verloren, weil es so oft erzählt wurde. Darin liegt eine Tragik. Es kann zu rasch vergessen werden. Noch einmal jedoch sei es hier berichtet, auf daß die noch ungeborenen Geschlechter es lesen und ernsthaft überlegen, daß von 1939 bis 1945 Millionen von Menschen in die Sklaverei verbracht und mit unmenschlicher Grausamkeit von einer Macht behandelt wurden, deren einzige Entschuldigung dafür die wirtschaftliche Notwendigkeit war – die Nazilehre vom 'Staate, der über der Menschheit steht'... Alle Gefühle des menschlichen Anstands, die den Menschen vom Tier unterschieden, waren vergessen und das Gesetz des Dschungels herrschte. Wenn es so etwas wie ein Verbrechen gegen die Menschlichkeit gibt, dann haben wir es hier in millionenfacher Wiederholung vor uns.«[2]

Als im Winter 1941/42 die »Blitzkrieg«-Strategie der deutschen Wehrmacht in der Sowjetunion gescheitert war und die nationalsozialistischen Machthaber sich auf einen langen Abnutzungskrieg einstellen mußten, hatte dies Konsequenzen für die deutsche Kriegswirtschaft. Sie war nun zu verstärkten Anstrengungen in der Rüstungsproduktion gezwungen. Um den zur gleichen Zeit auftretenden Mangel an Arbeitskräften zu beheben, sah man sich veranlaßt, neben der weiteren Zwangsrekrutierung von zivilen Arbeitskräften aus nahezu allen europäischen Ländern, vor allem aus den von der Wehrmacht besetzten Gebieten, auf das Reservoir an arbeitsfähigen Häftlingen zurückzugreifen. In den folgenden Jahren bis zum Kriegsende wurden aus den Konzentrationslagern und ihren Arbeitskommandos auch viele Sinti und Roma zur Zwangsarbeit in kriegswichtigen Rüstungsbetrieben abgestellt. Darunter waren so namhafte Unternehmen wie die Flugzeugwerke Messerschmitt und Heinkel, die Elektrokonzerne Siemens und AEG, die Automobilhersteller Daimler-Benz und BMW, die Waffenschmiede Krupp und Rheinmetall oder der Chemiekonzern I.G. Farben (heute Hoechst, Bayer, BASF u.a.), um nur einige der großen Industrieunternehmen zu nennen. Daneben gab es auch eine stattliche Anzahl von weniger bekannten Unternehmen, die etwa mit der Munitionsherstellung beschäftigt waren oder die Ersatz- und Zubehörteile für Flugzeuge, Panzer, Unterseeboote und anderes Kriegsgerät produzierten.

Die Geschichte des Zwangsarbeitseinsatzes läßt sich freilich nicht auf diesen Zeitraum begrenzen; es gab ihn schon Jahre zuvor. Andererseits ist dieser Einsatz selbst nur ein Aspekt in der leidvollen Geschichte der Diskriminierung, Verfolgung und Vernichtung von Sinti und Roma in Europa während der nationalsozialistischen Gewaltherrschaft. Im Vordergrund stand dabei von Anfang dieser Herrschaft an die Verfolgung aus rassistischen Gründen und der spätere Versuch der totalen Ausrottung in Europa, und zwar auf dieselbe Weise wie im Falle der Juden.

Zwar wurde die »Regelung der Zigeunerfrage aus dem Wesen der Rasse heraus« [3] mit dem Erlaß vom 8. Dezember 1938 in Gang gesetzt, doch ging bereits aus den Nürnberger Rassegesetzen von 1935 eindeutig hervor, daß nicht nur Juden, sondern auch Sinti und Roma den »minderwertigen Rassen« zugerechnet wurden, und von den Nazis früher oder später ausgelöscht werden sollten. Unter »Regelung der Zigeunerfrage« war dann auch nichts anderes zu verstehen, als die auf grausame Weise vollzogenen Liquidierung des Volkes der Sinti und Roma.

Im Jahre 1936 wurden die ersten 400 Sinti und Roma in das Konzentrationslager Dachau eingewiesen.[4] Anläßlich der Olympischen Spiele 1936 in Berlin wurde Mitte Juli das sogenannte »Zigeunerlager« Marzahn im Osten der Stadt eingerichtet. Schon seit der nationalsozialistischen Machtergreifung hatte man Sinti und Roma in Lagern, wie etwa dem in Düsseldorf-Vennhausen, festgehalten. Man hatte auch in jenem Jahr 1936 von NS-»Zigeunerforschern« bereits die ersten »genealogischen Untersuchungen« durchführen lassen. Bei den im Frühjahr/Sommer 1938 erfolgten Sonderaktionen im Rahmen des Erlasses vom Dezember 1937 zur sogenannten »vorbeugenden Verbrechensbekämpfung« wurde neben Juden eine unbekannte Anzahl von Sinti und Roma ausschließlich nach dem Kriterium »Zigeuner, männlich, erwachsen und standesamtlich nicht verheiratet« von der Gestapo in Haft genommen und anschließend in die Konzentrationslager Dachau, Mauthausen, Flossenbürg und Sachsenhausen für ein bis zwei Jahre oder auf Dauer eingeliefert. Im Laufe des Jahres 1938 kamen rund 1000 Sinti und Roma, Männer und Jugendliche, aus dem Reichsgebiet in das Konzentrationslager Buchenwald.[5] Im Sommer desselben Jahres brachte man 1500 männliche Sinti und Roma nach Dachau.[6] Die Verhaftungen wurden mit dem Erlaß vom Dezember 1937, insbesondere den Richtlinien vom 4. April 1938, gerechtfertigt. Es handle sich, so hieß es darin, um Personen, welche die Allgemeinheit gefährdeten oder die sich im nationalsozialistischen Statt der »selbstverständlichen Ordnung nicht fügen wollen«. [7]

Am 1. Juni 1938 wurden diese Maßnahmen erweitert und verschärft. Gefordert wurde nun im Zuge der »straffen Durchführung des Vierjahresplans« der »Einsatz aller arbeitsfähigen Kräfte«, der es nicht zulasse, daß Menschen »den Vierjahresplan sabotieren«.[8] Dieser Erlaß Heydrichs hatte den Zweck, Arbeitskräfte zu rekrutieren. Im Erlaß ist ausdrücklich davon die Rede, daß männliche arbeitsfähige Personen in »polizeiliche Vorbeugungshaft« zu nehmen seien. Nach Martin Broszat[9] war hier »zum ersten Mal klar ausgesprochen, daß Zwangsarbeit ein wesentlicher Zweck der Konzentrationslager sei«; und er äußert die Vermutung, daß es bei diesen polizeilichen Aktionen »um die Zwangsrekrutierung von Arbeitskräften für bestimmte Projekte ging, an denen die nationalsozialistische Führung und die SS besonders interessiert waren«. Denn in diese Zeit der forcierten polizeilichen Sonderaktionen falle die Gründung von SS-eigenen Baustoffproduktionsstätten in und bei Konzentrationslagern, vor allem die »Deutschen Erd- und Steinwerke GmbH« (DEST), die im Frühjahr 1938 gegründet wurden und deren Zweck in der Betreibung von Ziegeleien, Granit-, Ton- und Klinkerwerken, der Ausbeutung von Steinbrüchen und der Ausführung von Straßenbauarbeiten bestand. So hatte man bereits vor 1941/42 den Versuch unternommen, in den Konzentrationslagern ein Reservoir an Sklavenarbeitern zu schaffen. Falk Pingel weist darauf hin, daß bei dieser Verhaftungswelle rund 15 000 Personen in die Konzentrationslager eingewiesen wurden. [10]

Viele Sinti und Roma kamen in das seit September 1937 eingerichtete umzäunte »Zigeunerlager« in der Frankfurter Dieselstraße[11] und in das Magdeburger Lager am Holzweg, von wo aus sie in die Konzentrationslager Dachau, Buchenwald, Mauthausen und Sachsenhausen deportiert wurden. Nach dem Anschluß

Österreichs im März 1938 wurden dort Ende Juni die ersten Verhaftungen von Roma und Sinti durchgeführt. »Erste Deportationen nach Dachau, namentlich unter den Musikern wurden vorgenommen, gleichzeitig wurden an verschiedenen Orten Sammellager errichtet, von denen aus die Männer zur Arbeit bei der Ernte, in den Steinbrüchen und für den Straßenbau geholt wurden.«[12] Ein Jahr danach, im Juni 1939, ging ein Transport von 440 Roma-Frauen und ihren Kindern aus Niederösterreich und dem Burgenland in das Konzentrationslager Ravensbrück, wo sie ab Herbst 1941 und später zusammen mit Sinti-Frauen aus dem »Altreich« Uniformen für die Häftlinge und die SS herstellen mußten. In den Jahren 1938 bis 1940 wurden Arbeitslager in Wien, Salzburg, Tirol, Linz und Eisenerz[13] errichtet, im Herbst 1940 das »Zigeuner«-Konzentrationslager Lackenbach, in dem im November bereits 2400 Sinti und Roma inhaftiert waren.

Zu einer weiteren Verschärfung der Rassenpolitik gegen Sinti und Roma kam es im Anschluß an Himmlers »Grunderlaß« vom 8. Dezember 1938, der in Zusammenarbeit von Reichskriminalpolizeiamt (RKPA) und Rasseforschern ausgearbeitet worden war. Himmler hatte im Mai desselben Jahres angeordnet, die seit 1926 bestehende »Zigeunerpolizeistelle« München dem RKPA in Berlin als »Reichszentrale zur Bekämpfung des Zigeunerunwesens« einzugliedern; er hatte damit die organisatorischen Voraussetzungen für die Zusammenarbeit mit der seit 1936 in Berlin eingerichteten »Rassehygienischen Forschungsstelle« geschaffen. Die Ausführungsbestimmungen zu diesem »Grunderlaß«, die im März 1939 veröffentlicht wurden, verschlechterten die Lage der Sinti und Roma weiter.

Diese und andere gesetzliche Ausführungen, denen am 17. Oktober 1939 der »Festsetzungserlaß« folgte (Sinti und Roma durften ohne polizeiliche Erlaubnis ihren Wohnsitz oder Aufenthaltsort in den umzäunten und bewachten »Zigeunerlagern« nicht verlassen; bei Zuwiderhandlungen wurden sie sofort in ein Konzentrationslager eingewiesen), waren nur der Anfang auf dem Wege zur »Endlösung«. Ihren vorläufigen Höhepunkt fand diese Rassenpolitik im Mai 1940 mit den ersten großen familienweisen Deportationen in die besetzten Ostgebiete des Reichs.

Den im Frühjahr 1940 durch einen »Schnellbrief« der Sicherheitspolizei vom 27. April 1940 angeordneten Deportationen von
2800 Sinti (Frauen, Männer, Kinder, Greise) aus den Gebieten Hamburg, Bremen, Hannover, Köln, Düsseldorf, Frankfurt
am Main, der Pfalz und Baden-Württembergs in das »Generalgouvernement« ging eine Konferenz Heydrichs mit
hochrangigen SS-Führern am 30. Januar desselben Jahres in der
Wilhelm-Straße in Berlin voraus. In ihr wurde beschlossen, daß
»als letzte Massenbewegung die Abschiebung von sämtlichen
Juden der neuen Ostgaue und 30 000 Zigeuner aus dem Reichsgebiet und der 'Ostmark' (Österreich, die Verf.) in das Generalgouvernement erfolgen«[14] sollte. Damit waren auf administrativer
Ebene die Vorbereitungen getroffen worden für die Deportation von Juden, Sinti und Roma und ihre spätere systematische Vernichtung in den Konzentrationslagern der besetzten
Ostgebiete und des »Generalgouvernements«. Für diese Gebiete selbst wurde die »Germanisierung« Polens im »Generalplan Ost«[15] beschlossen. Das hieß nichts anderes als die Liquida-
tion der slawischen Völker, der »minderwertigen« Polen,
Russen und Ukrainer, und die Neubesiedlung durch Reichs-
bürger.

Zunächst aber dachte man daran, die Bevölkerung dieser
Länder für den Arbeitseinsatz disponibel zu halten, wenn auch
nur vorübergehend und für kurze Zeit. Dieser Aufschub bis zur
endgültigen Vernichtung kann als »Zwischenlösung« angesehen
werden in dem Sinne, »daß sie (die Zwischenlösung, die Verf.)
jetzt grundsätzlich dazu tendierte, die langfristige Vernichtung
mit Sklavenarbeit zu koppeln; das 'rassisch minderwertige
Polentum' sollte seine Arbeitskraft zur Verfügung stellen, sich
aber nicht mehr weiterproduzieren«.[16]

Gleiches galt auch für die in den »besetzten Ostgebieten«
lebenden Roma und die dorthin zwangsumgesiedelten Sinti und
Roma aus dem Reichsgebiet und der »Ostmark«.[17] Um die
»Arbeitkraft von Millionen Arbeitssklaven befristet zu erhalten,
ihre Reproduktion aber prinzipiell unmöglich zu machen«,[18] sah
man einerseits vor, diese Arbeitssklaven durch Arbeit zu vernich-
ten, andererseits plante man von seiten der »Reichsgesundheits-
führung« und des RKPA die Zwangssterilisation der 30 000 im

Reichsgebiet lebenden Sinti und Roma, bevor sie ins General-gouvernement und in den Warthegau deportiert werden sollten.

Den ersten Hinweis auf Pläne für die Zwangssterilisation der Sinti und Roma gab es bereits im Jahre 1933. Das »Rasse- und Siedlungsamt« der SS in Berlin forderte, die »Zigeuner und Zigeunermischlinge« zu sterilisieren. [19] Weitere Pläne wurden 1937 im »Reichsverwaltungsblatt« veröffentlicht. [20]

Daß es in einzelnen Fällen auch nicht zu Deportationen nach Polen kam, was jedoch den Willen zur Vernichtung und Zwangs-sterilisation keinerfalls ausschloß, geht aus einem Schreiben der Sicherheitspolizei Straßburg vom 16. September 1940 hervor, in dem es heißt: Junge und arbeitsfähige Personen »sind nicht zu evakuieren, sondern einem KZ im Altreich zu überweisen, damit sie hier zu schwerer Arbeit herangezogen werden können.«[21] Die Redewendung »zu schwerer Arbeit heranziehen« bedeutete in Wirklichkeit die Einweisung in solche Konzentrationslager wie zum Beispiel Mauthausen mit seinen Steinbrüchen oder Natzweiler, die für die Häftlinge den sicheren Tod zur Folge hatten. Daß damit neben Juden auch Sinti und Roma gemeint waren, geht aus diesem Schreiben zwar nicht ausdrücklich her-vor, ist aber aufgrund der Praxis der Rassenpolitik offensichtlich. Freilich war Vernichtung nicht immer der sofortige Zweck der Arbeit in den Konzentrationslagern, galt es zunächst doch auch, »Elemente, die keine Daseinsberechtigung im national-sozialistischen Staat hatten, sicherzustellen und deren Arbeits-kraft am Volksganzen nutzbar zu machen«.[22]

Von den 40000 im Deutschen Reich und in Österreich leben-den Sinti und Roma – davon ein Großteil 1940 bereits in Konzentrationslagern und »Zigeuner«-Zwangslagern innerhalb des Reichsgebiets inhaftiert – wurden bis zum Oktober 1940 allerdings nur etwa 3000 nach Polen deportiert. Sie wurden dort von Stadt zu Stadt, von Lager zu Lager weitertransportiert; sie kamen zusammen mit Juden in die großen Vernichtungslager wie Auschwitz, Majdanek, Treblinka, Chelm, Bialystok, Chelmno, Belzec, Siedlce u.a., in Ghettos wie Lodz, Warschau, Brest-Litowsk, in besonders für sie eingerichtete Lager in Danzig, Königsberg, Stettin, in Zwangsarbeitslager wie das von Rabka-

Zaryte. Dort wurden sie als Arbeitssklaven zum Straßen- und Gleisbau herangezogen, mußten Kanäle ausheben oder wie die in Polen ansässigen Roma schon Jahre zuvor in der Land- und Forstwirtschaft Frondienste leisten. Sie wurden zur Sklavenarbeit »abkommandiert« in kleine Privatbetriebe wie Kohlehandlungen, Bäckereien, Glasbläsereien, Kerzen- und Seifenfabriken, zu Baubrigaden der »Organisation Todt«, wo sie beim Bau von Rüstungs- und Verteidigungsanlagen, wie zum Beispiel der Ostwallbefestigung, eingesetzt wurden; sie kamen in die Steinbrüche der SS (DEST), und vereinzelt mußten sie auch in Rüstungsbetrieben wie der Steyr-Daimler-Puch Waffenfabrik in Radom oder in der Munitionsfabrik HASAG in Skazysko-Kamienna Zwangsarbeit leisten.

Weitere Massendeportationen von deutschen Sinti und Roma nach Polen wurden im Jahre 1940 nicht durchgeführt. Eine »Sonderregelung« traf man allein für Ostpreußen. Anfang August 1941 teilte Himmler dann in einem Rundschreiben mit, daß das Reichskriminalpolizeiamt den Kripo(leit)stellen »rassebiologische Gutachten« übersenden werde, mit deren Hilfe Sinti und Roma festzunehmen und in Lager einzuweisen seien. Die »rassebiologischen Gutachten« von Sinti und Roma gingen auf den Erlaß vom 8. Dezember 1938 zurück. Die »Rassehygienische und Bevölkerungsbiologische (später: »Kriminalbiologische«, die Verf.) Forschungsstelle« beim Reichsgesundheitsamt (einer Abteilung des Reichsinnenministeriums) in Berlin, die im Jahre 1936 gegründet wurde und als deren Leiter Dr. Robert Ritter und Eva Justin fungierten, erstellten solche »Rassegutachten«. Diese »Forschungsstelle« wurde im Jahre 1938 dem RKPA (ab September 1939 Amt V des Reichssicherheitshauptamtes) in Berlin unterstellt.

Schon Ende Oktober/Anfang November 1941 gingen weitere Transporte mit insgesamt über 5000 Sinti und Roma aus der »Ostmark« und dem Reichsgebiet in das Ghetto von Lodz.[23] Nach Posen wurden 120 österreichische Sinti und Roma als Arbeitssklaven in die »Deutsche Waffen- und Munitionsfabrik« gebracht; sie wurden im Januar 1942 zusammen mit den Überlebenden der Massenvernichtung von Lodz nach Chelmno (Kulmhof) transportiert und dort ermordet.

Einige Monate nachdem auf der Wannsee-Konferenz vom 20. Januar 1942 die »Endlösung der Judenfrage« beschlossen worden war, wurde auf Initiative Himmlers die Entscheidung über die Vernichtung der Sinti und Roma getroffen. Nach dem sogenannten Auschwitz-Befehl für Sinti und Roma vom 16. Dezember 1942 traten eine Reihe von Erlassen und Ausführungsanweisungen in Kraft, denen ab März 1943 intensive Verfolgungen und Deportationen für die letzten noch ca. 10 000 im Reichsgebiet lebenden Sinti und Roma folgten. Als maßgebender Faktor für die Festnahme und Deportation können jene Genealogien und »Rassegutachten« angesehen werden,[24] die von den Rasseforschern ausgearbeitet worden waren. Bei diesen Deportationen sollten unter anderem auch jene Sinti und Roma ausgenommen werden, die in der Rüstungsindustrie gebraucht und eingesetzt werden konnten. Ab Anfang März 1943 gingen aus den verschiedenen Teilen des Reiches und der »Ostmark« die Transporte dieser 10 000 Sinti und Roma direkt nach Auschwitz ins sogenannte »Zigeunerlager« in Birkenau. Zur selben Zeit wurden im annektierten Polen Roma in Bialystok inhaftiert und im Mai nach Auschwitz gebracht; dorthin kamen ferner Sinti und Roma aus den Konzentrationslagern Buchenwald und Sachsenhausen. Mehrfach wurden einige von ihnen zur »Vernichtung durch Arbeit« in die Steinbrüche von Mauthausen und Gusen geschickt.

Im November 1943 trafen von Auschwitz kommend 300 junge Sinti und Roma im Konzentrationslager Natzweiler ein; einige von ihnen wurden dort als Versuchsmaterial für pseudomedizinische Experimente mißbraucht; man infizierte sie mit dem Fleckfieber- und Typhusvirus und benutzte sie auch für die durchweg tödlichen Experimente des Dr. Rühl mit Senfgas. Andere brachte man im April 1944 nach Neckarelz, wo sie beim Stollenbau und beim Bau von unterirdischen Fertigungsanlagen der Daimler-Benz AG eingesetzt wurden.

Im Lager Auschwitz-Birkenau waren in der Zeit von April bis Juni 1943 Sinti und Roma bei Kanalisationsarbeiten und beim Verlegen von Wasserleitungen beschäftigt; ein Arbeitskommando hatte in den nahe gelegenen Wäldern Holz zu fällen und zu bearbeiten. [25] Sinti und Roma wurden zur Zwangsarbeit in das

Sinti und Roma im »Zigeunerlager« von Auschwitz-Birkenau

Kieswerk des DEST in Auschwitz-Babitz geschickt; sie mußten
Straßen und Gleisanlagen bauen, wie zum Beispiel im Auschwitz-
Nebenlager Monowitz; sie arbeiteten bei Krupp und Siemens, die
im Konzentrationslager Auschwitz Zweigbetriebe eingerichtet
hatten. Einige waren als Arbeitssklaven im Werk der I.G. Farben
in Monowitz beschäftigt. In diesem Betrieb zur Herstellung von
synthetischem Kautschuk, Buna, arbeiteten bis zu 10 000 Häftlinge. Die I.G. Farben unterhielten bei diesem Werk ein eigenes
Konzentrationslager. Das Werk selbst wurde auf Vorschlag und
Betreiben des I.G.-Vorstandes im Frühjahr 1941 errichtet. Man
hatte sich nicht nur wegen der luftkriegssicheren Lage des
Standortes entschlossen, das Werk dort aufzubauen, sondern vor
allem wegen des riesigen Reservoirs an Arbeitskräften. Traurige
Berühmtheit unter allen Industrieunternehmen, die Häftlinge als
Arbeitssklaven ausbeuteten, erlangte das Buna-Werk dadurch,
daß in ihm über alle Maßen die »Vernichtung durch Arbeit«
praktiziert wurde; es wurden mittelbar und unmittelbar durch
Arbeit über 30 000 Arbeitssklaven vernichtet.[26] Göring hatte schon
vor Errichtung des Werkes angeordnet, Häftlinge aus dem Konzentrationslager Auschwitz für den Aufbau und die Produktion
abzustellen. Im Buna-Werk der I.G. Farben gehörte die Prügel-

Birkenau. Häftlinge beim Ausschachten des Meliorationsgrabens, der Wasser vom sumpfigen Gelände des Lagers in die Weichsel abführen sollte, 1943.

strafe zur Tagesordnung; »Arbeitsunfähige« und Kranke wurden ins Hauptlager zurückgebracht, dort vergast und anschließend verbrannt. Die Häftlinge wurden miserabel ernährt und mußten oft bis zu 18 Stunden täglich arbeiten.

Die Geschichte der Verfolgung und Vernichtung der Sinti und Roma im Nationalsozialismus fand ihren grausamen Höhepunkt im Jahre 1944 mit der Liquidierung des »Zigeunerlagers« in Auschwitz-Birkenau. Im April wurden dort, nachdem noch im selben Monat ein Transport von 850 Sinti und Roma aus Ostpreußen eintraf, Selektionen durchgeführt. In den Monaten April, Mai und Anfang August 1944 wurden über 3000 Sinti und Roma für »arbeitsfähig« befunden und zur Sklavenarbeit in die Konzentrationslager Buchenwald, Flossenbürg und Ravensbrück transportiert. Die anderen wurden im Lager liquidiert. In der Nacht vom 2. auf den 3. August 1944 wurden von den in Auschwitz und Birkenau mit eintätowierten Nummern registrierten 20 943 Sinti und Roma die letzten 2983 in den Gaskammern

Auschwitz. Häftlinge beim Bau der Fabrikhalle eines Werkes, das anfangs dem Krupp-Konzern und dann den Union-Werken gehörte, 1942.

umgebracht. Die nach Ravensbrück »überstellten« 490 Frauen kamen zum Zwangsarbeitseinsatz in die Außenkommandos des Lagers nach Schlieben, Taucha und Altenburg, wo sie in dem Rüstungsbetrieb Hugo Schneider AG (HASAG) Munition, Granaten und Panzerfäuste herstellen mußten, nach Magdeburg in die Poltewerke, zum Flugzeughersteller Heinkel nach Rostock-Schwarzenforst, Barth in Pommern und – vom Lager Ravensbrück selbst aus – in das Werk in Oranienburg, nach Wittenberg an der Elbe, in die Arado-Flugzeugwerke nach Graslitz und Zwodau, in das Luftfahrtgerätewerk Berlin-Spandau und zur Firma Siemens nach Zwodau; bei Siemens-Schuckert arbeiteten sie auch in dessen Zweigbetrieb im Lager Ravensbrück. Nach Flossenbürg brachte man 82 Sinti, die nach Aussagen von Sinti für den Flugzeughersteller Messerschmitt arbeiten mußten.

Allein zu jener Zeit wurden annähernd 140 »Zigeunerinnen«, unter ihnen Mädchen im Alter von acht Jahren, in Ravensbrück zwangssterilisiert. [27]

Birkenau. Häftlinge beim Betonieren der Decke der Gaskammer im Krematorium II oder III, 1942 oder 1943.

Gewaltsam durchgeführte und zum Teil tödliche Sterilisationen hatten den Zweck, die Nachkommenschaft der Sinti und Roma zu verhindern und somit nach und nach das Volk als Ganzes auszulöschen. Bevor man aber das Nachwachsen einer neuen Generation zu verhindern suchte, beutete man zunächst einmal die Arbeitskraft der noch Lebenden aus. Man begnügte sich freilich nicht mit dieser Methode einer biologischen Ausrottung. Sehr viele Kinder von Sinti- und Roma-Frauen wurden von ihren Müttern getrennt und auf bestialische Weise erschlagen, zu Tode getreten, erwürgt oder ertränkt. Ärzte und Arztgehilfen nahmen an werdenden Müttern Zwangsabtreibungen vor. Viele Mütter, die dennoch ihre Kinder zur Welt brachten, haben sie niemals in den Armen gehalten.

Die Außenlager bei den Produktionsstätten von HASAG wurden später verwaltungsmäßig dem Lager Buchenwald unterstellt. Es gehörte mit seinen ungefähr 120 Außenlagern und Außenkommandos (darunter 20 bis 25 Frauenlager) zu einem der größten Konzentrationslager im »Altreich«. Die etwas mehr als 900 Sinti- und Roma-Männer, die man Anfang August 1944 dorthin transportierte, wurden zum überwiegenden Teil nach dem Konzentrationslager Dora-Mittelbau und seinen Außenlagern gebracht.

Im Kohnsteinmassiv bei Nordhausen im Harz, an dessen Südhang sich damals das Lager befand, wurden sie unter verheerenden Bedingungen zum Schlagen von Stollen und zum Bau von Verkehrsverbindungen – Straßen und Schienen – herangezogen. Im Raum Dora-Mittelbau gab es allein 15 Baustellen, auf denen die baulichen Voraussetzungen für die Verlagerung von kriegswichtigen Rüstungsbetrieben unter die Erde geschaffen wurden. Vereinzelt arbeiteten Sinti und Roma auch in den unterirdischen Produktionsbetrieben, in denen Jagdflugzeuge und V-Waffen hergestellt wurden. Sie mußten für die Gustloff-Werke in Weimar, ein Waffenhersteller, der ab Mitte März 1943 einen Zweigbetrieb im Konzentrationslager Buchenwald unterhielt, Gewehrläufe richten und Karabiner montieren. Im Konzentrationslager Buchenwald wurden Sinti und Roma gezwungen, Meerwasser zu trinken, um die Folgen für den menschlichen Organismus experimentell zu ergründen; man hat sie so lange gewaltsam zum Trinken angehalten, bis sie vor Durst wahnsinnig wurden. Viele sind an den unmenschlichen Versuchen gestorben oder haben bleibende körperliche und seelische Schäden davongetragen.

Die polizeilichen Festnahmen im Zuge der rassenpolitischen Aktionen des Jahres 1938, von denen neben Juden auch Sinti und Roma betroffen waren, hatten das Ziel, Arbeitskräfte für die Rüstungsindustrie zu rekrutieren. Zum erstenmal war damit – wie bereits erwähnt – ausgesprochen worden, daß Zwangsarbeit von Häftlingen ein wesentlicher Zweck der Konzentrationslager war. Zwar wurden Sinti und Roma im Jahre 1938 und in den folgenden Jahren nicht immer sofort in eines der großen Konzentrationslager eingeliefert, wie die Einweisung in eigens für diese Volksgruppe errichtete Lager zeigt, etwa dem in der Diesel-/Kruppstraße in Frankfurt am Main (1937), dem Lager Lackenbach in Österreich (1940) oder dem in Königsberg am Continerweg (1941). Auch kamen Sinti- und Roma-Häftlinge nicht immer direkt in die Rüstungsproduktion, aber diese Lager hatten meist durchaus konzentrationslagerähnlichen Charakter, sowohl was die Anlage selbst anbelangte als auch die Behandlung der dort inhaftierten Menschen. Diese Lager waren durchweg mit Stacheldraht umzäunt und standen unter polizeilicher Aufsicht und Bewachung.[28] Im Lager Düsseldorf-Lierenfeld, das mit Stacheldraht umgeben war, wurden Sinti und Roma beispielsweise von der Polizei schikaniert und »mußten unter SS-Bewachung in Arbeitskolonnen Zwangsarbeit leisten.«[29] Aber diejenigen, die man während der polizeilichen Festnahmen von 1938 verhaftet und in Konzentrationslager eingeliefert hatte, wurden in den Lagern selbst zur Arbeit ohne Entgelt gezwungen. Sie wurden sowohl beim Bau der Lager selbst als auch bei den SS-eigenen Wirtschaftsbetrieben, insbesondere im Bereich der Baustoffgewinnung, eingesetzt.

Von der Kriminalpolizei wurden seit 1938 die Konzentrationslager als »Arbeitslager« bezeichnet. [30] In dasselbe Jahr fällt auch die Gründung des Konzentrationslagers Ravensbrück, ein Frauenlager, das im Juni 1939 eröffnet und in das im Sommer 1939 bereits die ersten Sinti- und Roma-Frauen gebracht wurden. Sie mußten dort in der im Frühjahr 1939 gegründeten Rohrmattenflechterei und Schneiderei Ausrüstungs- und Bedarfsgegenstände militärischer und ziviler Art herstellen. Für ihre Arbeitsleistung erhielten sie keinen Lohn. Als Arbeitssklaven unter der absoluten Verfügungsgewalt der SS waren die weiblichen Häftlinge vollkommen rechtlos. Ihre Arbeitsverhältnisse wie die aller anderen KZ-Häftlinge entsprachen daher auch weniger denjenigen einer modernen Industriegesellschaft als vielmehr einer Sklavenhaltergesellschaft. Die Betriebe im Lager Ravensbrück wurden am 1. Juli 1940 von dem SS-Unternehmen »Gesellschaft für Textil- und Lederverwertung GmbH« übernommen. Eine Reihe anderer Unternehmen der SS wie die »Deutschen Ausrüstungswerke« (DAW), die im Mai 1939 gegründet wurden und die Werkstätten nicht nur in Sachsenhausen, Dachau, Buchenwald, Auswitz, Neuengamme und Fürstenwalde/Spree unterhielten, sondern auch im »Generalgouvernement«, stellte seit 1942 ihre Produktion in zunehmendem Maße auf die Rüstungsindustrie um. »Im Jahre 1942 bezogen sich schon 90% des gesamten Umsatzes auf rüstungs- und kriegswichtige Produktionen, vor allem wurden Instandsetzungsarbeiten frontbeschädigten Wehrmachtmaterials (Munitionskisten, Kartuschkästen, Geschoßkörbe, Geschoßhülsen, Gewehre und andere Heeresgegenstände) ausgeführt.« [31] Finanziert wurden die SS-Unternehmungen vor allem von der Dresdner Bank. Spenden in Millionenhöhe erhielten sie von führenden Repräsentanten der Großindustrie, die als Mitglieder dem Freundeskreis Himmlers angehörten.

Eine Änderung im Arbeitseinsatz von Häftlingen der Konzentrationslager, in der Sozialhistoriker zugleich den Beginn einer dritten und letzten Periode sehen, die sich bis zum Ende des Krieges und der Niederlage des Nationalsozialismus erstreckt, trat im Laufe des Jahres 1942 ein. Gleichzeitig mit dem Übergang der Konzentrationslager in die Zuständigkeit des im Februar 1942 gegründeten SS-Wirtschafts-Verwaltungshauptamtes, jener Zentralstelle, die unter anderem für die Lenkung des Arbeitseinsatzes von Häftlingen zuständig war, sowie der Verwaltung aller anderen Ressorts, den sogenannten Amtsgruppen für Truppenverwaltung, Truppenwirtschaft, Bauwesen und Wirtschaftliche Unternehmen des SS, die notwendig geworden war angesichts der desolaten rüstungswirtschaftlichen Lage, unterlagen nun die Konzentrationslager einem strukturellen Wandel. Sie sollten nicht mehr nur Orte der Inhaftierung und Vernichtung von »inneren Feinden« des Reiches und »Untermenschen« »artfremden Blutes« sein, sondern ein disponibles Heer von Arbeitskräften für Kriegsaufgaben liefern.

An der Tagesordnung blieb freilich der ungebrochene Vernichtungswille der Nazis, die gar nicht daran dachten, Menschen »minderwertiger Rasse«, wie es der »Generalplan Ost« vorsah, länger als notwendig am Leben zu erhalten. Im Himmlerschen Jargon hieß das »Freimachung des deutschen Volkskörpers von Polen, Russen, Juden und Zigeunern«. [32]

Die Konzentrationslager sollten also nicht länger nur Orte der Massenvernichtung sein, sondern ihre Insassen sollten nun in den Dienst der materiellen Produktion gestellt werden. »Ihre Tätigkeit ist notwendig ... um sie noch einmal zum Nutzen der großen Gemeinschaft auszuarbeiten« und »um diese negativen Menschen aus dem Volke auszuschalten«. [33] Industrielle Großbetriebe konnten nicht nur fortan beim Amt D II und später bei der Amtsgruppe C – Bauwesen –, dem »Sonderstab Kammler«, und seit Speers Erlaß Anfang Oktober 1944 beim Reichsministerium für Rüstung und Kriegsproduktion Konzentrationslagerhäftlinge anfordern, sondern sie hatten die Möglichkeit, in den Konzentrationslagern selbst oder in deren näherer Umgebung Zweigbetriebe zu eröffnen. In der Folgezeit entstanden bei den Konzentrationslagern zahlreiche Nebenlager, »wo immer die SS den Einsatz von Häftlingen erreichen konnte, oder wo er von staatlichen und privaten Firmen angefordert wurde«. [34] Diese Nebenlager wurden von den Rüstungsfirmen unterhalten und im allgemeinen von der SS bewacht. In ihnen stellten die Hauptlager Häftlinge für Rüstungsbetriebe ab. Sie waren aber auch zugleich Stätten der Rückführung von entkräfteten und erschöpften Häftlingen in die Hauptlager, wo sie zur Vernichtung bestimmt waren. Die Abmachungen zwischen SS und Betrieben waren dabei in der Regel so konkret, daß die für die Häftlinge verantwortlichen Betriebe von der Vernichtung wußten. Auch klappte im allgemeinen die Zusamenarbeit zwischen Konzentrationslagerleitung, SS-Dienststellen und Gestapo einerseits und den Industriebetrieben, den Konzernen und ihren Vertretern anderer-

seits vorzüglich. Die Gestapo wurde von den Betrieben einge-
schaltet, wenn es darum ging, sogenannte »Arbeitsverweigerer«
und »Arbeitsbummelanten« auszuschalten; in angeblich schweren Fällen wie »Sabotage« wurde häufig die Todesstrafe verhängt.
Was freilich als »Sabotage« gelten konnte, zeigt der Fall der
Betriebsleitung des BMW-Flugmotorenbaus, die sich im Sommer 1943 beschwerte, »daß sowjetische Kriegsgefangene aus
Chromstahl Armbänder herstellen; dies sei Sabotage und müsse
mit Erschießung bestraft werden«.[35] Selbst beim bloßen Ver-
dacht auf Sabotage war die SS bereit, Exekutionen durchzu-
führen.

Über die schlechte Behandlung der Häftlinge in den Betrieben
hinaus, die von unzureichender und mangelhafter Ernährung
über körperliche Züchtigung bis hin zu ständigen Drohungen, für
nicht mehr »arbeitsfähig« erklärt und ins Hauptlager zurückgeschickt zu werden, sowie der Bildung von Strafkompanien mit
besonders grausamen Arbeitseinsätzen reichte, konnten Indu-
striebetriebe im Einvernehmen mit den Staatspolizei(leit)stellen
»Arbeitserziehungslager« auf ihren Werksgeländen und in deren
unmittelbarer Nähe einrichten. So hatte zum Beispiel die Firma
Krupp in Essen Straf- und Erziehungslager für »Bummelanten«.[36]
In ihnen herrschten Verhältnisse, die nicht selten zum Tod von
Häftlingen führten. Bei Krupp gab es darüber hinaus ein parami-
litärisches Werkschutzsystem, gebildet aus bewaffneten Wach-
männern und Rollkommandos, die willkürlich gegen Zwangsarbeiter vorgehen konnten und diese oft schwer mißhandelten.
Im Keller des Kruppschen Hauptverwaltungsgebäudes befand
sich eine Art Folterkeller, in dem mißliebige Arbeiter verprügelt
wurden.[37]

Man muß annehmen, daß die Verhältnisse in anderen Rüstungsbetrieben wohl kaum besser waren. Der »Zwangscharakter
der Arbeit«, der mehr einem ideologischen als einem ökonomischen Verhältnis entsprang und der – so erschreckend es sein mag
– nur durch den Tod des Arbeitssklaven ein Ende fand, war für
Häftlinge der Konzentrationslager ungleich größer als für jene
Zwangsarbeitskräfte, die mehr oder weniger freiwillig ins »Reich«
gekommen waren oder die man in den okkupierten Ländern
zwangsrekrutierte (beide Formen waren ja nicht immer zu unter-

31

scheiden) und die man verharmlosend als »Fremdarbeiter« bezeichnete.

»Wo die Arbeitsvollzüge nicht selbst ein gewisses Reproduktionsniveau verlangten, blieb bis ins Jahr 1942 der Vernichtungseinsatz unter stets unausgeschöpftem Häftlingsreservoir bestehen, bis nach dem Scheitern des Blitzkriegskonzepts die Sicherheitspolizei nicht mehr von selbst hinreichend Häftlinge einlieferte, um die gestiegenen rüstungswirtschaftlichen Produktionsanforderungen erfüllen zu können.« [38] Man hat dieses Häftlingsreservoir stets auch aufzufüllen gewußt, indem man weiterhin Polen, Russen, Juden und »Zigeuner«, außerdem noch eine ständig wachsende Zahl von Kriegsgefangenen aller am Krieg beteiligten Nationen, in die Konzentrationslager einlieferte. Außerdem sollten »Elemente aus dem Strafvollzug an den Reichsführer SS zur Vernichtung durch Arbeit« [39] gebracht werden. Und man hat nach wie vor die »Arbeitsunfähigen« (Kinder, Alte, Kranke) von den »Arbeitsfähigen« getrennt und letztere zur Arbeit gezwungen, während man die anderen in die Gaskammern schickte. Man stellte auch weiterhin »Strafkompanien« zusammen, »Vernichtungskommandos« [40] in den Steinbrüchen, den Großziegeleien von Neuengamme und Sachsenhausen, den unzähligen Kies-, Sand- und Lehmgruben. In den Ziegeleien wurden aber nicht mehr Bausteine gebrannt, sondern Granaten geglüht. Es wurden besondere »Vernichtungsarbeitsplätze« geschaffen, die vor allem für politische Gegner des nationalsozialistischen Staates bestimmt waren. Man hat festgestellt, daß seit Beginn des Krieges der Überfüllung der Konzentrationslager dadurch begegnet wurde, daß man bewußte Vernichtung am Arbeitsplatz betrieb. Zwar hatte man ein gewisses Interesse, die Arbeitskraft der Häftlinge zu erhalten und ihre Arbeitsleistung zu steigern, indem man ihre Lage zu verbessern suchte, so daß im Herbst 1943 die Sterblichkeitsrate tatsächlich sank; aber bereits ein Jahr später »verschlimmerte« sich ihre Situation wieder unter dem wachsenden Druck der Rüstungsanforderungen angesichts der drohenden Niederlage, und im Gefolge einer forcierten Produktion von Rüstungsgütern stieg diese Rate wieder sprunghaft an. Dazu kam eine katastrophale Versorgungslage bei einer zugleich wachsenden Überbelegung der Lager.

Welchen Schwankungen diese Todesrate auch unterlag, die Zahl der Häftlinge, die beim Arbeitseinsatz ums Leben kamen, war in allen Konzentrationslagern sehr hoch. »Philip Grimm, ein SS-Mann, der im Arbeitseinsatzamt und in anderen Eigenschaften in verschiedenen Konzentrationslagern gearbeitet hat, gab an, daß die Anzahl der Todesfälle, wie dies aus der Arbeitsstatistik im Amt D-II, WVHA, hervorging, seiner Schätzung nach 10% pro Monat betrug. In den Rüstungswerken war der Prozentsatz vielleicht noch höher.«[41]

Doch man kann vermuten, daß die tatsächliche Quote viel höher lag, als von Amts wegen bekannt gemacht wurde. Allein in Nordhausen in der Nähe des Lagers »Dora« starben in einem Zeitraum von fünf Jahren 38 000 Häftlinge. Man schätzt, daß in »Dora-Mittelbau« und seinen 31 Außenlagern, in dem sehr viele Sinti und Roma waren, in der Zeit seines Bestehens 75 bis 80 000 Häftlinge umgekommen sind.

Die Todesrate entsprach denn auch der jeweiligen Arbeitsproduktivität. Sie lag in den Steinbrüchen von Mauthausen, die offiziell der SS gehörten, aber vollständig von der Firma Messerschmitt betrieben wurden, und wohl auch in denen von Flossenbürg, Natzweiler und Groß-Rosen bei ungefähr einem Zwanzigstel der normalen Leistung eines von privater Hand und mit freien Arbeitskräften geleiteten Steinbruches. Entsprechend hoch war hier die Todesrate, während man die niedrigste Todesrate dort verzeichnete, wo die Arbeitsproduktivität bei ungefähr der Hälfte eines vergleichbaren Betriebes außerhalb des Konzentrationslagers lag, wie etwa in den Textil- und Lederverarbeitungsbetrieben der SS im Konzentrationslager Ravensbrück. Nach wie vor galt der Grundsatz, wie es der Chef des SS-Wirtschafts-Verwaltungshauptamtes, Pohl, in einem Schreiben vom 30. April 1942 an Himmler, der ausdrücklich als »Befehl« deklariert war, ausdrückte, daß der »Einsatz ... im wahren Sinne des Wortes erschöpfend sein (muß), um ein Höchstmaß an Leistung zu erreichen«. [42] Deutlicher konnte das Aussaugen der Häftlinge bis zum letzten Blutstropfen kaum umschrieben werden. Himmler hat es auf seine Weise nicht weniger klar ausgesprochen. »Ob bei dem Bau eines Panzergrabens 10 000 Weiber umfallen, interessiert mich nur insoweit, als der Panzergraben für Deutschland fertig wird.«[43]

33

Ohne auf das Zeitmaß selbst für diese Ausbeutung bis zum Tode Rücksicht zu nehmen – es war im Grunde unmaßgeblich, weil immer genug arbeitseinsatzfähige Häftlinge zur Verfügung standen, die an die Stelle der Verstorbenen traten–, veranschlagte man gewöhnlich für die Lebensdauer eines Arbeitssklaven sechs bis neun Monate. In Wirklichkeit jedoch war der Zeitraum, in der sich die Arbeitskraft des Häftlings »erschöpfte«, erheblich kürzer, oft betrug er nur wenige Wochen. So kehrten zum Beispiel von 1200 französischen Offizieren, die in »Dora« zur Sklavenarbeit gezwungen wurden, nach sechs bis sieben Wochen nur 19 lebend von ihrer »Arbeitsstelle« zurück. Es ist fast unnötig hinzuzufügen, daß es der SS bei der Auswahl und beim Einsatz von Häftlingen in ihren Betrieben allein um deren »Arbeitsfähigkeit« ging, alle anderen menschlichen Aspekte wurden nicht in Betracht gezogen. Man betrachtete sie als bloße Arbeitsmaschinen, nicht als menschliche Wesen. Sie waren in den Augen ihrer Peiniger entseelte Wesen, nichts anderes als die Maschinen und Werkzeuge, mit denen sie arbeiteten, ja, diese toten Gegenstände hatten einen höheren Wert als die lebenden menschlichen Wesen, die man ersetzten konnte, während das bei einer Maschine oder einem Werkzeug nicht so ohne weiteres möglich war. Es war der grausame Triumph des Toten über das Lebendige. Man dachte nicht im geringsten daran, auch nur ein Mindestmaß an Lebensnotwendigem für den Erhalt der Arbeitskräfte zur Verfügung zu stellen, um so aus ihnen das Beste für die Produktion herauszuholen. Es war gleichgültig, wie viele Häftlinge »zu Tode gearbeitet« wurden.

Daß im Falle der Konzentrationslagerhäftlinge Zwangsarbeit, besser noch Sklavenarbeit, und Vernichtung eng beieinander lagen, ja gleichbedeutend waren, ist kaum von der Hand zu weisen. Die zum Vergleich herangezogenen Beispiele sprechen eine zu deutliche Sprache. Doch wie ist es mit jenen »Fremdarbeitern«, die nicht als Häftlinge, sondern als zivile Arbeitskräfte in den Rüstungsbetrieben eingesetzt wurden? Gab es hier Arbeit und dort – in den Konzentrationslagern – Arbeit und Vernichtung, »Vernichtung durch Arbeit«, Arbeit, die Vernichtung war? Es waren die sogenannten »Ostarbeiter«, die schon sehr früh, um die Jahrhundertwende, und dann auch noch in den dreißiger

Jahren freiwillig, wenn auch als Fremde, in die deutschen Fabriken und Betriebe zur Arbeit kamen. Sie mögen recht einträchtig mit ihren deutschen Kollegen zusammen gearbeitet und gelebt haben, wenn auch nicht ohne Geringschätzung und Diskriminierung, als Menschen zweiter Klasse, wie es heute noch die ausländischen Arbeitskräfte, sprich »Fremdarbeiter« oder »Gastarbeiter«, sind; ihre ersten lebensbedrohlichen Erfahrungen haben sie spätestens mit der praktischen Durchsetzung der nationalsozialistischen Rassenpolitik gemacht, als man nicht nur daran ging, Häftlinge als wichtigen ökonomischen Faktor in der Rüstungsindustrie produktiv einzusetzen, sondern die Ausrottung ganzer Völker wie der Juden, der Sinti und Roma beschloß und zugleich, wie aus dem »Generalplan Ost« hervorging, angekündigt hatte, das Volk der Polen, Russen und Ukrainer, die slawischen »Untermenschen« als sogenannte Helotenvölker auszubeuten.

Polen und Russen wurden als nützliches Arbeitsheer in den Rüstungsbetrieben beschäftigt, ebenso die anderen Völker und Volksgruppen, die man aus rassischen, politischen und religiösen Gründen verfolgte; man beraubte sie ihrer Rechte als Menschen, indem man ihnen ihre Freiheit nahm und sie der Rechtlosigkeit preisgab. Die Zwangsarbeiter wurden kaserniert und ghettoisiert, als »arbeitsscheu« und »faul« bezeichnet, nur um sie desto mehr der Arbeitshetze auszusetzen, bei einer Arbeitszeit von meist über 70 Stunden in der Woche, ohne arbeitsrechtlichen und sozialen Schutz, ohne Anspruch auf Urlaub, mit einer lächerlichen Bezahlung. Sie waren ständigen Bedrohungen und Mißhandlungen ausgesetzt, unter einem System der Überwachung, Disziplinierung und Bestrafung, das es jederzeit möglich machte, sie wegen angeblicher »Faulheit«, »Arbeitsbummelei«, »Arbeitsverweigerung«, vermeintlicher Sabotage in ein »Arbeitserziehungslager« oder Konzentrationslager einzuweisen. Unter solchen Zwängen, ausgeliefert einem permanenten Arbeitsdruck und Arbeitsterror·in den Betrieben, mußten sie arbeiten – sie hatten keine andere Wahl –, obwohl sie in der Regel der unmittelbaren und sofortigen Vernichtung nicht ausgesetzt waren. Ersetzt man unter Berücksichtigung dieser Tatsachen »Vernichtung durch Arbeit«, die es allein in den Konzentrationslagern gegeben haben soll, durch eine bloße konjunktive Einheit in der

Weise, daß man nun von »Arbeit und Vernichtung« als alternierende Form spricht, so übersieht man ganz offensichtlich den außerökonomischen, d.h. ideologisch bedingten Zwangscharakter der Arbeit außerhalb der Konzentrationslager. Indem man unterscheidet und behauptet, daß es Arbeit gegeben hat und Vernichtung, die in und durch die Arbeit vollzogen wurde, sagt man von dieser Arbeit, sie sei »Fremdarbeit« gewesen und übersieht, daß sie fast ausnahmslos unter Zwang, der nicht selbst der Arbeit und dem Arbeitsverhältnis an sich in einer modernen Industriegesellschaft und der Fremdbestimmtheit der Arbeit entsprang, geleistet werden mußte. Trennt man also Vernichtung von Arbeit, so nimmt die Arbeit eine andere Bedeutung an, sie wird gleichsam vom Vernichtungsgedanken befreit; begreift man auf diese Weise Arbeit für sich, so muß man leugnen, daß mit ihr der Wille zur Vernichtung gemeint war; Arbeit erscheint dann als eine gewöhnliche, zwar fremdbestimmt, aber ohne lebensbedrohlichen und tödlichen Zwang. Oder die Arbeit, die unter solchen Bedingungen ausgeübt wurde, besagt dann nur noch, daß sie von »Fremden« getan wurde, mit allen negativen Bestimmungen, welche dieser Arbeit im allgemeinen zuzurechnen sind. Man geht dann auf eine Position zurück, die noch hinter jene des Gesetzgebers zurückfällt. Denn selbst er räumt in einem solchen Falle »Schaden an der Freiheit« ein und gewährt eine Entschädigung für den erlittenen Verlust an Freiheit oder der Beschränkung derselben, sofern der ehemalige Zwangsarbeiter zu »unfreiwilliger Arbeit« herangezogen wurde und unter »haftähnlichen Bedingungen« stand.[44]

Daß dort, wo es Zwangsarbeit gab und nicht bloß »Fremdarbeit«, allein von »Fremdarbeit« die Rede ist, obwohl ganz offenkundig der äußere Zwang zur Arbeit und die Gewalt eines diktatorischen Arbeitssystems und terroristischer Arbeitsverhältnisse, deren Ursprung im nationalsozialistischen Herrschaftssystem selbst zu suchen ist, hinzukam, verrät nicht nur den legitimatorischen Charakter im Gebrauch des Begriffes, der gerade dadurch unscharf wird und nichts mehr aussagt, sondern tut im nachhinein denen noch Unrecht, die den Zwang am eigenen Leib auszutragen hatten. Darüber hinaus dient diese Auffassung von Arbeit, denen die Menschen unter Zwang ausgesetzt waren, unter nationalsozialistischen Gewaltverhältnissen und unter dem Aspekt der rassischen Verfolgung und Vernichtung ganzer Völker, jener Meinung, derzufolge die Arbeit damals gar nicht so schlimm habe sein können.

»Die Freiheit des Menschen von der Versklavung durch seine Mitmenschen stellt einen der Grundbegriffe der Kultur dar. Jedes Programm, das diesen Begriff verletzt, entweder aus falschem Gefühl der Überlegenheit heraus oder infolge dringender wirtschaflicher Bedürfnisse, ist untragbar und verbrecherisch.«[45] Der nationalsozialistische Staat unterwarf ungefähr eine halbe Million Häftlinge der Konzentrationslager dem Sklavenarbeitsprogramm. Sie waren ein mobiles Gut, das zum dauernden Besitz des »Reiches« gehörte. Und das »Reich« konnte nach Belieben über dieses Gut verfügen. Die Nazis haben diese »billigen« Arbeitskräfte an die Industrie ausgeliehen und daraus ihren Nutzen gezogen. »Arbeit macht frei«, jenes Signum, unter dem die Häftlinge die Konzentrationslager betraten, verdeutlicht in erschreckender Weise den kalten und tödlichen Zynismus eines amoralischen Systems, indem Arbeit nichts anderes war als Strafe, Unterdrückung, Mißhandlung, Folter, Tortur und physische Vernichtung – und darüber hinaus noch Quelle des Reichtums; indem Arbeit eine solche Qual und eine solches Leiden hervorrief, daß es den Menschen, die sie ertragen mußten, wie eine Erlösung erscheinen mochte, von ihr »befreit« zu werden. Der Zynismus bestand darin, »Freiheit« allein durch Vernichtung zu erlangen. Nicht einmal wie die antiken Sklaven, die – von allem befreit und doch kostbarstes Gut ihrer Herren, das es am Leben zu erhalten galt – doch noch die einzige Freiheit hatten, ihrem Leben selbst ein Ende zu machen, wurden die Häftlinge in den Lagern des »Dritten Reiches« behandelt.

Die deutsche Industrie hat durch den Einsatz von Konzentrationslagerhäftlingen ihren Reichtum vermehrt, obgleich sie und niemand anders dazu berechtigt war, die Arbeitskraft einer Person zu kaufen, die rechtswidrig ihrer Freiheit beraubt war;[46] sie hat die Häftlinge bei der SS angefordert und sie zur Zwangsarbeit in ihren Betrieben herangezogen, ohne sich um ihr Schicksal zu kümmern, wenn ihre Arbeitskraft erschöpft war und sie zur Vernichtung in die Konzentrationslager zurückgebracht wurden.

Sie hat ihren Vorteil und ihren Nutzen aus ihnen gezogen, ohne den Schaden, den sie ihnen zugefügt hat, bis heute anzuerkennen. Sie hat nur zu einem geringen Teil Entschädigungszahlungen geleistet an jene, welche die Möglichkeiten hatten, in der Öffentlichkeit Druck auf sie auszuüben. Ohne einen solchen Druck wären überhaupt keine Entschädigungen gezahlt worden. Entschädigungsleistungen für ehemalige Sklavenarbeiter der Sinti und Roma, die oft mit jüdischen Häftlingen in ein und demselben Betrieb zur Arbeit gezwungen wurden, hat man verweigert, vielleicht nur deswegen, weil sie einen solchen Druck auf die Industrie nicht ausüben konnten.

Ein Aspekt der Diskriminierung, rassischen Verfolgung und Vernichtung von Sinti und Roma ist ohne Zweifel ihr Einsatz als Arbeitssklaven in deutschen Privatunternehmen, aber auch in der SS-Industrie, in staatlichen und halbstaatlichen, halbprivaten Rüstungsbetrieben. Unter den Verantwortlichen der Industrieunternehmen herrscht heute noch jene »entsetzliche Gleichgültigkeit«, [47] von der Otto Küster, der Verteidiger von Wollheim im Prozeß gegen die I.G. Farben, spricht, wenn sie sich gegenüber Sinti und Roma und anderen Gruppen jeder Schuld und Verantwortung und damit berechtigten Forderungen und Ansprüchen zu entziehen versuchen. Es ist jene entsetzliche Gleichgültigkeit, mit welcher sie Verbrechen zusahen, die in ihren Betrieben und Werkstätten und nicht selten mit ihrer ausdrücklichen Billigung an den Arbeitssklaven begangen wurden. Sie wußten von diesen Verbrechen an Kriegsgefangenen, Juden, Sinti und Roma und anderen verfolgten Gruppen, von Verbrechen an verschleppten und versklavten Zivilisten aus nahezu allen europäischen Ländern; Verbrechen, die sie bewußt in Kauf genommen haben; sie unterstützten und forderten im einzelnen die auf so unmenschliche und grausame Weise betriebene Schinderei und Tortur, den Terror und den Mord an hilflosen und verängstigten Häftlingen im Rahmen des nationalsozialistischen Sklavenarbeitsprogramms, welches nur ein Ziel kannte, »Vernichtung durch Arbeit«, »Arbeit bis zur Vernichtung«.

Die Industrie hat auch nicht das geringste getan, um das Los und das Schicksal der Häftlinge zu verbessern. Sie kümmerte sich ganz einfach nicht um sie. Sie hat, wie das allgemein üblich war, die Augen verschlossen; sie hat Verhältnisse hingenommen und oft genug begünstigt, so wie sie der nationalsozialistische Staat mit seinem Unterdrückungs- und Terrorapparat geschaffen hatte. Gerade darin aber ist ihre Schuld zu sehen, beteiligt gewesen zu sein an diesem Vernichtungsprogramm durch Arbeit, und sei es nur an der stillschweigenden Hinnahme der unmenschlichen Arbeits- und Lebensbedingungen der Häftlinge, die für sie arbeiten mußten. Sie waren als solche »willfährige Gehilfen des Unrechtsstaates«. [48]

Die nicht enden wollende Kette der Leiden und des Unrechts, das man Sinti und Roma angetan hat, reicht von ständiger Diskriminierung in der Gesellschaft, polizeilicher Ausforschung, Überwachung und Verhaftung, Verfolgung und Vernichtung aus rassischen Gründen, von Opfern der Zwangssterilisation und pseudowissenschaftlicher Experimente bis hin zum Objekt der bloßen Ausbeutung ihrer Arbeitskraft, durch die viele den Tod fanden.

II. Die Sinti- und Roma-Frauen im Konzentrationslager Ravensbrück – Sklavenarbeit für die SS und in den Werken von Heinkel, HASAG und Siemens

Am 29. Juni 1939 wurden im Zuge einer vom Reichskriminalpolizeiamt angeordneten Aktion 440 Sinti- und Roma-Frauen aus Niederösterreich und dem Burgenland in das am 15. Mai desselben Jahres eröffnete Frauenkonzentrationslager Ravensbrück eingeliefert. Im Verlauf des Jahres trafen weitere Transporte ein. Im Dezember weist die Lagerstatistik annähernd 2500 weibliche Häftlinge aus, darunter jene 440 Frauen der Volksgruppe der Sinti und Roma.[1] Weitere Festnahmen und Einlieferungen ins Lager Ravensbrück folgten in den Monaten Januar bis April 1940. In diesem Zeitraum kamen erneut 715 weibliche Häftlinge ins Lager, darunter 101 Sinti- und Roma-Frauen, so daß sich im Frühjahr 1940 541 »Zigeunerinnen« in Ravensbrück befanden.[2]

Am 1. Oktober 1940 hatte das Frauenkonzentrationslager Ravensbrück eine Lagerstärke von 3657 Häftlingen erreicht. Ob in der Zeit von April bis Ende des Jahres weitere Frauen der Sinti und Roma in Ravensbrück eingeliefert wurden, konnte nicht festgestellt werden. Auch im darauffolgenden Jahr ist von neuen Einweisungen nichts bekannt. Erst im April und Mai 1944 und dann noch einmal Anfang August desselben Jahres kamen nach der Liquidierung des »Zigeunerlagers« Auschwitz-Birkenau drei Transporte mit insgesamt 1107 Sinti- und Roma-Frauen nach Ravensbrück. Unterdessen hatte das Lager eine Gesamtstärke von über 42 000 Häftlingen erreicht, einschließlich der Häftlinge in den Außenlagern. Im Laufe des Jahres und bis weit in den Januar des Jahres 1945 hinein wurden rund 30 000 weibliche Häftlinge den Außenlagern von Ravensbrück und anderen Konzentrationslagern zugeführt. Die Höchstzahl aller weiblichen Häftlinge in Ravensbrück und seinen Außenlagern wurde im Januar 1945 erreicht; es wurden rund 45 600 Häftlinge registriert.[3]

In den Jahren 1939 bis 1945 waren ungefähr 133 000 Frauen »durch das Lager gegangen«; etwa 92 000 Frauen und Kinder wurden im selben Zeitraum ermordet oder starben direkt oder indirekt an den Folgen der unmenschlichen Lebens- und Arbeitsbedingungen im Lager und in den Rüstungsbetrieben.[4] Von den 863 Kindern, die an diesem unglückseligen Ort geboren wurden, sind fast alle Opfer der Mordtaten der SS und ihrer Helfer geworden.[5] Unter ihnen waren viele Kinder von Sinti- und Roma-Frauen.

Im März und April des Jahres 1941 errichtete man neben dem Frauenlager ein kleines Männerlager, in welchem 350 Häftlinge der Konzentrationslager Sachsenhausen und Dachau untergebracht wurden. Der Sinto Max Friedrich war einer von diesen Häftlingen; er arbeitete im Lager Ravensbrück als Zimmermann. Die Sinti-Brüder Heinrich und Josef Leimberger, die ebenfalls in diesem Männerlager waren, mußten mit anderen Häftlingen in Ravensbrück Ausschachtungsarbeiten für den Bau einer Wäscherei ausführen.

Diejenigen Frauen der Sinti und Roma, die in den Jahren 1939 und 1940 ins Lager kamen, mußten zunächst in den dort eingerichteten SS-Betrieben arbeiten; darüber hinaus mußten sie alle anfallenden Lagerarbeiten verrichten; sie waren zum Planieren von Straßen eingesetzt, hatten Bauarbeiten aller Art auszuführen, mußten Gräben ausheben oder Kähne, die mit Steinen beladen waren, entladen. Natürlich kamen in den folgenden Jahren bis zu den großen Transporten im Frühjahr und Sommer 1944 auch vereinzelt Sinti- und Roma-Frauen nach Ravensbrück. Eine Tatsache, die neben den bekannten Transporten ins Frauenkonzentrationslager oft unerwähnt bleibt. In der Regel wurden sie an ihrem Wohn- oder Aufenthaltsort von der Gestapo verhaftet, in Sammellager für »Zigeuner« gebracht, in denen sie von ihren Eltern oder ihrer Familie getrennt wurden. Dann wurden sie nach Ravensbrück gebracht.

Im Frühjahr 1942 und in der Folgezeit wurden nach und nach die meisten der in Ravensbrück inhaftierten Frauen der Sinti und Roma den Rüstungsbetrieben »überstellt«. Jene, die mit den großen Transporten des Jahres 1944 nach Ravensbrück kamen, blieben dort nur einige Wochen in Quarantäne und wurden

Sinti- und Roma-Frauen in der Strohmattenflechterei des KZ Ravensbrück

danach den einzelnen Rüstungsbetrieben zugeteilt und in großen Gruppen in diese Betriebe gebracht. Für sie war Ravensbrück nur eine Art Durchgangslager auf dem Weg in die Sklavenarbeit. Und die Lager selbst, in die man sie brachte und die im allgemeinen in der Nähe der Rüstungsbetriebe lagen, waren für sie Außenlager von Ravensbrück, obwohl sie verwaltungsmäßig oft einem anderen Konzentrationslager unterstanden – eine in ihrer Lage begreiflicherweise unbedeutende und auch für uns zu vernachlässigende Tatsache.

Nach Aussagen der ehemaligen weiblichen Häftlinge der Sinti und Roma mußten alle bis etwa Mitte 1942 im Lager arbeiten. Sie mußten Rohrmatten und Strohschuhe flechten, Häftlings- und SS-Bekleidung herstellen und ausbessern; einige waren in der Zuschneiderei tätig, sie hatten Pelze, die man vor allem jüdischen Häftlingen bei ihrer Einlieferung in die Konzentrationslager weggenommen hatte, zurechtzuschneidern und in Fliegerjacken einzunähen. In der Rohrmattenflechterei arbeiteten fast ausschließlich Sinti- und Roma-Frauen.[6] Neben diesen im eigentlichen Sinne produktiven Tätigkeiten, zu denen sicher auch das Ausladen und Transportieren von Steinen, Sand und Erde und der Straßen- und Kanalbau gehörte, zwang man Häftlinge, so unnütze und nur einem perversen »Erziehungsgedanken« und Vernichtungswillen ihrer Peiniger entspringende Tätigkeiten auszuführen, wie Sand oder Schnee von einem Ort zum anderen zu schaufeln, nur um danach den gleichen Haufen in kurzer Zeit wieder zurückzuschaufeln, und dies von morgens bis abends und oft tagelang. Die Frauen und Mädchen wurden bei dieser sinnlosen Arbeit von den SS-Aufseherinnen angetrieben, sie wurden angeschrien und geprügelt, wenn sie nicht dem Tempo folgten, das man je nach Lust und Laune vorgab. Nach Feststellung des Autorenkollektivs »Frauen-KZ Ravensbrück« waren hiervon fast ausschließlich »Zigeunerinnen« und Jüdinnen betroffen.[7]

Die weiblichen Häftlinge von Ravensbrück kamen auch außerhalb des Lagers zum Arbeitseinsatz. Das Autorenkollektiv berichtet von einem solchen Einsatz im Winter 1942/43, bei dem »etwa 60 Häftlinge, darunter auch 13- bis 14jährige Zigeunerkinder, auf der Halbinsel Darß (Ostsee) unter Leitung der Aufseherin Leopold mit dem Rohrschneiden beschäftig (waren).«[8] Kinder dieser Altersgruppe schickte die SS später auch in die Rüstungsbetriebe. Es leben heute noch Sinti und Roma, die in diesem Alter die schwersten körperlichen Arbeiten ausführen mußten; sie waren wie die Erwachsenen gezwungen zu arbeiten, in zwölfstündigen Tag- und Nachtschichten, hungernd, frierend und stets der Erschöpfung nahe und immer verzweifelt darüber, daß sie von ihren Eltern getrennt waren. Man kann sich vorstellen, welche seelische Zerrüttung neben den körperlichen Schäden, die sie dadurch erlitten, der Einsatz von Kinderarbeit nach sich gezogen hat, eine Zerrüttung, die sich noch auf ihre eigenen Kinder übertragen hat. Dieselben seelischen Qualen mögen Frauen ausgestanden haben, die in Ravensbrück schwanger waren und die – soweit man nicht vorzeitig eine zwangsweise Abtreibung vorgenommen hatte – bis kurz vor der Entbindung schwere körperliche Arbeiten leisten mußten. Auf ihre Schwangerschaft und ihre Gesundheit wurde nicht die geringste Rücksicht genommen.

Nicht geringere Leiden mußten auch all die anderen weiblichen Häftlinge über sich ergehen lassen, die man tagtäglich zur Arbeit abstellte. Nach mündlichen Berichten von Frauen der Sinti und Roma verging kein Tag, an dem nicht eine Reihe von Frauen bei der Arbeit geschlagen wurde, manchmal so heftig, daß einzelne von ihnen ins Krankenrevier gebracht werden mußten. Und wenn sie nicht mehr in der Lage waren weiterzuarbeiten, wurden sie kurzerhand in die Gaskammer geschickt. Oftmals kam es bei der Behandlung der Häftlinge zu den fürchterlichsten Exzessen. So berichtet Erika Buchmann in ihrem Buch »Die Frauen von Ravensbrück« vom Prozeß gegen die SS-Aufseherin Erika Bergmann, die man wegen ihrer grausamen Taten im Lager Ravensbrück zu lebenslänglicher Zuchthausstrafe verurteilte.

»Diese Aufseherin hatte eines Tages den Auftrag erhalten, mit einer Kolonne Ravensbrücker Häftlinge außerhalb des Lagers zu Planierungsarbeiten zu gehen. Weil eine zwanzigjährige Zigeunerin angeblich nicht genug arbeitete, ließ sie ihren Hund auf diese los. Der Hund zerriß dem jungen Mädchen den Unterleib. Blutend und mit heraushängenden Gedärmen wurde die Bewußtlose auf Befehl der Bergmann ins Schilf gelegt und dort, ohne daß sich ein anderer Häftling um sie kümmern durfte, einige Stunden lang liegengelassen. Als die Kolonne abends ins Lager einrücken wollte, war die Zigeunerin gestorben.

In einem anderen Fall hetzte die SS-Frau ihren Hund auf zwei Zigeunerinnen, die in die Rippen und in den Fuß gebissen wurden. Im Herbst 1943 wurde eine Polin von dem Hund der Bergmann schwer an der Hand verletzt. Sie erhielt nicht die Erlaubnis, die Arbeit einzustellen. Eine Zeugin sagte im Prozeß aus, daß sie von der Aufseherin so geschlagen wurde, daß sie ein halbes Jahr blind war. Der Grund: ihr abgeschnittenes Haar war lockig nachgewachsen, und Locken waren für Häftlinge streng verboten! Ein anderes Mal wurde die gleiche Zeugin von der Bergmann geschlagen und mit den Füßen in den Leib getreten, weil sie im Regen ein Kopftuch umzubinden gewagt hatte. Dabei schrie die Angeklagte: 'Wer Häftling ist, der ist kein Mensch!' Zwei Häftlinge, die im Keller arbeiteten, in dem Hunderte Zentner Gemüse infolge der Nachlässigkeit der SS verfaulten, hatten sich heimlich eine Rübe genommen, um ihren Hunger zu stillen. Die Bergmann schlug sie mit einer Zaunlatte und ihrer Hundeleine so, daß einer Frau das Gesicht durch einen Nagel aufgerissen wurde und die andere schwere Schwellungen davontrug. Eine Einundsechzigjährige überschüttete die Bergmann bei großer Kälte, nachdem die Frau neun Stunden 'Strafestehen' im Freien hinter sich hatte, mit kaltem Wasser. Eine Zigeunerin wurde von ihr solange geschlagen, bis sie zusammenbrach. Beide Häftlinge starben.«[9]

Ähnlich schreckliche Vorfälle werden auch von befragten Sinti-Frauen berichtet. Aufseherinnen wie die Bergmann waren nicht die Seltenheit, eher die Regel, und es gab sie in großer Anzahl später dann auch in den Rüstungsbetrieben. Sie beherrschten ihr grausames Handwerk so perfekt, daß sie noch gegenüber ihren männlichen Kollegen, die keineswegs zimperlicher mit den Häftlingen umgingen, auf größeres Lob und größere Anerkennung des nationalsozialistischen Staates hoffen durften.

Die weiblichen Häftlinge schufen in den Werkstätten der »Gesellschaft für Textil- und Lederverwertung mbH« (»Texled«) enorme Vermögenswerte für die SS. In den Jahren 1940 bis 1942 wurden in geringfügigem Umfang zivile Aufträge erledigt, während der Produktionsanteil für Konzentrationslager und die Waffen-SS etwa zu gleichen Teilen 80 bis 90 Prozent betrug. Diese Verteilung änderte sich im Jahre 1943 mit der wachsenden Nachfrage nach sekundärem Kriegsmaterial. Der Anteil der Waffen-SS stieg auf 80 Prozent der Gesamtproduktion, die zivilen Aufträge schrumpften auf drei Prozent, und der Anteil der Produktion für die Konzentrationslager betrug lediglich noch etwa 17 Prozent. Der Umsatz erreichte im selben Jahr rund 8,8 Millionen Reichsmark bei einer Beschäftigung von annähernd 3000 Häftlingen.[10]

Wie hoch man die Arbeitskraft eines Häftlings bewertete, ist aus der internen Rechnungslegung der Lagerleitung für die SS-Wirtschaftsbetriebe ersichtlich. Danach waren bis Ende 1942 für gelernte und ungelernte Sklavenarbeiterinnen bei einem achtstündigen Arbeitstag 30 Reichspfennig zu entrichten. Die Leihgebühren wurden im Jahre 1943 stufenweise angehoben und erreichten im Oktober desselben Jahres mit fünf RM für Fachkräfte und vier RM für Hilfsarbeiterinnen den Höchststand.[11]

Allerdings wurde im gleichen Zeitraum auch die Arbeitszeit der Häftlinge von acht Stunden täglich auf zwölf bis 14 Stunden angehoben; außerdem führte man nun auch Nachtschichten ein. Von diesen Tagessätzen erhielten die Häftlinge nicht einen Pfennig. Ja, sie trugen durch ihre Arbeit dazu bei, ihr eigenes Los zu erhalten, indem man den Ertrag ihrer Arbeitsleistung zur Finanzierung der Konzentrationslager verwendete.

Im Frühjahr 1942 wurde in Ravensbrück ein Transport von Frauen für die Flugzeugwerke Heinkel in Barth/Pommern zusammengestellt. Unter ihnen befanden sich nach Aussagen einer diesem Transport zugeteilten Sintiza rund 180 weibliche Häftlinge der Volksgruppe der Sinti und Roma. Einige von ihnen wurden gegen Ende des Krieges in das Heinkel-Werk Rostock-Schwarzenforst verlegt. Andere wurden erst im Laufe der Zeit – meist von Auschwitz kommend – über einen kurzen Zwischenaufenthalt in Ravensbrück nach Barth und Schwarzenforst gebracht. Frauen der Sinti und Roma wurden außerdem in der Folgezeit zur Sklavenarbeit in folgende Rüstungsbetriebe geschickt: Arado-Flugzeugwerke, Wittenberg an der Elbe; Siemens & Halske, Zwodau/Falkenau und Lager Ravensbrück; Luftfahrt-Gerätewerk, Graslitz; Hugo Schneider AG (HASAG), Altenburg, Schlieben und Taucha bei Leipzig; Polte-Werke, Magdeburg (Genthin); »Universelle«, Dresden, und nach Wolkenburg an der Mulde in zwei nicht näher bekannte Betriebe, in denen Flugzeugteile und Munition hergestellt wurden. Eine kleine Anzahl von Häftlingen schickte man darüber hinaus zu den Henschel Flugzeugwerken nach Schönefeld bei Berlin. Die jeweilige Anzahl der in den einzelnen Rüstungsbetrieben zur Sklavenarbeit gezwungenen Sinti und Roma wurde aufgrund von Aussagen der dort beschäftigten Frauen der Volksgruppe festgestellt. Die Angaben können folglich nach oben und unten abweichen, dürften sich jedoch insgesamt als zutreffend erweisen. Daß nahezu alle Frauen der Sinti und Roma zur Sklavenarbeit in die Rüstungsbetriebe gebracht wurden, lag wohl auch daran, daß sie im Gegensatz den vielen ausländischen Häftlingen ausnahmslos Deutsch sprachen und deshalb leicht anzuleiten waren.

Der bekannteste deutsche Flugzeugbauer neben Messerschmitt, Junkers und Dornier, nämlich Heinkel, begann schon frühzeitig in den dreißiger Jahren, nachdem er seine Produktionsstätten von Warnemünde nach Rostock-Marienehe verlagert hatte, mit der Herstellung von Kampfflugzeugen. Unbestreibar waren die Heinkel-Werke für die »deutsche Wiederaufrüstung« »eine ungeheuer wertvolle, ja, entscheidende Grundlage für die kommende Entwicklung«.[12] Eine Zusammenarbeit der SS mit der Luftfahrtindustrie, deren wesentlicher Aspekt der Häftlingseinsatz in diesem Rüstungsbereich war, erfolgte in größerem Umfang im Frühjahr 1943 und sollte in den folgenden Monaten und Jahren durch die groß angelegte Produktion der V-Waffen und des Jägerprogrammes noch eine Steigerung erfahren. Aus einer Übersicht der »Feld-Kommandostelle«, die mit Schreiben vom 8. März 1944 Reichsmarschall Göring übersandt wurde, »geht hervor, daß zur Zeit rund 36 000 Häftlinge für Zwecke der Luftwaffe eingesetzt sind«.[13]

Vorgesehen war, die Anzahl der in der Luftfahrtindustrie eingesetzten Häftlinge auf 90 000 zu erhöhen. Gigantomanisch wird zugleich von den Erfordernissen eines weiteren Einsatzes von 100 000 Häftlingen im Zuge der Verlegung von Produktionsstätten der Luftfahrtindustrie unter die Erde gesprochen. Aus der »Übersicht über den Einsatz von Häftlingen in der Luftfahrtindustrie« geht im einzelnen hervor, daß im Januar 1944 in den drei Werken von Heinkel 9725 Häftlinge der Konzentrationslager als Arbeitssklaven beschäftigt waren. Davon entfielen auf die Heinkel-Werke Heidfels bei Wien-Schwechat 2065 (vorgesehen waren 3200), Barth in Pommern 1721 (2000) und die Werke in Oranienburg bei Berlin 5939 (6500). Die Zahl der geleisteten Arbeitsstunden für diese drei Werke belief sich auf 2 621 339. In den Heinkel-Werken in Oranienburg (über den Einsatz von KZ-Häftlingen im Werk Oranienburg und das Konzentrationslager Sachsenhausen siehe nachfolgendes Kapitel) stellten zu diesem Zeitpunkt die rund 6000 eingesetzten Häftlinge bereits 60 Prozent der Gesamtbelegschaft. Ihr Anteil sollte sich im Jahre 1944 noch weiter erhöhen.

Die Auswahl der Häftlinge, die für den Arbeitseinsatz in Frage kamen, wurde im Frauenkonzentrationslager Ravensbrück von den Kapos und »Arbeitseinsatzführern« der Rüstungsbetriebe vorgenommen. Nicht selten jedoch kamen Direktoren der verschiedenen Rüstungsbetriebe und Offiziere der Wehrmacht in das Lager in der Absicht, vor Ort eine Auswahl von Häftlingen zu treffen.[14] Bei der Vernehmung des Lagerkommandanten von Ravensbrück, Fritz Suhren, vor dem »Internationalen Militärgerichtshof« hat dieser ausgesagt, daß Direktoren von Rüstungsbetrieben ins Lager gekommen seien.[15] Das bereits mehrfach zitierte Autorenkollektiv vermerkt dazu: »Wie Viehhändler begutachteten sie ihre 'Ware', die Mädchen und Frauen, die in ihren Kleidern, die ihnen um den abgemagerten Körper schlotterten, manchmal mit nackten, blaurot gefrorenen Beinen vor ihnen standen. Sie waren vom Arbeitseinsatz ausgewählt und listenmäßig erfaßt worden. ... So sehr die Häftlinge die schwere Arbeit, die Mißhandlungen und den Hunger in der Rüstungsindustrie fürchteten, so hatten sie andererseits Angst, für arbeitsunfähig erklärt zu werden. Wußten sie doch, daß sie nur durch Arbeit ihr Leben erhalten konnten.« [16] Die Tatsache freilich, daß viele Häftlinge sich lieber der Sklavenarbeit unterwarfen als in die Gaskammern zu kommen, erlaubt es weder der Industrie, sich nachträglich als Retter aufzuspielen, noch wird dadurch die These erhärtet, daß es in einer bestimmten Phase der nationalsozialistischen Kriegsproduktion keine »Vernichtung durch Arbeit« mehr gegeben habe.

»Es kann nicht geleugnet werden, daß viele Insassen indirekt der Tatsache ihr Leben zu verdanken hatten, daß sie in äußerst bedeutsamen Bereichen der Kriegsproduktion beschäftigt waren. Doch ein Unternehmen trägt kein großes moralisches Verdienst davon, wenn seine Motivation, Insassen zu beschäftigen, nicht darin lag, das Leben der Häftlinge zu retten, sondern eigene oder nationale Interessen zu verfolgen. Hätte Deutschland den Krieg gewonnen, wäre das Schicksal der Juden besiegelt gewesen. Die deutsche Industrie setzte KZ-Insassen an die Arbeit, nicht um sie zu retten, sondern um Deutschland zu retten. Sieg für Deutschland bedeutete Niederlage für die Insassen und Tod den Juden. Das nach dem Kriege hervorgezogene Argument, die deutschen Industriellen hätten die Juden mit ihrem Arbeitsangebot gerettet, ist eine erfundene und unglaubwürdige Vereinfachung. Unter typischen Bedingungen wurde 'Ausbeutung kombiniert mit Auslöschung' (Fried) ... Günstigenfalls war die Bewahrung der Juden vor Vernichtung eher eine zeitweilige Notwendigkeit, aber nicht das endgültige Ziel.«[17]

Was aber die Behandlung der jüdischen Häftlinge angeht, so unterschied sie sich in nichts von derjenigen der Sinti und Roma. Die Heuchelei der Industrie ist offenkundig; nicht um die Rettung der Häftlinge ging es ihr schließlich, sondern um die Bewahrung ihrer ökonomischen Interessen, die sie mit den Interessen des nationalsozialistischen Staates »gleichgeschaltet« hatte, und deren Rettung war unabdingbar mit dem Schicksal des »Dritten Reiches«, seiner Erhaltung oder seines Untergangs verquickt, so wie von diesem Schicksal das Leben der Häftlinge in den Rüstungsbetrieben und Konzentrationslagern abhing. In diesem Lichte muß auch die Frage nach der »Vernichtung durch Arbeit« gesehen werden. Man hat diese Vernichtung gewiß nicht so konsequent und systematisch betrieben, wie das bei Erfüllung der Eroberungspläne der Fall gewesen wäre. Man sah sich gewissermaßen gezwungen, sie aufzuschieben, ohne sie aufzuheben. Dies beweisen nicht zuletzt die Massengräber, die man nach dem Krieg in der Nähe von Rüstungsbetrieben entdeckt hat; man hat in diesen Gräbern erschlagene, erhängte und erschossene Häftlinge aufgefunden.

Die Sintiza Rosa Wiegand aus Wiesbaden war eine der weiblichen Häftlinge des Lagers Ravensbrück. Ihre Geschichte der Verhaftung und Verfolgung, ihre Einlieferung ins Konzentrationslager und ihre »Abstellung« für die Sklavenarbeit in einem deutschen Rüstungsbetrieb steht für das Schicksal vieler Frauen der Sinti und Roma. Sie wurde im Mai 1940 in Worms verhaftet und mit ihren Familienangehörigen nach Polen deportiert. Mit Hilfe eines polnischen Aufsehers konnte sie mit einigen Mitgliedern der Familie und ihren Kindern aus dem Lager in Polen in die Tschechoslowakei fliehen. Dort beschafften sie sich gefälschte Ausweise und gelangten mit diesen nach Wiesbaden. Im Mai 1941 wurde Rosa Wiegand dann erneut verhaftet und in das Frauenkonzentrationslager Ravensbrück eingeliefert. Sie war damals 21 Jahre alt. In Ravensbrück kam sie in Block 4, der »Zigeunerinnen« vorbehalten war. Sie erhielt die KZ-Nummer 64 454 und mußte zunächste im Lager selbst arbeiten.

»Es gab praktisch keine Arbeit, die ich nicht getan habe. Ich war in der Mattenflechterei, in der Nähstube, beim Straßenbau, ich habe Häuser mit gebaut und Gräben ausgeschachtet. Ich mußte in diesen Gräben, in denen mir oft das Wasser bis zu den Hüften stand, im Sommer wie im Winter, Erde schaufeln. Ich habe im Wald gearbeitet, Loren gefahren und Kähne mit Steinen entladen. Wir mußten täglich zwölf Stunden arbeiten. ... Einmal ist ein Häftling ausgebrochen, es war Winter, es war sehr kalt, und man hat uns mitten in der Nacht aus den Betten geholt; wir mußten ohne unsere Holzpantinen, barfuß, und nur im Nachthemd auf der Lagerstraße 'Strafestehen'; denn, so sagte man uns, wenn einer abhaut, gilt: 'Einer für alle, und alle für einen'. Während wir standen, sind unsere Füße auf dem eisigen Boden angefroren, wir durften uns ja nicht bewegen und nicht warm reiben, und dann haben sie uns auch noch mit Wasser naß gespritzt.«

Im Mai oder Juni 1942 – sie erinnert sich nicht mehr genau an den Monat – kam Frau Wiegand zum Arbeitseinsatz in das Heinkel-Werk nach Barth in Pommern. In Barth wurden Flugzeuge gefertigt, und die Häftlinge aus Ravensbrück mußten dort Bleche für den Rumpf und die Tragflächen der Flugzeuge zusammennieten.

»Eines Tages mußten wir auf dem Appellplatz antreten, die SS kam, SS-Aufseherinnen, in Begleitung von Zivilisten; ich bin sicher, daß sie von Heinkel gekommen sind; sie haben junge, gesunde und kräftige Frauen ausgesucht, auch mich haben sie ausgesucht und viele Russinnen, Polinnen und Sinti und Roma und andere. Dann haben sie uns auf Lastwagen nach Barth gebracht, zum Fliegerhorst. Dort standen Flugzeughallen, in denen Flugzeuge von Heinkel gemacht wurden. Zuerst hab ich Tragflächen zusammengenietet und später kam ich in die Haupt-kontrolle; ich habe geprüft, was die anderen gemacht haben; ich bin dahin gekommen, weil ich lesen und schreiben konnte, und ich konnte vor allem die technischen Zeichnungen lesen.«

Einen solchen »bevorzugten« Arbeitsplatz konnten Sinti und Roma freilich nur sehr selten erlangen. In den Flugzeughallen wurde Tag und Nacht gearbeitet, in zwölfstündigen Schichten, rund um die Uhr, so daß die Produktion nie still stand. Während der Arbeit, für die sie natürlich nicht entlohnt wurden, war es den weiblichen Häftlingen untersagt, weder untereinander noch mit den zivilen Arbeitskräften zu sprechen. Es herrschte bei der Arbeit eine eiserne Disziplin. Und jeder Verstoß gegen diese Disziplin wurde mit Prügel und Mißhandlungen bestraft. Die Häftlinge standen unter Bewachung von SS-Aufseherinnen, die Hunde mit sich führten und recht willkürlich mit Peitschen auf die Frauen einschlugen. Rosa Wiegand erinnert sich:

»Es kam öfters vor, daß ich von einer Aufseherin mit der Riemenpeitsche geschlagen wurde. Einmal wurde ich so getreten, daß ich nicht mehr gehen konnte, ich habe aber trotzdem weiter gearbeitet, sonst hätten sie mich zurückgeschickt. Sie haben mich oft geschlagen, einfach so, ohne Grund, ohne daß ich irgend etwas Verbotenes getan habe. Auch andere Frauen wurden geschlagen, das war jeden Tag so. ... Einmal mußte ich den ganzen Tag lang draußen vor dem Werk zur Strafe stehen, weil ich während der Arbeit kurz gelacht habe; ich mußte den ganzen Tag still stehen, nachdem ich zwölf Stunden in der Nacht gearbeitet hatte und mich eigentlich hätte ausruhen dürfen.«

Und Frau Wiegand fügt hinzu, daß es auch vorgekommen sei, »daß Meister oder Vorarbeiter von Heinkel Häftlinge vor SS-Aufseherinnen in Schutz genommen haben.« Frauen, die etwas »Verbotenes« getan hätten, seien nach Ravensbrück in die Arrestzellen gekommen; viele von ihnen seien nicht mehr nach Barth zurückgekommen.

Das Essen, das die Häftlinge in der halbstündigen Mittagspause und abends nach Beendigung der Arbeit in den nahegelegenen Unterkunftsbaracken des Werkes einnahmen – morgens gab es nur ein paar Schlucke Kaffee-Ersatz –, war sehr schlecht und oft ungenießbar. Eine andere Sintiza berichtet, daß sich neun Häftlinge ein Brot am Tag teilen mußten; manchmal gab es in der Mittagspause zwei Pellkartoffeln, in der Regel aber mußte die übel schmeckende Steckrübensuppe, der man oft Rübenblätter beifügte, ohne diese begehrte Zutat eingenommen werden. Sofern davon etwas übrig blieb, erhielten die Frauen dieselbe Kost auch noch am Abend. Völlig ungenießbar und ekelerregend war diese Suppe immer dann, wenn die weiblichen Häftlinge in ihr Würmer fanden.

Wenige Wochen vor Kriegsende – die weiblichen Arbeitssklaven hatten inszwischen auch an Sonn- und Feiertagen zu arbeiten – wurde Rosa Wiegand mit anderen Frauen, darunter viele Sinti- und Roma-Frauen, in die unterirdischen Produktionsanlagen von Heinkel in Schwarzenforst bei Rostock gebracht. Heinkel fertigte dort Flugzeug, allerdings schon unter erheblichem Mangel an Material. Untergebracht wurden die Häftlinge in einem ehemaligen Lager für französische Kriegsgefangene. Einige der Sinti- und Roma-Frauen wurden bereits im Jahre 1943 nach Schönefeld bei Berlin in die Henschel Flugzeugwerke geschickt, wo sie in der Flugzeugteilefertigung eingesetzt wurden. Andere arbeiteten im Lager Ravensbrück selbst bis Ende 1943 für die Firma Siemens & Halske und wurden dann nach Barth gebracht. Gegen Ende des Krieges beschäftigte Heinkel in seinem Werk in Barth zwischen 1600 und 1800 männliche und rund 2000 weibliche Häftlinge;[18] der Anteil der Frauen der Sinti und Roma lag nach Schätzungen von Rosa Wiegand und anderen zwischen 250 und 300.

Ein weniger bekannter Flugzeughersteller waren die Arado-Flugzeugwerke in Babelsberg bei Berlin, die für Häftlinge der Konzentrationslager ein Zweigwerk in Wittenberg an der Elbe hatten. Es wurden dort ausschließlich weibliche Häftlinge beschäftigt; ihre Anzahl dürfte ungefähr 500 betragen haben.[19] Der Anteil der Sinti- und Roma-Frauen lag zwischen 50 und 80.

Bei der Gründung der Arado-Flugzeugwerke im Jahre 1917 in Warnemünde stand Graf Zeppelin Pate. Die Flugzeugfabrik, die während des Ersten Weltkrieges rund 40 Prozent aller deutschen Seeflugzeuge herstellte, avancierte in den dreißiger Jahren zum viertgrößten Flugzeugproduzenten des »Dritten Reiches«. Sie fertigte nun auch Flugzeuge für den Kampfeinsatz in der Luft. Im Jahre 1944 kamen die ersten weiblichen Häftlinge von Ravensbrück nach Wittenberg; sie mußten dort Flugzeugteile herstellen. Vermutlich wurden in Wittenberg auch Flugzeugteile im Auftrag anderer Flugzeugbau-Unternehmen wie Heinkel und Messerschmitt gefertigt.

Frau Angelokastritis, geb. Schmidt, aus München ist eine von 22 noch lebenden ehemaligen Sklavenarbeiterinnen der Sinti und Roma, die in den Arado-Flugzeugwerken in Wittenberg zum Arbeitseinsatz kamen. Aufgrund des Festsetzungserlasses vom 17. Oktober 1939 wurden ihre Eltern im Winter 1939/40 in Köln

»festgeschrieben«, ihr Vater unterhielt dort ein Zirkusunternehmen. Um einer Verhaftung zuvorzukommen, flüchteten sie aus Köln und gelangten mit anderen Familien bis in die Türkei. Dort wurden sie festgenommen und mit ihrer ganzen Habe nach Skopje in Jugoslawien zurücktransportiert. Ein erneuter Fluchtversuch im Januar 1941 mißlang; sie wurden von der Gestapo verhaftet und in das Konzentrationslager Nis (südlich von Belgrad) eingeliefert. Von dort aus wurde Frau Angeloskastritis mit ihren Eltern und Geschwistern nach Auschwitz-Birkenau gebracht. Im Sommer 1944 wurde ihr Vater von Birkenau aus verschleppt; sie hat niemals mehr etwas von ihm gehört. Ihre Mutter starb im Lager Birkenau an Typhus. Zusammen mit ihren Geschwistern wurde sie selbst als junges Mädchen im Alter von 17 Jahren in Auschwitz »selektiert« und mit anderen weiblichen Konzentrationslagerhäftlingen nach Ravensbrück transportiert. Bevor sie von dort aus nach Wittenberg gebracht wurde, verbrachte sie einige Wochen in Quarantäne. Sie kam mit anderen Frauen in ein Häftlingsbarackenlager, das man in unmittelbarer Nähe der Arado-Werke errichtet hatte. Unter ihnen befanden sich nach Aussage von Frau Angelokastritis auch ca. 50 bis 60 Sinti- und Roma-Frauen.

Wie in allen Außen- und Fabriklagern, so mußten auch hier die weiblichen Häftlinge in aller Frühe zum Zählappell antreten und anschließend in geschlossenen Formationen nach militärischer Art in die nahegelegenen Fabrikhallen marschieren. Hier wurde in Zwölfstundenschichten gearbeitet. Es war den Frauen unter Androhung von Strafen verboten, miteinander zu sprechen. Und die Arbeit selbst war so anstrengend und mühsam, daß sie den Sklavenarbeiterinnen, deren Körper ohnehin schwach und ausgezehrt waren, oft die letzten Kräfte raubte. Dies war vor allem auf die schlechte Ernährung zurückzuführen, die häufig aus nichts anderem bestand als einem Stück Brot am Tag oder einer dünnen Wassersuppe. Viele Frauen, so erzählt Frau Angelokastritis, seien einfach aus Schwäche bei der Arbeit zusammengebrochen. Man hat sie in das Krankenrevier des Barackenlagers, das mehr einer Leichenhalle als einer Krankenunterkunft glich, gebracht, wo sie auf ihren Tod warteten. Frauen sind von den SS-Aufseherinnen und -Aufsehern geschlagen und mißhandelt worden, wenn sie bei der Arbeit den kleinsten Fehler machten. Dabei sei es doch ganz natürlich, so schreibt eine Sintiza, daß man »in dieser körperlichen Verfassung ... Fehler begeht« (Ida Martin). Frau Angelokastritis schildert eine Begebenheit, bei der eine SS-Aufseherin selbst einen Vorwand gesucht hat, um auf sie einprügeln zu können.

»Wir sind viel bei der Arbeit geschlagen worden. Einmal hat eine SS-Aufseherin in der Nähe meines Arbeitsplatzes eine Semmel auf den Boden geworfen. Natürlich habe ich versucht sie aufzuheben, ich hatte ja sehr großen Hunger. Aber ich bin nicht dazu gekommen, wie Sie sich denken können; noch bevor ich die Semmel aufheben konnte, hat die Aufseherin so fürchterlich auf mich eingeschlagen, daß ich bewußtlose wurde. Zum Glück konnte ich aber kurze Zeit danach weiterarbeiten. Sie hat die Semmel ja nur hingeworfen, um einen Grund zu haben, mich zu schlagen.«

Als sie sich über das verschimmelte Brot, das man Häftlingen zum Essen gab, beschwerte, wurde sie zur Rede gestellt und fast zu Tode geprügelt.

»Eine große, dicke und sehr brutal aussehende SS-Frau schlug mich mit einem Totschläger bewußtlos. Sie schleppten mich auf den Appellplatz und ließen mich dort die ganze Nacht über liegen. Im Krankenrevier kam ich wieder zu mir. Von meiner Kusine, die ebenfalls mit Vergiftungserscheinungen im Krankenrevier lag, erfuhr ich, daß ich zwei Tage bewußtlos war.«

Als die Alliierten sich gegen Ende des Krieges Wittenberg näherten, verließen die SS-Leute fluchtartig das Barackenlager wie Ratten das sinkende Schiff; sie fanden allerdings noch Zeit, die Lebensmittel im Lager zu vergiften. Viele Häftlinge aßen trotz Warnung eines Küchenbediensteten von den vergifteten Lebensmitteln und wurden später tot aufgefunden.

Die Kriegsanstrengungen Hitlers machten eine zunehmende Produktion von Kanonen und Panzern, Flugzeugen und Kriegsschiffen aller Art notwendig. Da aber solches Kriegsgerät ohne elektrische und elektronische Teile kaum einsatzfähig war, wurde auch in der Elektroindustrie rechtzeitig daran gedacht, die Produktion von Relais, Telefonen, Mikrophonen, Steuer- und Horchgeräten und anderes mehr dem wachsenden Bedarf anzupassen. So wurden im Jahre 1942 auch diesem Industriezweig aus Mangel an »freien reichsdeutschen Rüstungsarbeitern« billige Arbeitskräfte aus den Konzentrationslagern zugeführt.

Auf der südlichen Seite des Frauen-Konzentrationslagers Ravensbrück, dort, wo die Bahnlinie die »natürliche« Grenze des Lagers bildete, wurden im Jahre 1943 20 Werkshallen für die Firma Siemens & Halske, Berlin, errichtet. Im Dezember 1944 erhielt Siemens neben diesen Werkshallen ein eigenes Häftlingsbarackenlager, ein Arbeitslager, das im Häftlingsalltag auch als »Siemenslager« bekannt war. Aus der Aufstellung über den »Häftlingseinsatz für Zwecke der Luftfahrtindustrie« ist zu entnehmen, daß im Januar 1944 genau 872 weibliche Häftlinge bei Siemens Ravensbrück »eingesetzt« waren; »vorgesehen« war zu diesem Zeitpunkt für die kommenden Monate und Jahre der Einsatz von 2400 Sklavenarbeiterinnen. Im September 1942 ging man noch davon aus, »daß allein für diese Firma in Ravensbrück 3000 Insassen beschäftigt sein werden«.[20] Die Zahlen waren ingesamt gesehen etwas zu hoch angesetzt, doch gegen Ende des Krieges waren dennoch rund 2000 Häftlinge[21] in den Werkshallen von Siemens, in denen Nachrichtengeräte wie zum Beispiel Kehlkopfmikrophone hergestellt wurden, beschäftigt.

Siemens-Schuckert baute Anfang des Jahres 1944 außerdem Fertigungswerkstätten auf dem Lagergelände von Auschwitz; in ihnen sollten später – allerdings nur in geringem Umfang – Schalt- und Steuergeräte für Nachtjäger gefertigt werden. Geräte für die Luftwaffe wurden zu jener Zeit im Luftfahrtgerätewerk in Zwodau/Falkenau der Firma Siemens & Halske, Berlin Hakenfeld, produziert. Hergestellt worden sein sollen solche und andere elektronische Geräte nach Aussagen des Sinto Peter Rose auch im Lager »Dora-Mittelbau«. Als Hersteller von Elektromotoren stand die Firma Siemens darüber hinaus mittelbar in den Diensten der Massenvernichtung des Hitler-Regimes. Sie hat über die Firma Topf & Söhne, Erfurt, solche Motoren für elektrische Aufzüge geliefert, mit denen die Leichen im Krematorium von Auschwitz in die Verbrennungsöfen befördert wurden.[22]

Andere Elektrokonzerne wie AEG, die Ludwig Loewe Werke, die seit 1942 im Besitz der AEG waren, und Telefunken, unter Militärs das »Auge und Ohr« der deutschen Wehrmacht, haben

Häftlingsfrauen auf dem Weg zur Sklavenarbeit in Ravensbrück

bereits Ende der dreißiger Jahre ausländische Arbeitssklaven beschäftigt. Die Zahl der Zwangsarbeiter bei AEG und den von ihr übernommenen Unternehmen, vor allem von Kabel-, Kupfer- und Messingsproduzenten, die sie zur größten Kabelgesellschaft Europas machte, und der Ago-Flugzeugwerke betrug im Jahre 1942 rund 16 000. Einige Sinti und Roma arbeiteten in den Jahren 1939 bis 1942 im Kabelwerk der AEG in Berlin-Oberspree. Sie erhielten in dieser Zeit nur die Hälfte des üblichen Lohnsatzes. Die Palette der Erzeugnisse, welche die Elektroindustrie herstellte, reichte von Scheinwerfern, Feldkabeln, elektrischen Zündungen und Suchgeräten bis hin zu Gewehr- und Maschinengewehrteilen, Haft- und Tellerminen, Panzergranaten und Panzerabwehrkanonen.

In einem geheimen Schreiben des Chefs des SS-Wirtschafts-Verwaltungshauptamtes (WVHA), SS-Obergruppenführer Pohl, vom 20. Oktober 1942 an den Reichsführer SS, Heinrich Himmler, finden sich die ersten Hinweise auf die aktive Zusammenarbeit der Firma Siemens mit OKW- und SS-Dienststellen. In diesem

Schreiben wird Bezug genommen auf eine »erste Besprechung mit der Dienststelle des Generals Fellgiebel über den Einsatz von Häftlingen für Nachrichtengerätefertigung«. [23] Das Ergebnis dieser Besprechung vom 30. Juni 1942 war, daß ein Oberleutnant des OKW beauftragt wurde, festzustellen, »welche Arbeiten sich zur Übernahme in einem KL eignen«. Aus diesem Anlaß traf er sich mit »Herrn Direktor Leifer bei der Fa. Siemens & Halske AG«, um »über Verlagerung der in Frage kommenden Firmen der Nachrichtenindustrie« zu konferieren. Direktor Leifer fand sich bereit, als Vermittler aufzutreten, und wandte sich seinerseits an die betreffenden Firmen. Er hatte jedoch keinen großen Erfolg, denn die »Firmen der Nachrichtenindustrie« zögerten (anfänglich) noch, Häftlinge aus den Konzentrationslagern zu beschäftigen. Dennoch konnte Pohl dem Reichsführer berichten, daß »sich seitdem drei Firmen an uns gewandt (haben), die in ihren Betrieben einige Häftlinge, im Einzelfall höchstens 20 – eine Firma fordert sogar einen Häftlinge an – einzusetzten wünschten«. Leifer, der einer der Siemensschen Wehrwirtschaftführer war, ließ darüber hinaus untersuchen, »ob weibliche Häftlinge für die Röhrenfertigung herangezogen werden können.«

In der Besprechung vom 30. Juni 1942 – so ist dem geheimen Schreiben des SS-WVHA zu entnehmen – war jedoch folgende von zwei »Maßnahmen« beschlossen worden:

»Am 8.6.42 wurde in Ravensbrück mit der Errichtung von Baracken für die Durchführung von Arbeiten für die Firma Siemens & Halske AG begonnen und zwar nach direkten Besprechungen mit dieser Firma. Die ersten Arbeitsräume sind inzwischen fertiggestellt, 80 weibliche Häftlinge arbeiten dort und werden zu Vorarbeiterinnen ausgebildet. Der Betrieb ist für eine Belegschaft von insgesamt etwa 2500 weiblichen Häftlingen vorgesehen. Sie sollen mit der Fertigung von Styroflexkondensatoren, Gesamtherstellung von Schwachstromrelais, Fertigung von Kippschaltern, Mikrofon- und Telefonkapseln sowie mit dem Wickeln von Ringspulen beschäftigt werden.«

Die andere »Maßnahme«, die man getroffen hatte, betraf den sogenannten Kabel-Zerlegunsbetrieb im Konzentrationslager Sachsenhausen und die Übernahme dieses Betriebes durch die Reichspost. Die SS gewann aus unbrauchbaren Kabeln Kupfer,

Blei und andere Edelmetalle. Die Arbeiten in diesem Zerlegungsbetrieb führten Häftlinge des Lagers Sachsenhausen (vgl. hierzu auch nachfolgendes Kapitel) aus; später wurden solche Betriebe auch in Oranienburg und Dachau eingerichtet. Im SS-WVHA rechnete man damit, nach Beendigung des Aufbaus der Siemens-Werksbaracken in Ravensbrück und nach »vollständiger Errichtung der Zerlegungsbetriebe in Oranienburg und Dachau« »für das System der Nachrichtengerätefertigung insgesamt 4-5000 Häftlinge« einsetzten zu können, die – wie Pohl lakonisch hinzufügte – »allerdings auch ohne Zutun des Generals Fellgiebel eingesetzt worden wären«.

In Berlin-Haselhorst hatte Siemens in dieser Zeit bereits ein Lager für ausländische Arbeitskräfte, die zwangsrekrutiert wurden, unter ihnen auch Kinder im Alter von zehn bis 14 Jahren. Sie wurden neben den deutschen Lohnarbeitern in den Berliner Betrieben zur Arbeit herangezogen; im allgemeinen erhielten diese Arbeitskräfte nur einen Bruchteil des üblichen Lohns. Siemens beschäftige in Berlin bis Anfang des Jahre 1943 auch jüdische Sklavenarbeiter, bevor diese nach Auschwitz in die Gaskammern gebracht wurden. Diejenigen Arbeitssklaven, die in den Werkstätten von Siemens nicht mehr arbeiten konnten, also die schwächsten unter ihnen, wurden ins Konzentrationslager Sachsenhausen überführt. Ob Sinti und Roma in den Siemens-Werken in Berlin Sklavenarbeit leisten mußten, konnte nicht festgestellt werden.

Wohl aber arbeiteten Frauen der Sinti und Roma in den Werksbaracken von Siemens in Ravensbrück. Frau Asta Fadler, die im Jahre 1940 im Alter von 16 Jahren nach Ravensbrück kam, schätzt, daß ihr Anteil an den Arbeitssklavinnen, die für Siemens in Ravensbrück arbeiten mußten, zwischen 200 und 300 lag. Im Lager selbst arbeitete sie zunächst in der Strohflechterei und Pelznäherei. Im Spätherbst 1942 meldete sie sich für den Arbeitseinsatz in den Siemens-Werksbaracken. Sie mußte, um dort »arbeiten zu dürfen«, einen Eignungstest machen, der darin bestand, einen Draht in eine entsprechend vorgegebene Form zurechtzubiegen. Sie bestand diese Geschicklichkeitsprüfung und kam zum Arbeitseinsatz. Sie sagt, daß es immer noch besser gewesen sei, bei Siemens zu arbeiten, als in irgendein Außenkommando zu kommen, wo die Arbeit ungleich härter war. Siemens konnte es sich leisten, unter den weiblichen Häftlingen von Ravensbrück die besten und tüchtigsten auszusuchen. Nichtsdestoweniger aber mußte dieses Unternehmen auf Frauen zurückgreifen, die zwar den Eignungstest bestanden, jedoch der Behandlung und den Anforderungen der Vorabeiter und Meister und der SS-Aufseherinnen in den Werksbaracken nicht gewachsen waren. Denn Asta Fadler erzählt, daß viele Frauen schwach waren, weil sie sehr schlecht ernährt wurden, und daß sie bei der Arbeit geprügelt wurden. Frauen sind vom Arbeitsplatz weggekommen, auch Frauen der Sinti und Roma »sind fortgekommen, aber wir haben ja nie erfahren weshalb, und wir haben uns ja auch nicht getraut zu fragen, als wieder welche gefehlt hatten«. Asta Fadler wurde bei der Arbeit von Vorabeitern angelernt; sie mußte in Baracke 1 und 2 Spulen wickeln.

Es gab unter den Sinti und Roma Frauen, die im Laufe ihrer Konzentrationslagerhaft in mehreren Rüstungsbetrieben Sklavenarbeit leisten mußten. So waren zum Beispiel die Schwestern Franziska und Maria Kobi aus Pfullendorf im Jahre 1944 zunächst für drei Monate bei Siemens in Ravensbrück beschäftig, dann kamen sie für vier Monate in die Munitions- und Panzerfaustfabriken der Firma HASAG nach Schlieben, Taucha und Altenburg, und schließlich arbeiteten sie von Oktober 1944 bis April 1945 in den Arado-Flugzeugwerken in Wittenberg an der Elbe. Freilich darf diese Tatsache nicht in der Weise mißverstanden werden, daß nun alle Frauen, die – wie Asta Fadler sagt – von Siemens weggekommen sind, in andere Rüstungsbetriebe gebracht wurden. Denn nach Aussage einer ehemaligen Sklavenarbeiterin, die bei Siemens in Ravensbrück gearbeitet hatte, wurden bei dieser Firma unter Arbeiterinnen durchaus »Selektionen für die Gaskammer durchgeführt«.[24]

Das Luftfahrtgerätewerk von Siemens & Halske in Zwodau/ Falkenau – in der Nähe von Sokolov im heutigen Dreiländereck Bundesrepublik, ehemalige DDR und CSFR – stellte im Jahre 1943 Geräte für die elektrischen Einrichtungen der Flugzeuge der Luftwaffe her. Im Januar 1944 verzeichnete man dort 199 weibliche Häftlinge,[25] die vom Frauenlager Ravensbrück überstellt wurden. Die Sollzahl für diesen Rüstungsbetrieb legte man auf

1500 fest. Sie wurde annäherungsweise erreicht. Ende 1944, Anfang 1945 dürften nach verschiedenen Aufstellungen zwischen 1000 und 1500 weibliche Häftlinge dort eingesetzt worden sein. Ella Weiss war eine von ca. 80 bis 100 Sinti- und Roma-Frauen, die für Siemens & Halske, Berlin-Hakenfelde, in Zwodau Sklavenarbeit geleistet haben.

Sie wurde am 28. Februar 1942 morgens gegen drei Uhr zusammen mit ihren Eltern und Geschwistern in Breslau von der Gestapo verhaftet und mit anderen Sinti aus der Stadt nach Auschwitz transportiert. Ihr Vater starb in Auschwitz an Typhus. Ihre Mutter und sechs Geschwister, die für »arbeitsunfähig« erklärt und »selektiert« worden waren, trieb man in der Nacht vom 2. auf den 3. August 1944 in die Gaskammern. Sie selbst und drei ihrer Schwestern wurden nach Ravensbrück geschickt. Nach vier Wochen Quarantäne wurden sie mit einem größeren Transport von weiblichen Häftlingen des Lagers, unter ihnen auch andere Sinti- und Roma-Frauen, in die ehemalige Woll- und Kammgarnspinnerei Schmieger, in der die Firma Siemens & Halske Werkstätten eingerichtet hatte, gebracht. In diesem Betrieb, so erinnert sich Frau Weiss, wurden Funkgeräte und andere elektrische Geräte hergestellt. Sie wurden an einer Maschine angelernt, auf der man wahrscheinlich Spulen wickelte. Sie arbeiteten dort in Tag- und Nachtschichten, jeweils zwölf Stunden, nur von einer halbstündigen Pause, in der sie ihr kärgliches Essen einnahmen, unterbrochen. Sie mußten fast immer nachts arbeiten, wegen – wie Frau Weiss sagt – der Luftangriffe, von denen die BVler (die »Befristeten Vorbeugungshäftlinge«, die Verf.), die tagsüber arbeiten durften, verschont werden sollten. Vor allem gegen Ende des Krieges häuften sich diese Luftangriffe; die Häftlinge durften aber bei Fliegeralarm die Fabrik nicht verlassen, sondern mußten sich während der Bombenangriffe in der dunklen Betriebshalle aufhalten. Sie waren so schutzlos den Bomben ausgeliefert. Die Frauen waren im nahe gelegenen Barackenlager, das mit einem elektrisch geladenen Zaun umgeben war, untergebracht. Sie mußten morgens nach dem Zählappell die ungefähr 500 Meter lange Wegstrecke bis zur Fabrik unter Absingen von Liedern zu Fuß zurücklegen; auch hier achtete die SS-Bewachung auf militärische Disziplin. Wer sie nicht einhielt, wurde rücksichtslos von den SS-Frauen geschlagen. Angang Mai 1945 wurden die Häftlinge von amerikanischen Truppen befreit. Das Luftfahrtgerätewerk von Siemens & Halske wurde aufgelöst, und die Wollspinnerei nahm wieder ihre Arbeit auf.

Ein anderes Luftfahrtgerätewerk des Siemenskonzerns befand sich nicht weit von Zwodau entfernt in Graslitz (Kraslice). Da Angaben über die Zahl der in der Luftfahrtindustrie eingesetzten Häftlinge im Januar 1944 nicht bekannt sind, muß angenommen werden, daß dieses Werk Anfang des Jahres 1944 noch nicht existierte oder sich gerade im Aufbau befand. Jedenfalls berichten Frauen der Sinti und Roma, daß sie im Frühjahr 1944 von Ravensbrück nach Graslitz kamen. Unter ihnen waren Mimi Schopper und Sonja Lene Wernicke; ihre Angehörigen hatte man kurz zuvor in Auschwitz ermordet. Das Werk in Graslitz bestand aus einem großen Gebäude, in dem sich ein Maschinenpark befand. Im Innern dieses Gebäudes lagen die Unterkünfte der Häftlinge über der Werkshalle. Die Anzahl der dort untergebrachten weiblichen Häftlinge lag zwischen 450 und 600; überdies befanden sich in diesem Dachgeschoß die SS-Wachmannschaft und die SS-Aufseherinnen. Die ganze Anlage war also nach außen hin abgeschlossen, und die Frauen konnten das Gebäude nicht verlassen. So bestand ihr ganzer Tagesablauf darin, früh morgens aufzustehen, zum Appell (!) auf dem Dachboden anzutreten, hinunter zu gehen in die Werkshalle, um ihre Sklavenarbeit zu verrichten und am Abend wieder in das Dachgeschoß zurückzukehren. Allerdings wurde zu jener Zeit schon in Tag- und Nachtschichten gearbeitet, so daß man die doppelte Anzahl von Häftlingen in dem oberen Raum unterbringen konnte. Während ein Teil der Frauen arbeitete, konnte der andere sich ausruhen oder schlafen. Zwei Frauen teilten sich also jeweils einen Schlafplatz.

Unten in der Werkshalle arbeiteten neben rund 30 Sinti- und Roma-Frauen Französinnen, Polinnen, Jüdinnen und Ukrainerinnen. Siemens ließ dort von den weiblichen Häftlingen nicht nur herkömmliche elektrische Geräte herstellen, sondern fertigte auch komplizierte elektrische Einrichtungen für die V-Waffe, jene Steuer- und Schaltsysteme, die diese Waffe in weit entfernte Gebiete des Kriegsgegners lenken sollten. Für die Firma Siemens war diese neue Errungenschaft auf dem Gebiet der Kriegstechnik eine technische Herausforderung, konnte sie doch an dieser »Wunderwaffe« ihr ganzes technisches Wissen und Können unter Beweis stellen. Aber nicht nur das: Diese Waffe sollte auch im verlustreichen Krieg eine Wende einleiten und damit die ökonomische Vormachtstellung von Siemens auf dem Gebiet der Nachrichtentechnik stärken.

Frau Wernicke hat an einer Drehbank gearbeitet, auf der die mechanischen Teile zur Auslösung des Zündmechanismus der Sprengladung im Kopf der V2-Rakete hergestellt wurden. Mimi Schopper ließ man auf einem Drehautomaten Schrauben fertigen. Es gab Strafandrohungen, und hin und wieder wurden die Frauen von den SS-Aufseherinnen geschlagen. »Es war sicher nicht so schlimm wie in anderen Lagern (Rüstungsbetrieben), es ging irgendwie noch, die acht Monate, die wir dort arbeiten mußten; man war wohl sehr streng zu uns, man mußte sich eben fügen«, erzählt Frau Wernicke. Frau Schopper freilich wurde durch einen Schlag auf den Kopf so schwer verletzt, daß sie noch heute häufig unter starken Kopfschmerzen leidet. Schikaniert wurden die Frauen jedoch täglich, vor allem von den Aufseherinnen Rabus und Vogel. Am grausamsten aber war eine Aufseherin namens Frauenhofer, sie schlug die Häftlinge aus rein sadistischen Neigungen.

Wie distanziert im nachhinein der Beitrag des Siemenskonzerns für die Rüstung in der letzten Phase des Krieges betrachtet wird, zeigt eine Stelle in der »Geschichte des Hauses Siemens«. In dieser Phase, so heißt es darin, »fällt auch die Anwendung einer neuen Waffe durch die Deutschen, von der sich die Unverbesserlichen noch eine entscheidende Wendung erhofften, und die deshalb hier erwähnt sei, weil an der Ausgestaltung und Lieferung ihrer komplizierten elektrischen Einrichtung auch das Haus Siemens über die SAM (Siemens Apparate und Maschinen GmbH, die Verf.) beteiligt wurde: das Raketengeschoß, dessen Entwicklung unter der Typenbezeichnung A4 betrieben wurde.« [26] Wohlgemerkt, diese Geschichte ist von einem nicht adeligen Mitglied der Familie Siemens verfaßt worden; um so mehr muß es überraschen, auf welch anonyme Weise von »den Deutschen« gesprochen wird, mit denen ganz offensichtlich die Nazis, von denen das Haus Siemens angeblich zutiefst enttäuscht war, kaschiert werden sollen. Nicht genug, daß man aus der Herstellung dieser neuen Waffe, zu der man nicht nur »Ostarbeiter«, Kriegsgefangene, Ausländer und zwangsweise »mehrere Judenabteilungen«, sondern auch Häftlinge der Konzentrationslager – der Autor verschweigt dies ganz einfach – herangezogen hatte, beträchtliche Gewinne und Extraprofite gezogen hat, man grollt nun denjenigen, denen man diese Gewinne verdankt und die – vorübergehend – diese Quelle des Reichtums zum Versiegen brachten. Gleichzeitig wurden die technischen Neuerungen von Siemens auf dem Gebiet der Elektrotechnik, etwa bei Einrichtungen zur Steuerung und Stabilisierung von Geschoßbahnen des A4-Gerätes mittels Ultrakurzwellen, wie sie gegen Ende des Krieges erprobt wurden, zunichte gemacht. Im Hause Siemens »(war) man bis zur Grenze der Leistungsfähigkeit damit beschäftigt ..., die ... elektronischen Anforderungen der Kriegsführung zu erfüllen«,[27] man verzichtete dabei auf private Aufträge, sofern sie nicht selbst Teil der Rüstungsproduktion waren. Sank der Umsatz aller Siemenswerke von 850 Millionen Reichsmark im Jahre 1928/29 auf 329 Millionen im Geschäftsjahr 1932/33, so stieg er mit Beginn des »Vierjahresplanes« im Jahre 1935, der »eine Fülle von Arbeit und neue Aufgaben«[28] für Siemens mit sich brachte, und vor allem mit der forcierten Kriegsproduktion Anfang der vierziger Jahre sprunghaft an.[29] Allein im Jahre 1941 betrug das Aktienkapital von Siemens 400 Millionen Reichsmark. Die Rüstungsproduktion von Siemens reichte von Stromkabeln und Scheinwerfern bis zu Filmkameras; Siemens baute Elektromotoren aller Art, Generatoren, Verteilungs-, Schalt- und Regelanlagen, Geräte für die »Seeziel-Feuerleitung«, zur Schlingerdämpfung von Kriegsschiffen, Nachrichtengeräte für die Wehrmacht, Blindlandeeinrichtungen und eine selbstständige Flugsteuerung (»Autopilot«). Die Siemens-Bauunion (SBU) baute im Rahmen des Rüstungsprogramms Getreidespeicher, unterirdische Fabriken, Eisenbahnlinien, und sie rüstete mit den Siemens-Schuckert Werken Kühl- und Lagerhäuser ein. Dabei setzte sie auch Häftlinge aus den Konzentrationslagern ein.

Welch hohe Umsatzsteigerungen der Siemenskonzern in den Jahren 1929 bis 1944/45, insbesondere während der zwölfjährigen

Naziherrschaft, erzielte, ist einem amerikanischen Untersuchungsbericht[30] zu entnehmen. »Der Umsatz der Firma S&H und ihrer Organgesellschaften stieg um 225 Prozent von 318 Millionen Reichsmark im Jahre 1929 auf 1,037 Milliarden Reichsmark im Spitzenjahr 1944. Von 1933 (Konjunkturtief) bis 1944 betrug die Umsatzsteigerung 600 Prozent. Die größte Steigerung verzeichneten die reinen Rüstungsbetriebe, deren Umsatz sprunghaft von 7 Millionen Reichsmark im Jahre 1929 auf 292 Millionen Reichsmark im Jahres 1944 anstieg.«[31] Naturgemäß fielen die Umsatzsteigerungen in den einzelnen Firmen unterschiedlich aus. In den Siemens-Schuckert Werken lag der Umsatz im Jahre 1945 um 60 Prozent höher als im Jahre 1929. Allerdings konnte die »Abteilung Industrie (vorwiegend Kriegsproduktion) ihren Umsatz um 230 Prozent steiger(n)«, während hinsichtlich der »Abteilung(en) Bahnen«, »Zentralen« und »Übersee« der Umsatz weit unter die Absatzzahlen des Jahres 1933 fiel. Die Vorrangstellung der Rüstungsproduktion im Siemenskonzern war von zentraler Bedeutung für das Unternehmen. »Schon Anfang 1937 rühmte sich die Firma Siemens in ihren internen Unterlagen, daß sie sich immer ihrer Verantwortung bewußt gewesen sei, die deutsche Führungsposition in der Rüstungsproduktion zu erhalten. Im Dezember 1937 schätzte der Siemenskonzern anläßlich eines Besuchs von Feldmarschall von Blomberg in den Siemenswerken in Berlin und Nürnberg den Anteil seiner 'nationalen Verteidigungsproduktion' auf 85 Prozent.«[32] Die Rüstungsanstrengungen führten auch hinsichtlich der S&H-Wernerwerke zu einem Anteil von 98 Prozent der produzierten Güter, die ausschließlich militärischen Zwecken dienten. Die restlichen zwei Prozentpunkte waren »sonstigen Inlandskunden« vorbehalten, rein privaten, nichtmilitärischen Aufträgen. Vor allem der Anteil der Produktion von Fernsprechgeräten und der Meßtechnik verringerte sich in der Zeit von 1938/39 bis 1943/44 sehr stark, dafür verzeichnete man hohe Steigerungsraten – bis zum Fünffachen – in der Produktion von Funkgeräten.

Frau Hedwig Petermann, die heute in München lebt, kam im Jahre 1942 im Alter von 15 Jahren ins Frauen-Konzentrationslager Ravensbrück. Dort arbeitete sie ein halbes Jahr bei Siemens. Im April 1944 wurde sie mit anderen weiblichen Häftlingen des

Lagers nach Dresden in die Maschinenfabrik »Universelle« gebracht, wo zu dieser Zeit schon keine Maschinen mehr, sondern Granaten hergestellt wurden. In der ehemaligen Werkzeugmaschinenfabrik, die nun ausschließlich für die Rüstung produzierte, waren rund 500 Sklavenarbeiterinnen beschäftigt; unter ihnen befanden sich nach Auskunft von Frau Petermann auch ca. 30 bis 40 Frauen der Sinti und Roma, in der Mehrzahl Burgenländerinnen.

Aus einer Liste über »Forderungsnachweise« für Rüstungsbetriebe, ausgestellt vom Kommandanten des Lagers Flossenbürg, SS-Obersturmbannführer Kögel, am 1. Januar 1945, geht hervor, daß die Firma »Universelle« für den Monat Dezember 1944 46 416 RM für geleistete Arbeit von Häftlingen in Rechnung stellte und zusammen mit anderen Forderungen an das Amt D II des SS-WVHA in Berlin-Oranienburg überwiesen wurden.[33] Das WVHA erhielt für diesen Monat von Flossenbürg einen Gesamtbetrag von 3 573 955 RM, den es an die Reichskasse weiterleitete. In Rechnung gestellt wurde Häftlingsarbeit sowohl für die SS selbst, vor allem für Baukommandos, als auch für private Rüstungsbetriebe, deren Anteil sich auf rund zwei Drittel dieses Betrages belief. Allein die »Bauleitung der Waffen-SS u. Polizei« führte rund eine Million Reichsmark an ihre eigene Dienststelle ab. Unter den privaten Rüstungsbetrieben ragten insbesondere Messerschmitt (500 000 RM), MIAG (125 000 RM) und die Auto-Union (115 000 RM) heraus. Daneben gab es eine Reihe kleiner Betriebe, deren Anteil sich relativ bescheiden ausnahm, wie zum Beispiel das Luftfahrtgerätewerk in Graslitz mit exakt 43 788 RM oder die Siemens-Schuckert-Werke AG in Nürnberg mit 52 004 RM. Für das Luftfahrtgerätewerk Hakenfelde in Zwodau errechnete die Verwaltung von Flossenbürg für die Zeit vom 1. bis 31.12.1944 eine Summe von 77 400 RM; der Betrag setzte sich aus 19 230 Tageswerken von (weiblichen) Hilfsarbeitern, die mit vier RM pro Tag veranschlagt wurden, zusammen; hinzu kamen 240 Tageswerke, die mit zwei RM pro halbem Tag berechnet wurden. Die weiblichen Häftlinge mußten im Dezember 1944 sechs Tage in der Woche arbeiten, bei täglich zehn bis zwölf Stunden, einschließlich an den Sonnabenden. An Sonntagen wurde im allgemeinen nicht gearbeitet; allerdings

mußten die Häftlinge – wie die »Übersicht« des »Forderungs-
nachweis(es) Nr. Flo. 811«[34] zeigt – am Sonntag, den 3. Dezember, einen halben Tag arbeiten. Am 24., 25. und 26. Dezember
waren die Häftlinge nicht im Arbeitseinsatz. Dem Luftfahrtgerätewerk wurden von diesem Betrag »25 646 Häftlingsverpflegungen à RM -,70« und 124 zu -,80 RM – das waren 18 051,40 RM
– in Abzug gebracht, so daß lediglich ein Betrag von 59 348,60
RM »bis zum 20. Januar 1945 auf das Konto der Verwaltung des
KL Flossenbürg bei der Reichsbankstelle Weiden/Obpf. Nr. 653/
1911 ... zu überweisen« war. Ein Jahr zuvor, im Dezember 1943,
belief sich die Forderung des Konzentrationslagers Flossenbürg
an diesen Rüstungsbetrieb noch auf die »geringe« Summe von
9438 RM; im Arbeitseinsatz waren damals rund 100 weibliche
Häftlingshilfsarbeiter.

Einige Sinti- und Roma-Frauen kamen von Ravensbrück aus
nach Wolkenburg bei Rochlitz in Sachsen. Es ist unklar, ob sie
dort bei der Firma Opta-Radio oder im »Gemeinschaftslager
Wolkenburg« selbst zur Sklavenarbeit herangezogen wurden.
Frau Johanna Kurz wurde am 3. August 1944 von Auschwitz
nach Ravensbrück transportiert. Sie erhielt dort die
Häftlingsnummer 48 904. Anfang Dezember 1944 wurde sie
nach Wolkenburg gebracht, wo sie erneut einen Häftlingsnummer
erhielt – 50 121. An die Firma, für die sie gearbeitet hat, sagt sie
heute, könne sie sich nicht mehr erinnern; sie könne nur angeben,
daß dort Flugzeugteile produziert wurden. Flugzeugteile aber,
insbesondere für die elektrische Ausstattung von Kampfflugzeugen, können durchaus von der Firma Opta-Radio hergestellt
worden sein. Auch die anderen fünf ehemaligen weiblichen
Häftlinge der Sinti und Roma, die im Lager Wolkenburg waren,
können sich an Firmennamen nicht mehr erinnern. Frau Amanda
Dambrowski gibt an, daß sie mit »400 Mädchen« in einer
Munitionsfabrik war, in der sie an »einer Maschine gesessen und
Munition gemacht habe«. Bekannt ist nur, daß es in Wolkenburg
ein Munitionslager der Wehrmacht gegeben hat; vielleicht gab es
in der Nähe dieses Lagers auch eine Fabrik, die Munition fertigte.
Die Firma Opta-Radio beschäftigte im Dezember 1944 zwischen
350 und 400 weibliche Häftlinge als Hilfsarbeiterinnen; ihre
Arbeitskraft wurde vom Konzentrationslager Flossenbürg im

Januar 1945 mit 26 707,40 RM abzüglich Häftlingsverpflegungen in Rechnung gestellt. Frau Rosa Mettbach gibt an, daß ungefähr 40 Sinti-Frauen zur Fertigung von Flugzeugteilen eingesetzt waren. Eine ähnlich hohe Anzahl war nach einer Aussage von Frieda Nitsch, die im August 1944 nach Wolkenburg gebracht wurde, auch in der Munitionsfabrik im Einsatz.

Eine große Anzahl von Frauen der Sinti und Roma kam zum Arbeitseinsatz in die Rüstungsbetriebe der Hugo Schneider AG (HASAG) in Leipzig-Taucha, Schlieben und Altenburg, in denen Granaten und Panzerfäuste gefertigt wurden. In unmittelbarer Nähe dieser Betriebe hatte man im Jahre 1944 die Unterkunftsbaracken für die Häftlinge errichtet, sie umzäunt und durch die SS bewachen lassen. In Rüstungsbetrieben, in denen vorwiegend Frauen zur Sklavenarbeit eingesetzt waren, hatte die Werksleitung weibliche Angestellte oder Arbeiterinnen als Aufseherinnen abzustellen.

»Bei Außenlager mit Fraueneinsatz, zum Beispiel Munitions- oder Patronenfabriken, mußte das Werk, welches weibliche Häftlinge erhielt, aus seiner Belegschaft weibliche Angestellte oder Arbeiterinnen zur Ausbildung als Aufseherinnen abstellen. Diese wurden im Frauenkonzentrationslager Ravensbrück im Aufseherdienst durch mehrwöchentlichen Lehrgang ausgebildet, vom Staat übernommen, bezahlt und bekleidet. Eingesetzt wurden diese Aufseherinnen in den Frauenlagern als Blockführerinnen, da kein SS-Angehöriger Frauenlager betreten durfte. Außerdem hatten sie die Häftlinge auf der Arbeitsstelle zu bewachen, während die SS-Wachmannschaften die Sicherung des Werkes und die Unterkunftsräume von außen zu übernehmen hatten.«[35]

Auch für den Betrieb von HASAG in Schlieben traf diese Anordnung zu; freilich, wie sich versteht, nur für die weiblichen Häftlinge, die dort zur Sklavenarbeit herangezogen wurden und für die man neben dem Männerlager ein eigenes Barackenlager errichtet hatte. Im August 1944 wurden die ersten männlichen Häftlinge aus dem Konzentrationslager Buchenwald nach Schlieben gebracht. Seine maximale Stärke erreichte das »Außenlager Schlieben« im Januar 1945, es wurden genau 2516 männliche und weibliche Häftlinge registriert; bis März reduzierte sich diese Zahl auf rund 1460.[36]

Die Sintiza Anna Dörr, die im Jahre 1940 aus dem Lager an der Kruppstraße in Frankfurt am Main ins Frauen-Konzentrationslager Ravensbrück geschickt und vier Jahre später nach Schlieben transportiert wurde, erinnert sich, daß unter den weiblichen Häftlingen von Schlieben ungefähr 200 Sinti- und Roma-Frauen waren. Zur selben Zeit – im Herbst 1944 – arbeiteten in der Munitionsfabrik von HASAG in Taucha bei Leipzig auch ca. 30 Frauen der Volksgruppe; die durchschnittliche Lagerstärke des »Außenkommandos Taucha« lag in den Monaten Januar bis März 1945 bei ungefähr 450 weiblichen und männlichen Häftlingen. Die ersten Sinti- und Roma-Frauen wurden im August 1944 in das HASAG-Werk in Altenburg transportiert. Insgesamt lag ihr Anteil an den rund 600 weiblichen Häftlingen, die im November 1944 im Lager Altenburg inhaftiert waren, ungefähr zwischen zehn und 15 Prozent. Genaue Zahlenangaben konnten in all diesen Fällen nur schwer gemacht werden, da viele Frauen oft nur wenige Wochen in einem Betrieb von HASAG eingesetzt waren und danach in ein anderes Werk desselben Rüstungsbetriebes geschickt wurden.

Eine Verwechslung der einzelnen Betriebe ist nach über 40 Jahren nicht auszuschließen. Vor solche Schwierigkeiten bei der Beantwortung der Frage, wieviele Häftlinge der Sinti und Roma sich im Arbeitseinsatz befanden, sah sich die Sintiza Traubela Strauß nicht gestellt. Denn sie war mit nur zwei weiteren Frauen bei den Polte-Werken in Magdeburg, in denen ebenfalls Granaten hergestellt wurden. Die drei Frauen waren dort jedoch unter den 500 weiblichen Häftlingen, die im Januar 1945 bei Polte Sklavenarbeit leisten mußten, eine verschwindende Größe, was ihre Leiden sicher nicht verringerte.

An ihre Arbeit im HASAG-Werk in Schlieben erinnern sich die Frauen der Sinti und Roma noch recht gut. Sie mußten aus großen Kesseln ein heißes, übelriechendes und gelbe Dämpfe ausstoßendes Gemisch aus Salpeter, Schwefelsäure, Phenol oder anderen chemischen Stoffen schöpfen und in Panzerfäuste füllen. Nach Erkalten wurde dieses Gemisch ein leicht entzündbarer und explosiver fester Stoff. Da bei dieser Arbeit keine Schutzmaßnahmen für die Frauen getroffen wurden, da es keine Masken, Brillen, Handschuhe und andere Schutzmittel gab, atmeten sie die gefährlichen Dämpfe ein und zogen sich Verätzungen und Verbrennungen der Haut, Leberstörungen, Lebervergiftungen, Gelbsucht sowie chronische Atemwegskrankheiten zu, unter denen heute noch viele zu leiden haben. Bei manchen Frauen verfärbten sich durch diese Dämpfe die Haare – eine Erscheinung, die beim Nachwachsen der Haare freilich wieder verschwand.

Für Maria Peter – so schreibt sie – war es die Hölle, an den Kesseln zu arbeiten. »Wenn wir unser Pensum an Arbeit nicht schafften, wurden wir von den SS-Männern geschlagen; sie schlugen uns mit allem, was sie gerade finden konnten.« Und sie beklagt sich über das ungenießbare Essen. »Das Essen bestand aus einem Viertel Kommißbrot, das so feucht und schimmelig war, daß man es kaum hinunterbrachte. Auch die Suppe mit Steckrüben bestand fast nur aus Wasser, und die Würmer, die darin waren, haben wir vor lauter Hunger mitgegessen.« In Schlieben war Frau Peter ungefähr fünf Monate. Dann wurde sie mit anderen Frauen nach Altenburg gebracht, wo sie unter anderem Patronenhülsen herstellten. »Mit anderen Frauen – es waren etwa 25 Frauen in meiner Schicht – arbeitete ich in Wechselschichten, mal tagsüber, mal nachts. Wir hatten glühende Patronenhülsen vom Förderband zu nehmen und in Draht- und Eisenkisten zu legen; dort kühlten sie aus. Auch hier waren wir wieder ohne Schutzkleidung der großen Hitze ausgesetzt. Wir verbrannten uns an Händen und Füßen. Die Behandlung durch die SS und das Essen waren nicht viel anders als in Schlieben.« Nach acht Wochen Sklavenarbeit in Altenburg kam Frau Peter nach Leipzig-Taucha, wo sie aus Einzelteilen Panzerfäuste zusammensetzen mußte. Die Arbeitsbedingungen waren dort nicht ganz so schlimm wie in den beiden anderen Betrieben von HASAG. »Dort fühlte ich mich nicht so schlecht, weil die Arbeit etwas leichter war; auch die Behandlung durch die SS war etwas besser. Nach der Nachtschicht erhielten wir ein halbes Kommißbrot und zusätzlich ein wenig Wurst.« Diese Ration mußte aber für drei Tage ausreichen. Zehn Tage vor der Befreiung wurde das Lager in Leipzig-Taucha evakuiert. Die weiblichen Häftlinge wurden auf dem Weg ins unbesetzte Deutschland von der Roten Armee befreit. Nach offiziellen Angaben existierte das Frauenlager, ebenso wie das Männerlager in Taucha, vom 10. Oktober 1944 bis zum 6. April 1945.

Über das Lager Schlieben und den Rüstungsbetrieb HASAG liegt ein Dokument [37] vor, das Aufschluß über die Zahl der dort ums Leben gekommenen Häftlinge gibt. Danach starben in einem Zeitraum von sechs Monaten, von Oktober 1944 bis März 1945, 188 Häftlinge bei einer durchschnittlichen »Kommandostärke« von rund 2000; dies entsprach einer Todesrate von 9,4 Prozent. Am höchsten war der Verlust an Arbeitssklaven am 11. Oktober 1944, als sich in der Munitions- und Panzerfaustfabrik eine Explosion ereignete, durch die 1000 Häftlinge den Tod fanden. Ein Teil der Häftlinge wurde zu diesem Zeitpunkt in andere Betriebe von HASAG verlegt. Im allgemeinen lag die Todesrate in Schlieben zwischen 10 und 40 Häftlingen pro Monat. Viele Frauen und Männer kamen durch Unfälle am Arbeitplatz ums Leben.

Am 17. Oktober 1944 leitete der Chef des SS-WVHA, SS-Gruppenführer und General der Waffen-SS Oswald Pohl, ein Fernschreiben des Generaldirektors der HASAG, SS-Obersturmbannführer Paul Budin, das er kurz zuvor erhalten hatte, an den Reichsführer-SS, Heinrich Himmler, weiter. Das Schreiben, in dem dieses Fernschreiben zur Kenntnis gebracht wurde, war als »geheime Reichssache« deklariert. Das Fernschreiben selbst ist aufschlußreich nicht nur im Hinblick auf die darin enthaltene Zahl der bei HASAG beschäftigen Häftlinge.

»Im Rahmen der mir laut Führerbefehl vom Reichsminister Speer erteilten Sondervollmacht über Hochlauf Panzerfaust, über die auch unser Reichsführer-SS unterrichtet ist, habe ich, besonders in den letzten Wochen, im Einsatz von K.L.-Häftlingen die Unterstützung von SS-Standartenführer Maurer, Oranienburg, und SS-Standartenführer Pistor, Buchenwald, fast täglich in Anspruch nehmen müssen. Die Hasag arbeitet heute bereits mit über 10 000 K.L.-Häftlingen und ist mehr als zufrieden in Bezug auf Leistung und Haltung. Ich möchte Ihnen vorstehendes pflichtgemäß mitteilen, da ich ohne die vorerwähnte Unterstützung den Hochlauf von früher inf. und den neuerdings Panzerfaust auch nicht im entferntesten so gemeistert hätte, wie es jetzt der Fall ist. Eine besondere Soforthilfe wurde mir zuteil bei einer Explosion im Werke Hasag-Schlieben. Sie wurde buchstäblich von einer Stunde auf die andere weitgehendst gewährt.«[38]

Die Firma HASAG beschäftigte also in ihren sieben Betrieben (Altenburg, Leipzig, Schlieben, Taucha, Meuselwitz, Cloditz und Flößburg) über 10 000 Häftlinge aus den Konzentrationslagern als Sklavenarbeiter. Aus den Forderungsnachweisen des Lagers Buchenwald für den Monat November 1944 ergibt sich für diese Betriebe, ausschließlich Flößberg, eine an die SS zu zahlende Gesamtsumme von 1 330 586 RM, wobei allein für weibliche Hilfkräfte 1 036 584 RM entrichtet wurden. Man kann sich leicht vorstellen, wie hoch die Gewinne waren, die dieses Unternehmen machte. Insgesamt wurden von privaten Rüstungsbetrieben für den Monat November über sieben Millionen Reichsmark an die SS überwiesen. Das war eine stolze Summe. Aber wie hoch wäre sie gewesen, wenn man auch die Häftlinge entsprechend ihrer Arbeitsleistung bezahlt hätte. Man muß sich in Erinnerung rufen, daß die Privatindustrie vier bzw. sechs RM am Tag für einen Häftling bezahlen mußte. Der Häftling selbst aber erhielt nicht einen einzigen Pfennig.

Unmittelbar vor Kriegsende transportierte die SS noch 1981 Frauen vom Konzentrationslager Ravensbrück nach Mauthausen, wo sie laut SS-Aufzeichnungen am 9. März 1945 ankamen. Unter diesen knapp 2000 Frauen waren 450 Sinti und Roma. Viele dieser 450 Frauen hatten Säuglinge und Kleinkinder bei sich, die bei der Ankunft von der SS sofort erschlagen wurden – sieben Wochen vor der Befreiung des Lagers durch die Amerikaner am 5. Mai 1945. Unter anderem wegen dieser ermordeten Sinti- und Roma-Kinder wurden am nächsten Tag, dem 10. März 1945, nur noch 182 Personen weniger – genau 1799 – von der SS im Konzentrationslager Mauthausen mit Nummern versehen.

III. Sinti und Roma in den Konzentrationslagern Sachsenhausen und Neuengamme – Sklavenarbeit im »Klinkerwerk«, bei Heinkel, Demag und in anderen Betrieben

Sachsenhausen

Über die Anzahl der im Konzentrationslager Sachsenhausen inhaftierten Sinti und Roma lassen sich keine genauen Angaben machen. Kenrick und Puxon erwähnen in ihrem Buch über die Vernichtung dieses Volkes im NS-Staat den Bericht eines norwegischen Häftlings, in dem von der Ankunft einer Gruppe von Sinti- und Roma-Kindern die Rede ist, die am 4. März 1945 aus Ravensbrück eintrafen.[1] Aus einem anderen Bericht, auf den die Autoren hinweisen, geht hervor, daß schon im Jahre 1942 Sinti und Roma dort inhaftiert waren. Diese eher dürftigen Mitteilungen lassen sich zwar durch offizielle Dokumente nicht erweitern, da viele dieser Dokumente, wie etwa das »Hauptbuch« des Lagers oder Listen über die Zusammenstellung von Häftlingen für die Außenkommandos, vernichtet wurden oder nicht mehr aufzufinden sind, aber es gibt eine Reihe von ehemaligen Zwangsarbeitern unter den Sinti und Roma, die im Lager Sachsenhausen waren und im Rahmen dieser Dokumentation von ihrer Inhaftierung und ihrem Arbeitseinsatz berichtet haben.

Danach sind einzelne von ihnen bereits in den Jahren 1936 bis 1939 verhaftet und in das Lager eingeliefert worden. So kam zum Beispiel Friedrich Schwarz im Jahre 1938 für ein Jahr nach Sachsenhausen; ebenfalls für ungefähr ein Jahr hat man Martin Pasquali im Jahre 1939 dort hingebracht. Wenzel Frolian ist mit seinem Vater und Onkel am 26. April 1944 in Berlin verhaftet und in das Polizeigefängnis am Alexanderplatz eingeliefert worden; kurze Zeit später hat man sie ins Lager Sachsenhausen gebracht, wo der Vater von Wenzel Frolian schon im Jahre 1936 inhaftiert gewesen war. Viele Sinti und Roma kamen Anfang der vierziger

Jahre, teils nach erneuten Verhaftungen, teils aus anderen Lagern, nach Sachsenhausen. Einige von ihnen verbrachten dort
mehrere Jahre; sie waren gezwungen, in den SS-Betrieben und
für private Rüstungsbetriebe zu arbeiten. Es gab aber auch Sinti
und Roma, die in Sachsenhausen nur für wenige Wochen und
Monate zur Sklavenarbeit herangezogen und danach in andere
Konzentrationslager gebracht wurden. Dabei kam es nicht selten
vor, daß sie nach einer bestimmten Zeit wieder nach Sachsenhausen zurückkamen. Hans Rose wurde im August 1939 in Sachsenhausen eingeliefert, wo er im Großziegelwerk der DEST und für
die Heinkel-Flugzeugwerke in Oranienburg Zwangsarbeit leisten mußte; vier Jahre später kam er in ein Arbeitslager bei
Saarow in der Nähe von Fürstenwalde/Oder. Von dort brachte
man ihn drei Monate später wieder zurück nach Sachsenhausen.
Im Januar 1944 wurde er schließlich mit anderen Häftlingen nach
Mauthausen transportiert; im Nebenlager Wels wurde er einer
Baubrigade zugeteilt, die Eisenbahnschienen verlegte. Sein letzter Lageraufenthalt war in Ebensee bei Bad Ischl, das ebenfalls
ein Außenlager von Mauthausen war. Er wurde dort in einem der
gefürchteten Arbeitskommandos des Steinbruches eingesetzt.
Zu Beginn des Jahres 1945 kam er in die Stollen von Ebensee, in
denen Kugellager der Steyr-Daimler-Puch AG hergestellt wurden. Am 6. Mai 1945 wurde Hans Rose mit anderen Häftlingen
des Außenlagers Ebensee von den amerikanischen Truppen
befreit.

Die in Sachsenhausen ankommenden Häftlinge kamen wie
die Häftlinge anderer Konzentrationslager zunächst in den Zu-
gangsblock und für einige Wochen in Quarantäne. Dann wurden
sie, sofern sie »arbeitsfähig« waren, zur Arbeit eingeteilt. Sie
kamen entweder in die Außen- bzw. Nebenlager von Sachsenhausen, von wo aus sie zur Arbeit geschickt wurden, oder sie
wurden im Lager selbst zu sogenannten Arbeitskommandos
zusammengestellt. Neben den Betrieben der »Deutschen Ausrüstungswerke« (DAW), in denen so unterschiedliche »Bedarfsgegenstände« wie Brot, Schuhe, gefälschte Banknoten und Panzerfäuste hergestellt wurden, gab es die Baubrigaden, die vor allem
in Berlin und Umgebung, aber zum Beispiel auch im Ruhrgebiet
und in anderen Gebieten des Reiches eingesetzt wurden. Sie

Arbeitseinsatz von Häftlingen des Konzentrationslagers Sachsenhausen im Klinkerwerk

Häftlinge beim Bau des Hafensbeckens für das Klinkerwerk

mußten nach Luftangriffen Trümmer beseitigen, Schienenwege ausbessern oder Schienenwagen reparieren. In Sachsenhausen wurden Sinti und Roma diesen Baubrigaden zugeteilt.

Als Strafkommando galt jene nicht unbeträchtliche hohe Anzahl von Häftlingen, die im »Klinkerwerk« des Großziegelwerkes Oranienburg der DEST zur Arbeit eingesetzt wurden. Allein in diesem Werk der SS wurden nach Aussagen des ehemaligen Lagerkommandanten von Sachsenhausen, Kaindl, zwischen 1500 und 2500 männliche Häftlinge zur Sklavenarbeit herangezogen.[2] Im Jahre 1938 wurde mit dem Bau des Klinkerwerkes auf einem großen Waldabschnitt an der Lehnitz-Schleuse begonnen. Sie war Teil eines Binnenschiffahrtsweges mit Anschluß an den Oder-Havel-Kanal. Der Aufbau dieses Werkes forderte viele Menschenleben; die Arbeit war mörderisch, die Häftlinge wurden unter den Peitschenlägen der SS-Aufseher zu den schwersten Arbeiten angetrieben. Bei Rodungsarbeiten fehlten die notwendigen Werkzeuge und maschinellen Vorrichtungen, so mußten etwa schwere Baumstämme mit den bloßen Händen der Häftlinge weggeschafft werden. »Der Bau der Werkshallen und Hafenanlagen machte große Erdbewegungen erforderlich, die mit primitiven Geräten ausgeführt wurden. Besonders übel erging es der 'Kolonne 50', die für den Hafenbau eingesetzt werden sollte. Hier wurden ganze Gruppen von Gefangenen zu Tode gehetzt. Vor allem Zigeuner, Bibelforscher, Juden und Polen wurden zu Hunderten ermordet.«[3] Nichts wurde unternommen, um das Leben der Häftlinge zu erhalten und zu schonen. In dieser Hinsicht waren sie weniger wert als die antiken Sklaven. Im Gegenteil, man tat alles, um sie zu quälen und ihnen Leid zuzufügen. Sie bekamen nur ungenügend zu essen; Steckrüben- und Kartoffelsuppe waren die einzige warme Mahlzeit am Tag. Sie mußten im Freien bei jeder Witterung, ob Regen, Hitze oder Frost, unter gleißender Sonne oder im Schneeschauer, ihr Essen einnehmen. Häftlinge, die in irgendeiner Weise aufgefallen waren, mußten in strammer Haltung und ohne Kopfbedeckung stundenlang Strafe stehen, oder man entzog ihnen einfach das Essen.

Der ehemalige Blockführer des Lagers, Ficker, machte im Sachsenhausen-Prozeß folgende Aussage: »Für die Lagerinsassen bestanden zuchthausmäßige Arbeitsbedingungen. Bei äußerst unzureichender Ernährung mußten sie täglich zehn bis zwölf Stunden arbeiten, infolgedessen wurden sie bald arbeitsunfähig.«[4]

»Arbeitsunfähigkeit« war aber nichts anderes als eine beschönigende Umschreibung für den wirklichen Zustand der Häftlinge: Sie waren ausgezehrt, ausgehungert, entkräftet und in vielen Fällen so krank, daß sie dem Tode nahe waren. Ihnen hat man das Sterben versagt, indem man sie kurzerhand erschlagen, erschossen oder in die Gaskammern geschickt hat.

Der Angeklagte Sorge, Rapportführer im Lager, sagte im selben Prozeß aus: »Die Arbeit der Häftlinge wurde von Aufsehern überwacht. Wenn die Häftlinge zögerten oder Gespräche miteinander führten, wurden die Schuldigen geschlagen. In meiner Eigenschaft als Leiter des Arbeitsdienstes im Lager kontrollierte ich, wie die Häftlinge arbeiteten, und prügelte die, von denen mir meine Untergebenen meldeten, daß sie nachlässig gewesen seien. Es kam vor, daß von einer solchen von mir durchgeführten

'Kontrolle' bei den Häftlingen die Trommelfelle platzten oder die Zähne herausflogen.« [5]

Ein vielfältiges System von Strafen erschwerte zusätzlich das Leben vieler Häftlinge. Häftlinge wurden bei jeder sich bietenden Gelegenheit nicht nur mit Händen und Füßen geschlagen, sondern man schlug auch mit Stöcken, Brettern und anderen Gegenstände auf sie ein. Sie wurden mit nach hinten ausgerenkten Armen an Pfähle gehängt. Man hat sie auf dem »Bock« ausgepeitscht. Sie mußten »Strafsport« ausführen, der darin bestand, daß man sie stundenlang in die Kniebeuge gehen ließ, daß sie auf dem Bauch kriechen oder im »Gänsemarsch« gehen mußten. Es wurden sogenannte »Läuferkommandos« gebildet, in denen die Häftlinge die Haltbarkeit der Wehrmachtsstiefel erproben mußten. Für die SS war dieses Kommando zugleich ein Mittel zur massenhaften Vernichtung von Häftlingen.

Im April 1941 errichtete man ein eigenes Barackenlager für die Häftlinge auf dem Werksgelände der Ziegelei. Es war nicht zuletzt notwendig geworden durch den großen Zustrom von Häftlingen seit Kriegsbeginn und – als Folge davon – die Überbelegung des Hauptlagers. Die Einlieferungen in die Konzentrationslager nahmen ein Ausmaß an, das den Bedarf der SS-Wirtschaftsbetriebe bei weitem überstieg und die Lagerkommandanten dazu herausforderte, »durch die Vernichtung am Arbeitsplatz der Überfüllung der Lager entgegenzuwirken«.[6] Dabei hatten die Großziegeleien von Sachsenhausen und Neuengamme »die gleiche Funktion wie anderswo die Steinbrüche«,[7] in ihnen wurden Vernichtungskommandos eingesetzt. Am Ende des Jahres 1943 war die Anzahl der in Sachsenhausen inhaftierten Häftlinge von 16 500 – Stand Dezember 1942 – auf 28 300 angestiegen. Seine größte Stärke mit rund 47 700 Häftlingen erreichte das Lager um die Jahreswende 1944/45. In den Jahren 1936 bis 1945 starben im Lager mehr als 20 000 Häftlinge an Hunger und körperlichen Mißhandlungen. [8] Tausende von Häftlingen, die nicht mehr arbeiten konnten, wurden in die Vernichtungslager geschickt.

Bruno Dambrowski aus Fürth berichtet, daß er im Jahre 1942 nach Sachsenhausen ins Klinkerwerk kam und dort zu verschiedenen Arbeiten herangezogen wurde; er mußte Schutt abräumen, mit anderen Häftlingen Fundamente herausbrechen, Zement aus Zillen entladen und anderes mehr. Dabei seien sie mit Spaten, Gewehrkolben und anderen schweren Gegenständen geschlagen worden. Auch Friedrich Schwarz aus Oldenburg kam ins Klinkerwerk; er war dort im Jahre 1938/39, bevor er nach Edewechterdamm in das Torfwerk Agilla zum Torfstechen für einen Hungerlohn zwangsverpflichtet wurde. Dann wurde er nach Polen in die Lager Krychow, Siedlce und Belzec deportiert. Im Jahre 1943 brachte man ihn wieder nach Sachsenhausen, wo er in den Heinkel-Flugzeugwerken Zwangsarbeit leisten mußte. Martin Pasquali wurde im Jahre 1939 nach Sachsenhausen gebracht; er mußte dort in der Kiesgrube arbeiten und Loren beladen. Zu Essen bekamen sie ein Stück Brot und eine dünne, fettlose Suppe am Tag. Andere Häftlinge wie Josef Köhler, der mit vielen Sinti und Roma im August 1944 von Auschwitz nach Sachsenhausen transportiert wurde, mußten bis Kriegsende in der Granatengießerei des Klinkerwerkes arbeiten. »Beim Granatengießen«, so schreibt Josef Köhler, »kamen wir uns vor wie in der Hölle auf Erden. Die Hitze und der Rauch waren entsetzlich. Da wir alles mit der Hand gießen mußten, ohne Schutz, verbrannten wir uns durch die Sprühfunken und die glühenden Metallspritzer überall am Körper. Heute habe ich noch am ganzen Körper, vor allem an Armen und Beinen, Brandnarben.«

Eine größere Anzahl von Häftlingen der Sinti und Roma wurde dem »Kommando Speer« zugeteilt. Nach Schätzungen lag ihr Anteil unter den ca. 2000 Häftlingen dieses Kommandos zwischen 50 und 100 Personen. Ursprünglich war Steinbearbeitung Aufgabe des Kommandos. Nach und nach wurde das Kommando in der Rohstoffgewinnung eingesetzt. Im Jahre 1942 wurde infolge der Rohstoffverknappung die Zerlegung von Kabeln, die die Reichspost bis Mai desselben Jahres mit 90 Häftlingen in Sachsenhausen durchführte, von der SS übernommen und dem »Kommando Speer« übertragen. [9] Im Oktober 1942 arbeiteten im Kabelzerlegungsbetrieb der SS 325 Häftlinge. Es war vorgesehen, daß in diesem Betrieb 1000 Häftlinge zum Arbeitseinsatz kommen sollten.

Walter Winter, der heute in Berlin lebt, war in den Jahren 1942/43 für ein Jahr sowohl im Klinkerwerk als auch im »Kommando

Speer«; er hat Zillen entladen und Kabel zerlegt. In Sachsenhausen erhielt er die KZ-Nummer 55 410. »Unser Kapo hatte einen grünen Winkel. Unsere Kolonne mußte Bleikabel maschinell auftrennen, das Blei herausnehmen und in 50-kg-Pakete zusammenpressen. Jeder von uns hatte 20 solcher Pakete täglich zu machen; wenn wir das nicht schafften, wurden wir geschlagen. Morgens erhielt jeder 200 Gramm Brot, das mußte für den ganzen Tag reichen; mittags bekamen wir einen halben Liter Steckrübensuppe und vier oder fünf Pellkartoffeln; abends gab es dann wieder Suppe. Das reichte natürlich nicht aus. Und wir sind nie richtig satt geworden. Jeden Tag starben acht bis zwölf Häftlinge; sie sind aus Schwäche bei der Arbeit tot umgefallen oder wurden von den SS-Leuten und Kapos so schwer geschlagen, daß sie daran starben.«

Im April 1943 wurde eine Gruppe von 800 Häftlingen in Sachsenhausen zusammengestellt. Unter den Russen, Ukrainern, Polen und Franzosen, die für den Arbeitseinsatz in den Heinkel-Werken vorgesehen waren, befanden sich auch der Sinto Walter Winter und vier Roma. Sie alle kamen in Halle 5 des Werkes, in der Tragflächen für die He 111 genietet wurden. Walter Winter unterstand einem Vorarbeiter namens Bergemann, einem schwarzhaarigen Hünen, dessen Namen er niemals vergessen wird, weil er jedesmal von ihm geschlagen wurde, wenn ein Niet nicht ordnungsgemäß saß. Kam es bei einem Häftling vor, daß er mehrere Niete falsch setzte oder schlecht nietete, bezichtigte man ihn der Sabotage, und es konnte geschehen, daß er vor der auf dem Appellplatz versammelten Häftlingsbelegschaft erhängt wurde. Herr Winter hat einigen solchen Exekutionen zusehen müssen. Er selbst erhielt einmal 50 Stockhiebe, weil er einige Teile nicht richtig nietete. Nach der Bombardierung der Heinkel-Werke in Oranienburg im April 1944, bei der ein Großteil der Fertigungsanlage zerstört wurde und viele Häftlinge den Tod fanden, kam ein Teil der in Halle 5 beschäftigten Häftlinge – ungefähr 150 –, unter ihnen Walter Winter und ein anderer Sinto, nach Flöha bei Chemnitz; dort wurden sie wieder als Nieter eingesetzt. Nun waren es aber nicht mehr Teile der He 111, die sie nieten mußten, sondern der Ju 52 der Junkers Flugzeug- und Motorenwerke in Dresau.

Über die Tötung von 50 Häftlingen im Nebenlager von Sachsenhausen bei den Heinkel-Werken, die dort »arbeitsunfähig« geworden waren, berichtete im Sachsenhausen-Prozeß ein ehemaliger Blockführer. [10] Danach wurde ein Häftling nach dem anderen in ein Zimmer geführt, in dem der Lagerarzt Baumkötter zunächst dem ersten, der eintrat, mitteilte, daß er ihm nun eine Schutzimpfung gegen irgendeine Krankheit gäbe. Daraufhin machte er dem Häftling eine Injektion in die Venen, auf die der sofortige Tod eintrat. Die im Zimmer anwesenden Sanitäter hatten die Tötungsmethode gleich begriffen und brachten nun auf dieselbe Weise die anderen Häftlinge der Reihe nach um. Ob auch Sinti und Roma mit solchen Injektionen umgebracht worden sind, kann nur vermutet werden. Aussagen von Überlebenden der Volksgruppe der Sinti und Roma, von denen es viele gab unter den rund 6000 Häftlingen, die für Heinkel Sklavenarbeit verrichten mußten, weisen lediglich darauf hin, daß einige von ihnen bei der Arbeit zusammengebrochen und fortgeschafft worden seien. Andererseits gibt es keine einzige Aussage, die bestätigen könnte, daß auch nur ein einziger dieser »arbeitsunfähig« gewordenen Häftlinge an seinen Arbeitsplatz zurückgekehrt wäre.

Es kann nicht ausgeschlossen werden, daß die verantwortlichen Direktoren von Heinkel von diesen Tötungen wußten. Sie kannten die Verhältnisse im Häftlingsbarackenlager, das man auf ihrem Werksgelände errichtet hatte. Vor allem Direktor Neumärker hatte nach Aussage des ehemaligen Häftlings Leo Skrzpczynski Kenntnis von diesen Verhältnissen.

»Der deutschen Fabrikbelegschaft gab er persönlich zahlreiche schriftliche und mündliche Anweisungen, wie sie sich den Gefangenen gegenüber verhalten sollten. In allen Fällen wurden den dort arbeitenden deutschen Zivilisten schwerste Strafen angedroht, falls sie sich in irgendeiner Weise um die Gefangenen kümmern sollten, sei es, daß sie persönlichen Kontakt aufnähmen oder Hilfe leisteten.

Tag für Tag meldete Herr Neumärker persönlich Gefangene bei der Lagerleitung. In diesen Berichten war in der Regel von angeblich nachlässiger Produktion, Faulheit und Sabotage die Rede. Letzteres war für die Gefangenen besonders gefährlich, denn normalerweise wurde Sabotage mit dem Tod bestraft.

In zahlreichen Fällen konnte ich nur deshalb Höchststrafen verhindern, weil ich über ein ausgezeichnetes technisches Wissen verfügte und daher einen gewissen Einfluß bei der Lagerleitung hatte. Immer wieder konnte ich nachweisen, daß es sich bei den vorliegenden Berichten nicht um Sabotage handelte und die Gefangenen in der Regel schuldlos waren.

Unterstützt von der Lagerleitung, kämpfte ich ständig gegen die Betriebsleitung um höhere Prämien. Mit den Prämienmarken konnten die Gefangenen zusätzliche Essensrationen und andere Vergünstigungen erhalten. Für Tausende von Häftlingen war dies eine Überlebensfrage, würden sie doch nicht verhungern, wenn sie genug Prämienmarken zusammenbekamen. Die Leitung der Heinkel-Flugzeugwerke versuchte andauernd, diese zusätzlichen Leistungen zu drücken, obwohl sie insgesamt nur einen Bruchteil der Unterhaltskosten ausmachten.« [11]

Nach Schätzungen von Hans Rose, Albert Steinbach, Heinrich Braun und anderen, die bei Heinkel in Oranienburg in der Flugzeugteilefertigung Sklavenarbeit leisten mußten, lag die Anzahl der dort eingesetzten Sinti und Roma zwischen 200 und 300. Waldemar Braun aus Marburg an der Lahn berichtet, daß dort, wo er Flugzeugteile bohren und nieten mußte, ungefähr 200 Sinti arbeiteten, und zwar im allgemeinen von sieben Uhr früh bis 18 Uhr abends. Es kam jedoch öfters vor, daß sie bis 22 Uhr schuften mußten. Auch hier wurden die Häftlinge von den SS-Aufsehern »bei jeder Kleinigkeit geschlagen«. Nach den schweren Luftangriffen auf die Heinkel-Werke im Laufe des Jahres 1944 wurde ein Teil der Flugzeugteilefertigung in ein Waldgebiet ungefähr – wie Herr Braun angibt – vier Kilometer vom Werk entfernt verlagert. In der sogenannten Waldfabrik, in der die Produktion und die Häftlinge von Luftangriffen geschützt werden sollten, arbeitete Waldemar Braun zusammen mit einem Sinto und 15 Roma noch vier Monate. Dann wurden sie in ein anderes Flugzeugwerk gebracht, an dessen Namen sich Waldemar Braun nicht mehr erinnern kann.

Von Sachsenhausen aus kamen Häftlinge zum Arbeitseinsatz in rund zwei Dutzend Rüstungsfirmen, darunter so bekannte wie

AEG, Siemens, Daimler-Benz, Krupp, I.G. Farben oder zu der UFA. Soweit es sich feststellen ließ, waren nur einige wenige Sinti und Roma bei AEG. Im DEMAG Panzerwerk in Falkensee bei Berlin mußten ungefähr 50 bis 60 Sinti und Roma arbeiten. Im Durchschnitt wurden dort 2500 bis 3000 Häftlinge als Sklaven-arbeiter beschäftigt, vor allem sogenannte Ostarbeiter. Der SS-Mann Kaindl sprach zwar in seiner Vernehmung durch die Alliierten von 4000 Häftlingen, die bei DEMAG arbeiteten; aber die Zahl dürfte etwas zu hoch sein.

Wenzel Frolian erzählt, daß er im Jahre 1943 am Lageraufbau in Falkensee gearbeitet hat. Danach kam er in die Panzerteilepro-duktion. Die Häftlinge mußten dort in Tag- und Nachtschichten arbeiten. Von SS-Wachmännern wurden sie früh morgens auf dem Weg zum DEMAG-Werk und bei der Arbeit selbst mit Gewehrkolben traktiert. Von den elf bis zwölf Sinti, die in seiner Abteilung arbeiteten, so berichtet Wenzel Frolian, sei einer an Unterernährung gestorben. Die Verpflegung sei katastrophal gewesen, sie bestand aus einer Griebensuppe und einem Stück Brot täglich. Ab und zu hätten Meister und Vorarbeiter von DEMAG Häftlingen geholfen, indem sie ein Stück Brot liegen ließen, wenn sie weggingen. Sie nahmen dabei selbst das Risiko von Strafen in Kauf. Die Lage verbesserte sich erst etwas, als die SS-Leute durch Wehrmachtssoldaten ersetzt wurden und ein Hauptmann von Kannenberg das Kommando im Lager Falkensee übernommen hatte. Nun seien auch nicht mehr so viele Häftlinge umgekommen.

Nach einem Dreivierteljahr »Reichsarbeitsdienst« (RAD) wurde Heinrich Braun 1940 als Panzergrenadier zu einer Panzereinheit in Neuruppin eingezogen. Aus rassistischen Grün-den entließ man ihn 1941 aus der Wehrmacht. Von Beruf Musiker, kehrte er nach Berlin zurück, um – wie schon vor seiner Zeit im RAD und in der Wehrmacht – in der Kapelle seines Bruders im »Café am Steinplatz« zu spielen. Hier lernte er auch seine spätere Frau kennen. Als sie im dritten Monat schwanger war, bat Heinrich Braun ihren Vater um die Einwilligung in eine Heirat. Doch der Vater, Mitglied in der NSDAP, lehnte ab, als er erfuhr, daß Heinrich Braun aus »rassischen Gründen« aus der Wehrmacht entlassen worden war und als »Zigeuner« unter die

Nürnberger Rassengesetze fiel. Die Tochter wurde auf Anweisung des Reichsgesundheitsamtes in eine Klinik gebracht, und ohne ihr Wissen nahm man an ihr eine Abtreibung vor. Fortan wurde auf polizeiliche Anordnung ein weiteres Zusammentreffen der beiden untersagt. Mit ein wenig Phantasie und Täuschung gelang es ihnen dennoch, sich zu sehen, bis im Frühjahr 1942 – Heinrich Braun spielte unterdessen im »Café am Uhlandeck« – Frau Braun von ihren Eltern erfuhr, daß ihr damaliger Verlobter von der Gestapo verhaftet werden sollte. Sie warnte ihn, und beide flohen zunächst nach Königsberg in Ostpreußen, dann zurück in den Westen über Bamberg, Würzburg, Köln und Trier nach Luxemburg. In Luxemburg gingen sie unvorsichtigerweise in ein Hotel, das von den Nazis treuhänderisch verwaltet wurde; dort gerieten sie in die Hände der »Geheimen Staatspolizei«. Sie wurden nach Berlin in das Gefängnis am Alexanderplatz gebracht. Frau Braun wurde als »Reichsdeutsche« nach wenigen Tagen auf Intervention ihres Vaters aus dem Gefängnis entlassen.

Ende Oktober 1942 wurde Heinrich Braun nach Sachsenhausen deportiert. Er mußte dort zuerst als Feuerwehrmann bei der Lagerfeuerwehr arbeiten. In den Jahren 1943/44 wurde er abwechselnd für jeweils einige Monate dem »Kommando Speer« und dem »Kommando Heinkel-Werke« zugeteilt. Im »Kommando Speer« mußte er Zement und Steine aus Zillen entladen, die an der Havel beim Klinkerwerk anlegten. Die Häftlinge dieses Kommandos mußten früh morgens vom Lager Sachsenhausen zu Fuß zur Anlegestelle marschieren, abends bei einbrechender Dunkelheit kehrten sie auf dieselbe Weise wieder ins Lager zurück. Zu Heinkel nach Oranienburg wurden die Häftlinge mit Lastwagen gebracht; sie mußten dort in der Flugzeugfertigung arbeiten und unter anderem Flugzellen für die He 177 bauen. Ein größerer Transport von Sinti und Roma, so erzählt Heinrich Braun, ging Mitte des Jahres 1944 nach Berlin-Falkensee in das Außenlager von Sachsenhausen beim Panzerwerk DEMAG. Das Barackenlager der Häftlinge war mit einem elektrisch geladenen Zaun umgeben, an einigen Stellen, wie zum Beispiel am Lagereingang, standen Wachtürme, auf denen Wachsoldaten mit Maschinengewehren postiert waren; das ganze Lager stand unter SS-Bewachung. Im DEMAG-Werk arbeitete Heinrich Braun in der

Panzerteilefertigung; er mußte mit anderen Häftlingen Metall-arme zum Auflegen von Panzerketten herstellen. Insgesamt, so sagt er, hätten dort zwischen 2000 und 3000 Häftlinge aus fast allen Ländern Europas Zwangsarbeit geleistet, darunter schät-zungsweise 100 Sinti- und Roma-Männer. Bis Kriegsende mußte er dort arbeiten. Als gegen Ende des Krieges, so erzählt er weiter, sich die Rote Armee Falkensee näherte, verließ die SS fluchtartig das Lager. Einige der Häftlinge gingen daraufhin aus dem Lager und quartierten sich in Privathäuser ein. Da die Rote Armee aber das Lager noch nicht einnahm, kehrte die SS nach zwei Tagen wieder zurück und richtete unter den im Lager verbliebenen Häftlingen ein Blutbad an. Während die Überlebenden dieses Massakers unter SS-Bewachung ihren Todesmarsch in Richtung Schwerin antraten, flohen Heinrich Braun und die anderen Häft-linge, die sich versteckt hielten, vor der anrückenden Roten Armee, bis sie eingeholt und befreit wurden.

Im DEMAG-Panzerwerk mußte auch Johannes Rose arbeiten. Von Sachsenhausen kam er Ende April/Anfang Mai 1943 nach Falkensee. Er wurde als Dreher eingesetzt und mußte Stirnräder und Panzerketten produzieren. Eine zeitlang war er in einer Werkstatt, in der Granaten vom Kaliber 8,8 cm für die Flak hergestellt wurden. Er erinnert sich, daß sich dort, wo er arbeitete, ungefähr 40 bis 50 Sinti und Roma befanden. Die Häftlinge seien von ihren Bewachern täglich geschlagen worden.»Einmal wurde ich mit einem Gewehrkolben an der linken Schläfe so schwer verletzt, daß ich stark blutete. Aber ich hatte überhaupt nichts getan. Man hat mich ganz einfach ohne jeden Grund geschlagen.«

Aus Dokumenten über das Lager Sachsenhausen läßt sich entnehmen, daß im Jahre 1944 bei privaten Rüstungsbetrieben 13 950 männliche und 9750 weibliche Häftlinge[12] im Arbeit-seinsatz waren. Legt man dabei nur den Tagessatz von vier RM für Hilfskräfte zugrunde, den diese Rüstungsbetriebe zu entrich-ten hatten, so flossen in diesem Jahr rund 2,37 Millionen Reichsmark in die Kassen der SS und damit in die des »Dritten Reiches«.

Von unvollständigen Angaben über die Inhaftierung von Sinti und Roma muß man auch hinsichtlich des Konzentrationslagers Neuengamme ausgehen. Kenrick und Puxon[13] erwähnen einige Berichte von ehemaligen Häftlingen des Lagers, in denen von »Sintis« die Rede ist, weisen aber gleichzeitig darauf hin, daß dort wohl auch Roma gefangengehalten wurden. So erinnert sich ein ehemaliger dänischer Häftling, daß in Neuengamme sehr kleine Sinti- und Roma-Kinder waren, von denen einige im Lager geboren, viele jedoch Waisen waren. Da keine größeren Transporte nach Neuengamme bekannt sind, sollte man annehmen, daß Sinti und Roma nur vereinzelt oder in kleinen Gruppen dorthin kamen. Vielleicht ist es einem mangelnden Interesse der deutschen Historiker zuzuschreiben, daß bis heute keine Dokumente über solche Transporte ausfindig gemacht werden konnten. Vielleicht aber ist eine Rekonstruktion auch deshalb nicht möglich, weil Dokumente, die über Ort, Zeitpunkt, Zusammensetzung und Ziel der Transporte Auskunft geben könnten, nicht mehr existieren. Wie dem auch sei, die Angaben von Sinti und Roma zeigen, daß – zumindest – kleinere Gruppen von ihnen nach Neuengamme gebracht wurden und dort zum Sklavenarbeitseinsatz kamen.

Unter den 100 Häftlingen, die Ende des Jahres 1938 in das von der SS geschaffene Außenkommando des Konzentrationslagers Sachsenhausen nach Neuengamme in die stillgelegte Ziegelei kamen, waren keine Sinti und Roma. Doch bereits im Frühjahr 1940, als Neuengamme selbständiges Konzentrationslager wurde, befanden sich – wie sich Rudolf Landsberger erinnert – zwischen 100 und 200 Sinti und Roma im Klinkerwerk und in der Tongrube. Die »Deutsche Erd- und Steinwerke GmbH« hatte zu diesem Zeitpunkt schon die Produktion von Klinkersteinen und Dachziegeln aufgenommen. Gleichzeitig wurde mit dem Bau eines neuen Klinkerwerkes begonnen. Eine nicht unbeträchtliche Anzahl von Häftlingen waren Baufacharbeiter; unter ihrer Anleitung bauten die Häftlinge Straßen und Werkstätten. Vor allem in der Tongrube des Klinkerwerkes war die Arbeit im Morast, bei Nässe und Kälte mörderisch. Die Häftlinge mußten den schweren

Häftlinge des Konzentrationslagers Neuengamme bei Außen-
kommandos für Deichbefestigungen (auch nächste Seiten)

Ton stechen, auf Loren laden und diese dann zum Klinkerwerk
schieben. Dabei wurden sie unter andauernden Schlägen ständig
zur Eile angetrieben. Viele Häftlinge starben an Entkräftung oder
wurden von der SS, sobald sie nicht mehr in der Lage waren zu
arbeiten, ermordet. In der Aufbauphase des Lagers herrschten
katastrophale sanitäre und hygienische Zustände. So mußten die
Häftlinge auf naßem und verfaultem Stroh schlafen, und es gab
kein fließendes Wasser zum Waschen. Grausam war auch das
»Kommando Elbe«, wegen seiner menschenvernichtenden Arbeit auch »Himmelfahrtskommando« genannt, das beim Bau am
Dove-Elbe-Stichkanal eingesetzt war. »Oft mußten die Häftlinge
unter Schlägen zu einem Wettrennen der Karren antreten. Vor
jeder Mittagspause kam der Befehl: 'Polen, Juden und Zigeuner
raustreten!' Diese Häftlinge mußten auf die Reste warten, die
vom Essen der deutschen Häftlinge übrig blieben. Am Ende eines
solchen schweren Arbeitstages kamen zwanzig bis dreißig Mann

in einem vollkommen erschöpften Zustand ins Lager zurück. Sie
konnten nicht mehr ohne Hilfe marschieren. Sie mußten von
ihren Kameraden gestützt werden oder wurden mit dem Wagen
zurückgefahren, der die Suppenbehälter transportierte. Aber den
Abendappell mußten sie trotzdem mitmachen, ohne Rücksicht
auf ihren Gesundheitszustand, auf Regen oder Frost. Die Be-
wußtlosen wurden am Ende der Fünferkolonne jedes Blocks
hingelegt. Nach dem Appell wurden diejenigen, die sich nicht
mehr auf den Beinen halten konnten, ins Revier getragen und dort
auf den Betonboden eines Raumes gelegt. Viele von ihnen
standen nicht mehr auf. Wer wieder ausstehen konnte, ging in den
Block zurück, um am nächsten Tag aufs neue gequält zu werden.«[14]

Allein für dieses Projekt waren 800 bis 1000 Häftlinge eingesetzt. Da täglich Häftlinge bei der Arbeit starben oder als »arbeitsunfähig« ausgesondert wurden, mußte die SS mit immer neuen

Transporten aus Dachau, Buchenwald, Auschwitz, Ravensbrück und Sachsenhausen dieses Kommando auffüllen.[15] Zu der mörderischen Arbeit kam im Winter 1941/42 noch eine Fleck-typhusepidemie, die täglich bis zu 120 Opfer forderte.

Im August und Oktober 1942 entstanden die ersten beiden Außenlager in Wittenberge beim Chemieunternehmen Phrix-Werke, wo 450 Häftlinge eingesetzt waren, und in Salzgitter-Drütte bei den »Reichswerken Hermann Göring«, in denen annähernd 3000 Häftlinge zur Sklavenarbeit herangezogen wur-den. Die meisten der mehr als 70 Außenlager mit insgesamt rund 40 000 Häftlingen aber wurden im Jahre 1944 eingerichtet. Sie befanden sich unweit der kriegswichtigen Rüstungsberiebe, in denen so unterschiedliche Dinge hergestellt wurden wie Kraft-fahrzeuge, Gasmasken, Reifen, Treibstoff, Zellulose, Ersatz-mehl, Radioröhren, Flakgeschütze, Navigationsgeräte, Batteri-

en, Minen und Granaten, die jedoch eines gemeinsam hatten: Sie waren im Krieg von Nutzen und verlängerten ihn, und sie brachten überdies den Unternehmen lohnende Gewinne. Zur selben Zeit stellte die SS Baubrigaden zusammen, die mit Aufräumungsarbeiten, Gleisbauarbeiten, Bau von Befestigungen, Panzergräben, unterirdischen Fabriken und Luftschutzbunkern beauftragt wurden. Sie SS-eigenen »Deutschen Ausrüstungswerke« stellten schon im Jahre 1942 im Auftrag der Wehrmacht Bedarfs- und Ausrüstungsgegenstände wie Munitionskisten, Geschoßhülsen und dergleichen her; in ihnen arbeiteten rund 2600 Häftlinge. Auf dem Lagergelände wurden Fertigungsstätten der Rüstungsfirmen »Jastram«, »Messap« und der Walther-Werke in Zella-Mehlis errichtet. Die »Messap« produzierte mit Häftlingen Zeitzünder und Zünderlaufwerke, »Jastram« Kriegsgerät für die Marine, insbesondere für U-Boote, wobei in

Neuengamme Reparaturen an Motoren und anderen Teilen vorgenommen wurden. Die Walther-Werke nahmen im Jahre 1944 die Produktion von Pistolen und Karabinern auf.

Soweit bekannt ist, arbeiteten in diesen drei Rüstungsbetrieben keine Sinti und Roma. Hingegen waren sie in einer Reihe anderer Betriebe der SS und der privaten Rüstungsindustrie als Sklavenarbeiter beschäftigt.

Der Sinto Wilhelm Weiß kam im Jahre 1943 von Natzweiler nach Neuengamme. Er wurde im Jahre 1942 verhaftet und in das Lager Dachau eingeliefert; dort mußte er Kabel verlegen und arbeitete später auch in der Gärtnerei des Lagers. Nach dreimonatiger Inhaftierung in Neuengamme wurde er mit 120 jüdischen Häftlingen in das Außenlager Salzgitter-Drütte der »Reichswerke Hermann Göring« transportiert. In diesem größten Stahlkonzern des Reiches waren seit Mitte Oktober 1942 rund 3000 männliche Häftlinge und seit August 1943 etwa 500 Frauen als Arbeitssklaven beschäftigt. In Drütte selbst waren nach einer Aussage des ehemaligen polnischen Häftlings Georges Kulongowski ca. 50 bis 60 Sinti und Roma.

Die meisten Häftlinge mußten in der Munitionsherstellung arbeiten. Zwar hat Wilhelm Weiß in der Produktion selbst nicht gearbeitet, in der äußerst harte Arbeitsbedingungen herrschten, aber die Bedingungen in der Arbeitskolonne, der er zugeteilt und die beim Straßenbau und zur Trümmerbeseitigung eingesetzt war, waren nicht weniger menschenunwürdig.[16] Dazu kam auch hier die miserable Ernährung, die bei ihm bis heute gesundheitliche Schäden hinterlassen hat. In der Nähe von Salzgitter wurde Wilhelm Weiß Ende des Jahres 1944 einer Baubrigade zugewiesen, die unter Tage Stollen aushob und Werkstätten einrichtete. In dem ehemaligen Salzbergwerk mußten andere Häftlinge zur dieser Zeit schon Flugzeugteile herstellen.

In den Lagern und Werkstätten der »Reichswerke« herrschten nicht weniger schreckliche Zustände als an vergleichbaren Orten des nationalsozialistischen Sklavenarbeitssystems. Neben Prügelstrafen und Exekutionen wegen Sabotage und Arbeitsverweigerung gab es »Sonderlager« und »Arbeitserziehungslager«, sogenannte Straflager, in die man die von der SS als »Arbeitsscheue«, »Arbeitsunwillige« und »Bummelanten« bezeichneten Personen brachte, um ihnen auf grausame Weise den »Wert« und die »Disziplin« der Arbeit beizubringen.

Grausam war auch die Behandlung eines »Zigeuners«, über den der ehemalige jüdische Häftling Josef Mayer berichtet. »Das Schrecklichste, was ich bis heute nicht vergessen kann, war die Ermordung eines wegen Fluchtversuches zurückgebrachten deutschen Zigeuners. Wir alle mußten zum Appell antreten und mußten zusehen, wie man mit solchen 'Flüchtlingen' umging. Man legte ihn mit Händen und Füßen gefesselt auf den Rücken. Ein SS-Mann stellte sich auf den Delinquenten. Einen Fuß auf den Bauch und einen Fuß auf den Hals des Gefangenen. In der Hand hatte der SS-Mann einen Stock, an welchem ein Nagel befestigt war. Er stach dabei dem Gefangenen ins Gesicht und bei vollem Bewußtsein die Augen aus. Nachher erhielt der Gefangene noch Schläge auf den Kopf. Zu guter Letzt wurde er rücklings an Ketten am Fenstergitter aufgehängt. So endigte sein Leben.«[17]

Der Salzgitter-Konzern »Hermann-Göring-Werke« war ein weitverzweigtes Unternehmen; seine Betriebe reichten von der »Westmark« bis ins »Generalgouvernement« und in die besetzten Länder Österreich und Tschechoslowakei. Der Konzern beschäftigte im Jahre 1944 eine halbe Million Menschen, darunter ein riesiges Heer von Fremdarbeitern, Kriegsgefangenen und Häftlingen aus den Konzentrationslagern. Er hatte Kapitalbeteiligungen an über 250 Unternehmen, an Eisen- und Stahlwerken, Kohlegruben, Waffenwerken, Chemieunternehmen, Kupfer- und Zementwerken, Bergbau- und Hüttenbetrieben, Versicherungen, Elektrizitätswerken, Kabelwerken, der Auto- und Flugzeugindustrie, am Flugzeugbau und vielen anderen Industrieunternehmungen.

Amalia Reinhardt mußte mit etwa 30 anderen Sinti und Roma in den Jahren 1942 bis 1944 für die »Hermann-Göring-Werke« in Starachowitze Munition aller Art herstellen. Als Zwangsarbeiter mußten sie ohne Lohn zehn Stunden täglich arbeiten. Von dem Lager, in dem sie untergebracht waren, wurden sie unter Bewachung um sieben Uhr zur Fabrik gebracht und abends um 17 Uhr wieder zurück.

Im Jahre 1940 wurde der Sinto Franz Hauer mit anderen Sinti für sechs Monate in der Kohlegrube der »Sudetendeutschen

Bergbau AG« in Brüx (Most/CSFR), die sich zu 75 Prozent in den Händen der »Reichswerke« befand,[18] zur Zwangsarbeit verpflichtet. Er erhielt in dieser Zeit keinen Lohn. Noch im selben Jahr mußte er für die Firma Bresat, Hoch- und Tiefbau, arbeiten. Sie war mit der Firma Siemens am Aufbau der »Sudetendeutschen Treibstoffwerke« der »Reichswerke« in Brüx beteiligt. Dort mußte er sich bis zu seiner Verhaftung im März 1943 und dem anschließenden Transport nach Auschwitz für einen kümmerlichen »Lohn« von zwei oder drei Reichsmark in der Woche ausbeuten lassen.

Das Außenkommando Hamburg-Langenhorn bestand aus rund 500 Frauen; sie kamen vor allem aus dem Lager Ravensbrück. Unter ihnen befanden sich auch 30 bis 50 Sinti- und Roma-Frauen. Sie stellten in der Zeit von September 1944 bis Ende April 1945 in den »Hanseatischen Kettenwerken«, Gewehr- und Munitionsfabrik Hamburg-Ochsenzoll, Munition und Zeitzünder her. Wanda Edelmann aus Hamburg wurde Anfang Januar 1945 in das »Kettenwerk« gebracht. Sie war am 6. Januar 1942 verhaftet und ins Frauen-Konzentrationslager Ravensbrück eingeliefert worden. Dort mußte sie ein Jahr im Straßenbau arbeiten. Anschließend brachte man sie zusammen mit anderen weiblichen Häftlingen des Lagers in die Heinkel-Flugzeugwerke nach Barth in Pommern und Oranienburg.

Florentine Aden, die seit Herbst 1944 in der Gewehr- und Munitionsfabrik der »Hanseatischen Kettenwerke« war, erinnert sich, daß die weiblichen Häftlinge in die unterirdische Fabrik durch einen Tunnel gelangten, allerdings unter fürchterlichen »Fußtritten und Schlägen mit Gummiknüppeln« von seiten der sie begleitenden Wachleute; sie wurden, wie sie sagt, im wahrsten Sinn des Wortes durch den Tunnel getrieben. In der Fabrik selbst mußte Florentine Aden als Stanzerin arbeiten. Hergestellt wurde Gewehrmunition. Schikanen und Schläge mit Gummiknüppeln waren auch hier an der Tagesordnung. »Bei der Arbeit lief die SS durch die Gänge, um aufzupassen, daß wir Gefangenen nicht miteinander sprachen.« Wenn aber eine Frau sprach, so war sie sofort Schlägen eines SS-Bewachers ausgesetzt. Die weiblichen Häftlinge wurden in Neuengamme bei anbrechender Dämmerung geweckt, und nach dem Morgenappell mußten sie zu Fuß den »langen Weg von Neuengamme in die unterirdische Fabrik« (Florentine Aden) zurücklegen; abends, bei einbrechender Dämmerung marschierten sie wieder zurück. Sie mußten zwölf Stunden täglich arbeiten. Ende April wurden die Sinti- und Roma-Frauen nach Hamburg-Sasel gebracht, wo sich am Tag der Befreiung durch die Engländer – es war der 4. Mai 1945 – etwa 300 Frauen der Volksgruppe befanden.

Sinti- und Roma-Frauen wurden auch im Außenkommando des »SS-Führungsstabes A3« in Helmstedt-Benndorf eingesetzt; sie mußten im Rahmen des sogenannten »Jäger-Programms« in der unterirdischen Flugzeugfabrik der Askaniawerke AG Berlin arbeiten. In der Zeit von März 1944 bis April 1945 waren dort ca. 1000 männliche und 3000 weibliche Häftlinge als Arbeitssklaven eingesetzt. Luise Klein war eine der weiblichen Häftlinge unter den rund 120 Sinti und Roma; sie arbeitete im Schacht »Bartesleben«. Vom Barackenlager mußten die Häftlinge zu den Schächten gehen und wurden dort mit Aufzügen in die unterirdischen Werksräume gefahren, wo sie Flugzeugteile fertigen mußten. Auch hier wurden sie ständig von der SS bewacht, und ihr einziger »Lohn für einen zehn- bis zwölfstündigen Arbeitstag waren Beschimpfungen und Schläge« (Maria Speier), ein Viertel Kommißbrot und eine dünne Wassersuppe täglich.

Jakob Blum, der im Jahre 1939 nach Neuengamme kam, war, nachdem er im Lager selbst hatte arbeiten müssen, mit »neun bis zehn Männern« der Sinti und Roma seit Juli 1943 in den Werken der Accumulatoren-Fabrik in Hannover-Stöcken im Arbeitseinsatz. Sie stellten dort Batterien für U-Boote und Teile aus Kunstgummi her. Nach etwa einem dreiviertel Jahr wurde Jakob Blum zu den Continental-Gummiwerken, die ebenfalls in Stöcken angesiedelt waren, gebracht; er wurde dort in der Reifenfertigung eingesetzt. Nach der Bombardierung des Werkes im November 1944 wurde das Kommando nach Ahlem verlegt und beim Bau der unterirdischen Fabrik von »Conti« beschäftigt. Die Häftlinge mußten dort unter Wehrmachtsbewachung bis Kriegsende arbeiten.

Sinti und Roma wurden auch im Volkswagenwerk in Fallersleben zur Sklavenarbeit herangezogen. Dies berichtet Robert Frantz in Göttingen, der selbst dort seit etwa Mitte 1944 in der

Munitionsfertigung arbeiten mußte. Außerdem war er mit einigen Sinti und Roma in den Phrix-Werken in Wittenberge, in der Zellulose, Ersatzmehl und Hefe hergestellt wurden. Im Volkswagenwerk waren zu dieser Zeit rund 700 Frauen und ebenso viele Jugendliche und Männer aus dem Lager Neuengamme beschäftigt. Ein Teil von ihnen, vor allem männliche Häftlinge, war bei Bauarbeiten für das Volkswagenwerk eingesetzt. Die Baufirma Philipp Holzman setzte beim Bau einer Fabrik für chemische Erzeugnisse für die Phrix-Werke, Hamburg, in Wittenberge Sklavenarbeitskräfte des Konzentrationslagers Neuengamme ein.

Eine Vielzahl von Sinti und Roma wurde den Baubrigaden der SS zugeteilt; sie mußten Schutt und Trümmer beseitigen, Bomben suchen und freilegen oder, wie Karl Pasquali, im Außenkommando einer Betonfabrik arbeiten. Emil Weiß mußte im Freihafen Tonnen schweißen und anderes Kriegsmaterial, das von der Front kam, reparieren. Bei Aufräumungsarbeiten waren meist jüdische Häftlinge und Sinti und Roma im Einsatz. Emil Weiß erinnert sich, daß in der Kolonne, in der er mit anderen Häftlingen Trümmer beseitigte, neben 100 Juden 50 Sinti eingesetzt waren.

All diese Arbeiten wurden zum großen Teil auf Werftgeländen wie zum Beispiel bei Blohm & Voss oder der Deutschen Werft, auf dem Gelände von Raffinerien wie Rhenania (Shell), in den Hallen von Reemtsma oder im Rahmen des »Geilenberg-Programms« ausgeführt. Tausende von Häftlingen, Frauen wie Männer, sind bei diesen Arbeiten von der SS eingesetzt worden. Wie Zeugnisse ehemaliger Häftlinge von Neuengamme, seinen Außenlagern und Arbeitskommandos belegen, sind Hunderte von Arbeitssklaven aus Schwäche und unter den Schlägen der SS-Bewacher zusammengebrochen. Hunderte von ihnen sind aufgrund der äußerst mangelhaften Ernährung und Hygiene gestorben. Viele Hunderte von Häftlingen, die durch all diese schrecklichen Verhältnisse unfähig waren zu arbeiten, hat man behandelt wie wertloses Zeug, man hat sie einfach weggeworfen. Am schrecklichsten aber waren diese Verhältnisse dort, wo ausschließlich die SS das Sagen hatte, in den Baubrigaden, dem Klinkerwerk und der Lehmgrube des Lagers Neuengammme.

IV. Sinti und Roma in den Konzentrationslagern Buchenwald und Dora-Mittelbau – Sklavenarbeit in den Gustloff-Werken und für das Jäger- und V-Waffenprogramm

Buchenwald

Als am 17. April 1944 ein von Auschwitz kommender Transport von 883 Roma und Sinti,[1] darunter 178 Jugendliche, in Buchenwald eintraf, waren dies nicht die ersten »Zigeuner« in diesem Lager. Bereits am 5. Mai 1938 wurden die ersten Sinti und Roma nach Buchenwald deportiert,[2] und auch im folgenden Monat waren rund 1000 Sinti und Roma dort eingewiesen worden. Ein weiterer Transport von Dachau nach Buchenwald war im Herbst 1939 erfolgt; es handelte sich dabei um 1500 Roma, die im Sommer in Österreich verhaftet und nach Dachau gebracht worden waren. Sie alle hatten wohl zunächst die übliche Lagerarbeit zu verrichten. Und viele von ihnen kamen im Lauf der Zeit in andere Konzentrationslager. So wissen wir von einem Transport von 200 »Zigeunern«, die auf besondere Anweisung Berlins, wie es in dem Dokument heißt, am 26. September 1942 von Buchenwald nach Auschwitz gebracht wurden.[3] Bekannt ist auch der Transport von Judenkindern und »Zigeunerjungen«, die die SS im Herbst 1944 »plötzlich herausfischte, zusammentrieb und die schreienden, weinenden Kinder, von denen ein Teil um jeden Preis zu ihren Vätern und Häftlingsbeschützern in den einzelnen Kommandos zurück wollte, mit in Anschlag gebrachten Karabinern und Maschinenpistolen umstellte, um sie nach Auschwitz zur Vergasung abzutransportieren«.[4] Am 3. August 1944, nach der Liquidierung des »Zigeunerlagers« Birkenau, traf eine weiterer Transport von 918 »Zigeunern« in Buchenwald ein. In der Zeit vom 22. September 1943 bis zum 1. Oktober 1944 wurden 17 300 Häftlinge, einschließlich der beiden Sinti- und Roma-

Transporte, aus nahezu allen Konzentrationslagern nach Buchenwald gebracht. Sie gingen fast alle nach einem kurzen Aufenthalt im Lager, in dem sie für einige Zeit in Quarantäne waren, in die Außenkommandos der Rüstungsindustrie.

Nach dem »Bericht des internationalen Lagerkomitees Buchenwald«[5] gab es Ende Oktober 1944 66 solcher Außenkommandos; die Anzahl der zu diesem Zeitpunkt dem Lager unterstellten Häftlinge lag zwischen 60 000 und 61 000.[6] Die Lagerstärke betrug Ende des Jahres 1941 noch 7900 und erhöhte sich im folgenden Jahr lediglich um ca. 1200 Häftlinge. Sie stieg dann steil an und erreichte Anfang Oktober 1944 mit 89 134 Häftlingen ihren Höchststand. »Gestiegen ist die Häftlingszahl bis 1945 auf über 100 000, verteilt auf das Stammlager KL Buchenwald und ca. 80 Außenlager, darunter 20-25 Frauenlager.«[7]

Allerdings muß man hierbei in Betracht ziehen, daß das Außenlager »Dora« in der Nähe von Nordhausen im Harz am 29. Oktober 1944 unter der Bezeichnung »KL-Mittelbau« selbständig geführt wurde; die 32 500 Häftlinge, die sich in dem neuen Lager und seinen Außenkommandos befanden, erschienen nun auch nicht mehr in der Lagerstatistik von Buchenwald. Im Zeitraum seit der Gründung des Lagers am 15. Juli 1937 bis zu seiner Auflösung am 11. April 1945 gingen rund 240 000 Häftlinge aller Nationen Europas durch das Lager; die Zahl der im Lager selbst und auf den Transporten von und nach Buchenwald durch Hunger und Erfrierung verstorbenen Häftlinge wird auf insgesamt 55 000 geschätzt.[8]

Mit Ausnahme des Lagers »Dora-Mittelbau«, in das im Jahre 1944 nahezu alle Sinti und Roma, die in Buchenwald ankamen, gebracht wurden, waren Sinti und Roma nur in den bereits erwähnten Frauen-Außenlagern der HASAG in Altenburg, Taucha und Schlieben, bei Polte in Magdeburg – die ja dem Konzentrationslager Buchenwald verwaltungsmäßig unterstellt waren – und vor allem in den Gustloff-Werken in Weimar und auf dem Gelände des Lagers. Eine nicht mehr genau feststellbare Anzahl von Sinti und Roma arbeitete außerdem im Außenkommando Erla, Leipzig, einer Flugzeugfabrik, in der unter anderem der Jäger Me 109 von Messerschmitt gebaut wurde, und bei Rheinmetall Borsig im Werk Düsseldorf, in dem zum Beispiel am 15.

Aussen-kommandos	15.11.44 Mo	16.11.44 Mo
Schwalbe	70	70
Bochum Eisen	646-1	6..+5
Bochum Verein	1706	17.6
Annener Gußstahl	674	676+2
Napola Bensbg.	10	10
Essen	149	149
Düsseldorf	144	144
Berta+Bors.650+291=	941-1	941
Köln St+Fo. 7+50=	57+1	57
Köln-Deutz	180	180
Kalkum	52	52
Godesberg	1	1
Wewelsburg	42	42
Kassel	169	169
Arolsen	122	122
Giessen	80	80
Schwerte	670	670
Richard Wernig.	789	789
Julius Schöneb.	1245	1245
Emil Leips.	943-62	943
A 2 Ju-Ascher	490	490
A 4 Hans+Ago	1143+...	1143
A 6 Wilhelm	591-...	591
Mansfd. Biber/II	1022+...	1022
Mansfd. Rothenbg.	80	80
Ju-Dessau	47	47
Ju-Thyra	593	
Ju-Halberstadt	795	795
Ju-Thyra		493
Ju-Niederorschel	275	275
Malachyt	3488	3428
Meifisch	198	198
Laura / Leura	487	487
Martha Mühlhs.	539	539
Emma+Anton 384+242=	626	626
Wille Zeitz	4099-16	4099
Jena 832	832-5	832
Meuselwitz	46+5	46
Böhlen	779-2..	779
Taucha	200-1	330+130
Langensalza		824+400
Sonneberg	277+2	277
Leau	1474-4	1474
Schlieben	1717-1	2232+545
Siebel Halle	636	636
Lützkendorf	768	768
Reh Staßfurt	476	476
Magdeburg	1133-15	1133
Maulwurf	50	50
Gandersheim	205	205
Gazelle	469	469
Hecht	254	254
Rebstock	204	204
Zusammen	**32947**	**33999**
Tonndorf	31	31
Berlstedt	219+1	219
Gauleitg. Weimar	2	2
Gustloff Weimar	1879	1877-2
zusammen		36128
im Lager		22248

Anzahl der KZ-Häftlinge in den Außenkommandos von Buchenwald, Bundesarchiv Koblenz NS 4 Bu 210

November 1944 941 Häftlinge beschäftigt waren.[9] In den Jahren 1943/44 arbeitete dort der Sinto Hugo Bern im Behälterbau. Ferner war eine Gruppe von acht bis zehn Sinti in einem Außenkommando in Köln-Deutz mit Aufräumungsarbeiten und der Freilegung von Blindgängern beschäftigt. Das Kommando hatte eine Stärke von 180 Häftlingen.[10] Wie sich Martin Pasquali erinnert, mußte die Arbeit von früh morgens bis spät abends unter ständiger Aufsicht der SS ausgeführt werden. Es war ein »Himmelfahrtskommando«, in dem die Häftlinge dauernd der Gefahr ausgesetzt waren, durch eine explodierende Bombe oder Granate ihr Leben zu verlieren. Martin Pasquali war im Jahre 1942, als er von Neuengamme nach Buchenwald transportiert wurde, diesem Kommando zugeteilt worden und hat es mit viel Glück überlebt. Das einzig Gute daran, so sagt er, sei die bessere Verpflegung gewesen.

Karl Schneeberger aus Osterhofen, der heute durch die lange Lagerhaft und die Sklavenarbeit schwer krank ist, kam im Alter von 18 Jahren mit dem »April-Transport« 1944 von Auschwitz nach Buchenwald. Nach Auschwitz hatte man ihn am 9. April 1943 gebracht. Er mußte dort in der Sandgrube Babitz und für die »Deutschen Ausrüstungswerke« arbeiten; in dem SS-Betrieb hatte er mit anderen Häftlingen des Lagers, darunter mehrere Sinti und Roma, unter anderem Möbel herzustellen. In Buchenwald war er mit 25 bis 30 Jugendlichen seiner Volksgruppe in einem Baukommando, das beim Bau der Bahnstrecke Weimar-Buchenwald Bahndämme befestigte und Gleise verlegte. Die 13 Kilometer lange Strecke mußte ein Jahr zuvor in der Rekordzeit von nur vier Monaten von den Häftlingen des Lagers unter den unmenschlichsten Bedingungen gebaut werden. Bei ihrer Fertigstellung war sie praktisch unbrauchbar, so daß noch einmal mit einem »richtigen« Bau begonnen werden mußte.[11] Kurz vor Weihnachten wurde die Gruppe der Sinti und Roma, die diesem Baukommando angehörte, nach Ohrdruf zur »Bauleitung S3« verlegt, wo sie wiederum beim Bahnbau eingesetzt wurde. Im Januar 1945 wurden sie für kurze Zeit nach Oranienburg gebracht, und von dort aus kamen sie in das Außenlager Nossen (Sachsen) von Flossenbürg. Im Eisenwerk in Roßwein bei Nossen mußten sie noch ein paar Wochen bis zu ihrer Befreiung arbeiten.

KZ-Häftlinge beim Bau der Bahnstrecke von Weimar nach Buchenwald

Oskar Franz und Bruno Klein waren im Jahre 1943 von Brest-Litowsk, wo sie in der Heeresmunitionsanstalt der Wehrmacht 18 Monate arbeiteten, nach Auschwitz und von dort nach Buchenwald transportiert worden. Man schickte sie zuerst bis Ende Oktober in den Steinbruch. Dann kam Bruno Klein in die Gustloff-Werke in Weimar, wo er Teile sortieren mußte. Oskar Franz wurde nach Langensalza strafversetzt; die Junkers Flugzeug- und Motoren-Werke in Dessau hatten hier einen Zweigbetrieb, in dem 459 Häftlinge arbeiteten; unter ihnen auch 10 bis 15 Sinti und Roma. Auch Anton Junker kam im Jahre 1944 für vier Monate in die Gustloff-Werke nach Weimar; er wurde in einer Baracke außerhalb der Stadt untergebracht, in deren Nähe sich eine Gießerei befand. Hier arbeitete er von 7 bis 19 Uhr täglich als Former. Am 25. November 1944, beim Morgenappell, wurden für das Außenkommando »Gustotloff Weimar« genau 1895 Häftlinge in den Appellbericht des Lagers eingetragen. [12] Beim Abendappell am 30. Dezember 1944 waren es dann 402 Häftlinge mehr.

Im Gustloff-Werk in Weimar wurden Geschütze, Geschützrohre, Kanonen, Panzerteile, Fahrzeuge, Karabiner und Pistolen sowie Waffengehäuse und Bohr- und Stanzvorrichtungen für Flugzeugteile gefertigt. Der Rüstungsbetrieb ging aus einer Industriestiftung hervor, die nach der »Arisierung« und Umwandlung der bekannten Waffenfabrik Simson und Co. in Suhl durch die Nazis Anfang des Jahres 1934 gegründet wurde. Die Firma Simson hatte den Haß der Nazis auf sich gezogen, weil sie als die einzige Waffenproduzentin im Deutschen Reich von den Siegermächten des Ersten Weltkrieges die Erlaubnis erhalten hatte, Waffen für die Reichswehr herzustellen. Sie war das erste einer Vielzahl von jüdischen Unternehmen, die von den Nazis in den dreißiger Jahren »arisiert« wurden. Der »Fall« Simson war, wie es später ein Anhänger der Nazis formulierte, »beispielgebend und bahnbrechend für die spätere Arisierung und Entjudung der deutschen Wirtschaft«.[13]

Die nationalsozialistische Stiftung trug den Namen Gustloff; und das Werk selbst erhielt im Jahre 1936 den Namen des ehemaligen Landesgruppenleiters der Auslandsorganisation der NSDAP in der Schweiz, Wilhelm Gustloff, der im Februar 1936 von einem Juden ermordet wurde. Als »Stiftungsführer« wurde am 10. September 1936 der Gauleiter und Reichsstatthalter von Thüringen, Fritz Sauckel, eingesetzt; er leitete das Werk bereits seit Ende 1935. Geschäftsführer in Suhl waren die Herren Beckurts, Hoffmann und Heynen. In den Jahren 1936 bis 1938 gründete man mehrere Zweigbetriebe des Gustloff-Werkes in Thüringen, so nacheinander in Weimar (1936), Meuselwitz (1937) und Hirtenberg (1938). In Wahrheit aber hatte man sich auch hier die Unternehmen Berlin-Suhler Waffen- und Fahrzeugwerke in Weimar, Heymer & Pilz AG, Maschinenfabrik und Eisengießerei in Meuselwitz und die Hirtenberger Patronen-, Zündhütchen- und Metallwarenfabrik (vormals Niederdonau), angeeignet und

100

dem Gustloff-Werk einverleibt. Offiziell wurden diese drei Unternehmen am 1. Mai 1939 aufgelöst und ihr Kapital der »Wilhelm-Gustloff-Stiftung« zugeführt. Sie erhielt nun den Namen »Gustloff-Werke, Nationalsozialistische Industriestiftung« mit Sitz in Weimar; als Generaldirektor wurde Kurt Beckurts eingesetzt. In Berlin wurde eine Zweigniederlassung für die Verwaltung und den Auslandsvertrieb gegründet; außerdem gab es ein Gustloff-Generatorenwerk in Lichtenwörth bei Wiener Neustadt.

Bemerkenswert ist die Tatsache, daß das »Werk Reichsmarschall Hermann Göring innerhalb der Gustloff-Stiftung« (REIMAHG), das in den Jahren 1944/45 im Walpersberg bei Kahla in unterirdischen Produktionsstätten Flugzeuge fertigte (es war die einzige unterirdische Fabrik, die vollständig den Jäger Me 262 von Messerschmitt produzierte), diesem staatlich gelenkten Rüstungskonzern angehörte. »Obwohl die Kriegsproduktion im Gustloff-Konzern eine enorme Steigerung der Profite mit sich brachte, verstanden es die Konzernherren, die Investitionen für die Steigerung der Waffenproduktion im Kriege weitgehendst dem Staat zu überlassen. Das geschah durch die Übernahme der Kosten durch die Wehrmacht für alle neuen Anlagen, die für 'reine Kriegsverwendung' vorgesehen waren. Sie blieben in der Regel zwar formal Eigentum des Staates, der Konzern produzierte jedoch mit ihnen und steckte die hohen Profite aus dieser Produktion ein.« [14]

Im Jahre 1940 begann man ausschließlich für die Rüstung zu produzieren. Anfang des Jahres 1942 wurde ein Teil der Produktion von Maschinengewehren nach Lodz verlegt. Zur gleichen Zeit ließ der Gustloff-Konzern im Lager Buchenwald auf Kosten der SS und mit Hilfe von Häftlingen eine Waffenfabrik bauen. Aus einem Fernschreiben des WVHA an Himmler vom 2. April 1942 erfahren wir:

»Nach verschiedenen Rücksprachen zwischen den Beauftragten der Gustloff-Werke und SS-Obersturmbannführer Pister wurde mit der Aufstellung von 4 (vier) Baracken, die bereits angefahren waren, begonnen. Nach Eintreffen der Maschinen werden zunächst 300 (dreihundert) Häftlinge zur Karabinerfertigung angesetzt. Mit der Fabrikation wird in 20 (zwanzig)

KZ-Häftlinge beim Richten von Gewehrläufen im Gustloff-Werk II des Außenlagers Weimar-Buchenwald

Tagen begonnen. Es werden ferner in Buchenwald 2 (zwei) Hallen (Ziegelbauten) errichtet zur Aufstellung von Maschinen, die in Holzbaracken nicht untergebracht werden können. In diesen Hallen sollen 500 (fünfhundert) Häftlinge KK und Pistolen fertigen. Hier beginnt die Fabrikation in 8 (acht) Wochen.«[15]

Nach einjähriger Bauzeit wurde das Werk im März 1943 in Betrieb genommen. Am 4. Juli 1944 arbeiteten in den 13 Fabrikhallen von »Gustloff II, Werk Buchenwald« 899 Häftlinge.[16] Neben Polen, Russen, Franzosen und Häftlingen anderer Nationalität waren hier auch zwischen 20 und 30 Sinti und Roma eingesetzt. Einer von ihnen, Heinz Adler, wohnt heute in Wächtersbach. Er kam im Frühjahr 1944 mit einem Transport von 178 Jugendlichen von Auschwitz ins Konzentrationslager Buchenwald. Dort wurden sie eines Morgens dem Arbeitskommando der Gustloff-Werke zugeteilt. Heinz Adler erzählt, daß sie, nachdem sie im Zeltlager einige Wochen in Quarantäne verbracht hatten,

KZ-Häftlinge beim Bau des Carachoweges. Im Hintergrund das Torgebäude des KZ Buchenwald

beim Appell vom Blockältesten, Arbeitseinsatzführer und von einem Beauftragten der Gustloff-Werke für das Arbeitskommando ausgewählt und noch am selben Morgen »abkommandiert« wurden. Im Gustloff-Werk selbst mußten sie in einer der Hallen 4 bis 7, wo V-Waffenteile hergestellt wurden, arbeiten. Man arbeitete dort in Tag- und Nachschichten. »Wir mußten jeden Morgen in aller Frühe in Kolonnen zu den Gustloff-Hallen marschieren. Wir kamen auf diesem Weg an der Villa des Lagerkommandanten vorbei, wo wir jeden Morgen mit gezogener Kopfbedeckung die Frau des Kommandanten grüßen mußten. Danach mußte wir den restlichen Weg zum Werk im Laufschritt zurücklegen, wobei wir von den SS-Leuten mit Stöcken angetrieben wurden, wie Vieh, das man auf die Weide treibt. Auch während der Arbeit wurden wir von SS-Leuten bewacht, die uns jeden Tag prügelten. Ich bin selbst einmal mit einem Bleirohr schwer geschlagen worden.«

Mißliebige Häftlinge, so erinnert er sich, und solche, denen man Sabotage und Faulheit vorwarf, brachte man während der Arbeit nach Buchenwald ins Lager zurück, die meisten von ihnen seien danach nicht mehr zur Arbeit erschienen. Sie wurden entweder im Lager erschossen, erschlagen oder in den fahrbaren Gaskammern, einer Art geschlossener Lieferwagen, die in der Reithalle im Kreis herumfuhren und die Abgase in den Fond des Wagens leiteten, vergast, oder man schickte sie auf sogenannte Vernichtungstransporte in andere Konzentrations- beziehungsweise Vernichtungslager.

Als am 24. August 1944 das Gustloff-Werk in Buchenwald von den Alliierten bombardiert und fast vollständig zerstört wurde, verteilte man den größten Teil der Häftlinge, die im Werk eingesetzt waren, auf die anderen Arbeitskommandos. So arbeiten zum Beispiel am 25. November 1944 nur noch 156 Häftlinge in dem notdürftig wieder aufgebauten Werk. Einige der Häftlinge kamen in das Außenkommando »Gustloff-Werke I Weimar«; andere wie Heinz Adler, schickte man in den Steinbruch von Buchenwald. Rudolf Guttenberger kam nach der Zerstörung des Werkes nach Weimar. Er wurde dort als Dreher eingesetzt. Im Februar 1945 brachte man ihn in die Bayerischen Motorenwerken nach München-Allach, wo er als Automateneinsteller arbeiten mußte. Dort wurden Zylinderköpfe für Flugmotoren hergestellt.

Im Mai 1943 mußten die Häftlinge für die Gustloff-Werke in Weimar und Buchenwald über 114 000 Stunden Sklavenarbeit leisten. [17] Ein Jahr später, im April 1944, betrug die Zahl der geleisteten Stunden 948 596; bei 86 236 Tageswerken für Hilfskräfte, die mit vier Reichsmark pro Tag berechnet wurden, hatten die Gustloff-Werke einen Betrag von 344 944 Reichsmark an die SS zu bezahlen.[18] Der Wert, den die Häftlinge tatsächlich geschaffen hatten, überstieg freilich diesen Betrag um ein Vielfaches. Die Summe stieg im Verlauf des Jahres 1944 kaum nennenswert, sie betrug zum Beispiel im November 390 000 Reichsmark. [19]

Unter den 107 Häftlingen, die Ende August 1943 auf Anordnung Himmlers und auf direkten Befehl von SS-Brigadeführer und Chef der Amtsgruppe C - Bauten - im WVHA, Dr. Ing. Hans Kammler, in Buchenwald für den ersten Transport zusammenge-stellt und noch am selben Tag mit Lastkraftwagen nach Nieder-sachswerfen gebracht wurden, befanden sich auch einige Sinti und Roma. Die Brüder Josef und Valentin Reinhard waren vermutlich die ersten Angehörigen der Sinti und Roma, die von Buchenwald in das spätere Lager »Dora-Mittelbau« geschickt wurden; wahrscheinlich gehörten sie sogar dieser ersten Gruppe von Häftlingen an. In den folgenden Monaten kam eine Vielzahl von Häftlingen in die Stollen des Kohnstein-Massivs nord-westlich von Nordhausen. Die eher bescheidene Kommando-stärke von 3000 Häftlingen im September 1943 erreichte mit rund 12 000 im Januar 1944 einen vorläufigen Höchststand, der jedoch gegen Ende des Jahres auf über 30 000 ansteigen sollte. Mehr als drei Viertel der Häftlinge war von August 1943 bis Januar 1944 bei Bauarbeiten eingesetzt. Und nur ein kleiner Teil von ihnen war bis dahin für die Flugzeugindustrie tätig.

Die seit Juni 1943 zunehmenden Luftangriffe der Alliierten auf Werke der Luftfahrtindustrie, insbesondere auf die Produkt-ions- und Versuchsanlagen der V-Waffen in Peenemünde (Heeresanstalt), Wiener Neustadt (Rax-Werke von Henschel) und Friedrichshafen am Bodensee (Luftschiffbau Zeppelin GmbH), machte die Verlagerung wichtiger Rüstungsbetriebe unter die Erde unumgänglich. Dabei kam es notgedrungen zu einer engeren Zusammenarbeit zwischen der Luftfahrtindustrie und der SS, die über ihre Amtgruppe C die baulichen Maßnah-men für die Schaffung unterirdischer Produktionsstätten ausführte. Sie beinhalteten in erster Linie das Schlagen neuer Stollen in geeigneten Bergmassiven und die damit verbundenen Arbeiten, zu denen Konzentrationslagerhäftlinge unter Anleitung von Mei-stern und Ingenieuren der beteiligten Baufirmen herangezogen wurden. Im Gebiet des südlichen Harzes griff man zu diesem Zweck auf die geräumigen Stollenanlagen der »Wirtschaftlichen Forschungsstelle« (Wifo) zurück. Die Wifo hatte schon 1936 mit

dem dort ansässigen Betreiber des Gipswerkes Niedersachswerfen, dem Ammoniakwerk Merseburg (Leunawerk), einem
Tochterunternehmen der I.G. Farbenindustrie, Stollen in das
weiche Anhydritgestein schlagen lassen, um dort unterirdische
Treibstofflager einzurichten.[20]

Zum Zeitpunkt der Räumung der Stollen war ein Fahrstollen
von 1,8 Kilometer Länge vorhanden, der den Berg von Norden
nach Süden durchquerte. Ein zweiter, parallel dazu verlaufender
Stollen war kurz vor der Fertigstellung. Die mehr als 40 Quer-
stollen, die man bis dahin ausgeschlagen und die eine Länger von
150 bis 200 Metern hatten, verbanden die beiden Fahrstollen. Im
gesamten Stollensystem waren 45 riesige Hallen ausgesprengt
worden, in denen Ende 1943, Anfang 1944, nachdem die Produktionsanlagen für die V-Waffenfertigung eingerichtet waren, die
ersten Fernraketen vom Typ A4 (V2) von der Taktstraße gingen.

Die Anlage war damals in der Tat so ungeheuerlich, daß sie zu
recht als größte unterirdische Fabrik der Welt bezeichnet werden
konnte. Geschäftsmäßig betrieben wurde sie von der »Mittelwerke GmbH«, ein dem Rüstungsministerium unterstellter
Regiebetrieb, der die Produktionsanlagen bis zur Produktions-
reife einzurichten und vor dem südlichen Stolleneingang ein
Häftlingsbarackenlager nebst SS-Unterkünften und Komman-
dantur aufzubauen hatte. Finanziert wurde die Mittelwerkgesell-
schaft durch eine »Rüstungskontor GmbH«, die dem Amt für
Wirtschaft und Finanzen unterstand. Es war ein staatliches, der
Form nach jedoch privat organisiertes und dem Rüstungsministerium nachgeordnetes Unternehmen. Der Staat trat als
Investitions- und Kreditgeber auf, er übernahm den größten Teil
der Finanzierung. Ein Teil der Mittel kam aus dem Rüstungsministerium und vom Heereswaffenamt.

Um die Versorgung mit A4-Geräteteilen zu gewährleisten,
hatte das »Mittelwerk« sogenannte Vorwerke geschaffen. Das
bei Saalfeld in Thüringen im Herbst 1943 errichtete »Vorwerk«
erhielt den Decknamen »Laura« und war wie »Dora« ein Außen-

*Die Anlage des »Mittelwerkes« im Kohnsteinmassiv. Südlich des
Kohnsteins das KZ »Dora« (rechte Seite)*

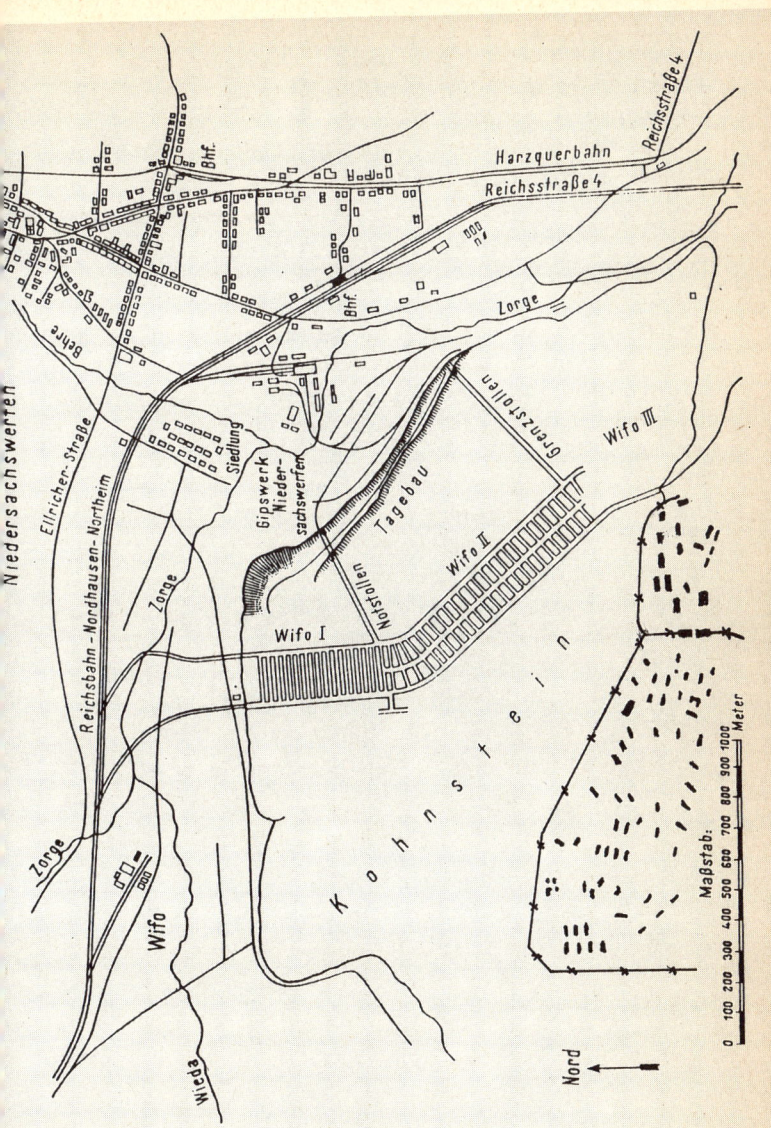

lager von Buchenwald. Ein weiteres »Vorwerk«, das Lager »Rebstock«, befand sich bei Dernau im Ahrtal, es unterstand dem Konzentrationslager Natzweiler.

Die Häftlinge, die man in die Stollen des »Mittelwerkes« brachte, sahen sich unmenschlichen Bedingungen ausgesetzt. Tausende von Häftlingen mußten unter erbarmungswürdigen Verhältnissen ihr Leben fristen. Die meisten von ihnen erblickten für Monate nicht das Tageslicht. Sie vegetierten dahin unter dem Joch der harten Arbeit, den Schlägen der Sklaventreiber der SS, geplagt von Seuchen und Krankheiten, die sie sich durch die katastrophalen hygienischen und sanitären Verhältnisse zuzogen. Sie mußten in den feuchten Stollen auf Stroh schlafen, geschützt nur von einer dünnen Decke oder Zementsäcken. Die hohe Luftfeuchtigkeit, die in den Stollen herrschte, und die Luft selbst, die durch die Sprengungen mit Staub angefüllt war, machten das Atmen schwer und führten nach kurzer Zeit zu chronischen Erkältungs- und Bronchialkrankheiten. Hinzu kam eine äußerst mangelhafte Ernährung. Und immer wieder hatten sie unter Peitschenschlägen, Stockhieben und Schlägen mit Gewehrkolben zu leiden, die beim geringsten Nachlassen der Arbeitsleistung ausgeteilt wurden. Bei mörderischem Arbeitstempo mußten sie das Gipsgestein ausbrechen, Stollen und Hallen aussprengen, asphaltieren und betonieren, Wände kalken, Kabel- und Entwässerungskanäle und Rohrgräben ausheben, Gleise und Rohre aller Art verlegen, Fundamente in den Hallen anlegen und sie einrichten.

Der Zeuge Karl Kahr berichtete vor dem Internationalen Militärgerichtshof in Nürnberg ausführlich über die Lebensverhältnisse im »Mittelwerk«.

»Als ich im Januar 1944 das Lager betrat, war ich selbst entsetzt über die Lebensverhältnisse, die ich für die Häftlinge antraf; es war in keiner Weise für igendwelche Unterkünfte gesorgt, noch für irgendwelche Kleidung, die die Häftlinge besonders benötigten, noch für irgendwelche sanitären Einrichtungen. Von der Belegschaft von 10 000 Häftlingen mußten damals mindestens 7000 unter der Erde wohnen, d.h. in den ausgesprengten Stollen. Nur 3000 hatten die Möglichkeit im Sonnenlicht im Lager in Baracken zu wohnen. Es ging also so zu,

Stolleneingang zum »Mittelwerk« im Kohnsteinmassiv

daß die Häftlinge in ihren 12-stündigen Schichten im Stollen arbeiten mußten und in einem Parallelstollen dann ihre Ruhezeit verbringen mußten. Für die kranken Häftlinge waren bei meinem Dienstantritt lediglich 4 Krankenbaracken vorhanden, die nur mit dem Notdürftigsten ausgestattet waren, so daß es bei dem großen Krankheitsanfall fast unmöglich war, diese Häftlinge zu betreuen. Weiterhin war die schlechte Kleidung und das schlechte Schuhwerk verbunden mit großen Verletzungen, die sich die Häftlinge bei der Arbeit an den spitzen Steinen zuzogen. Da an und für sich die Häftlinge in einem schlechten Ernährungszustand waren, waren die Widerstandskräfte des Körpers sehr gering, so daß die Infektionen in den Beinen erschreckende Ausmaße annahmen. Ich selbst habe als Arzt in meiner Tätigkeit vorher nie solche Entzündungen und Infektionen gesehen.«[21]

»Ohne Rücksicht auf Leben und Gesundheit«[22], so die SS in einem geheimen Rundschreiben, wurden die Häftlinge zur Arbeit angetrieben. Kammler hatte es in der Tat verstanden, wie Speer schrieb, mit dem Heer von Arbeitssklaven »die unterirdische Anlage in Nie. (Niedersachswerfen, die Verf.) aus dem Rohzustand in einer fast unmöglich kurzen Zeit von zwei Monaten in eine Fabrik zu verwandeln«.[23] Mit welch hohem Maß an Vernichtung von Häftlingen diese Leistung erkauft worden war, wurde von Speer allerdings verschwiegen. Allein in der Zeit von Oktober bis Dezember 1943 wurden »offiziell« 810 Tote verzeichnet, von Januar bis April 1944 zählte man noch einmal 1949 Tote.[24] Die Aussagen von ehemaligen Häftlingen vermitteln jedoch ein ganz anderes Bild über die Zahl der Toten. Danach gab es bis Januar 1944 Tage, an denen mehrere Hundert Häftlinge starben.[25] Die Todesrate in Prozent der gesamten Häftlingsbelegschaft schwankte pro Monat zwischen 4,4 und 11,3.[26] Besonders hoch war die Zahl der Toten gegen Ende des Krieges. »Im Februar 1945 starben von 50 000 Arbeitern 3500. Im März 1945 starben 5000, das sind 10 % der Gesamtbelegschaft.«[27] Der ehemalige Blockführer Ficker, der auch im Lager »Dora« diente, sagte im Sachsenhausenprozeß aus:

»Die Häftlinge arbeiteten bei gänzlich unzureichender Verpflegung 10 bis 12 Stunden unter der Erde. Freie Tage gab es nicht. An die 5000 Häftlinge waren in Tunneln ohne Fenster in

Nässe und Schmutz auf dreistöckigen Pritschen untergebracht, ohne jegliches Bettzeug. Es kamen täglich nicht weniger als 30 bis 40 Mann um... Die unerträgliche Arbeit, die Schikane und die unmenschlichen Haftbedingungen führten dazu, daß sich Häftlinge aus Verzweiflung das Leben nahmen, indem sie sich in die Schächte stürzten.« [28]

Und der Zeuge Josef Ackermann – Sanitätsgehilfe im Lager – berichtet: »Wo ich durch die Stollen ging, mußte ich dauernd über die Leichen steigen. Sie lagen mitten am Weg. Viele von diesen Sklaven verübten Selbstmord, indem sie sich in die tiefen Schächte stürzten oder sonst ihrem Leben ein Ende machten, indem sie sich einen Strick nahmen und sich am nächsten Pfosten aufhingen.« [29]

Unter den Toten waren auch viele Sinti und Roma. So erinnert sich der Sinto Josef Reinhard, der in der unterirdischen Fabrik als Nieter eingesetzt war:

»Ich war 9 Monate in den Stollen, ohne auch nur einmal das Tageslicht erblickt zu haben. Man kann sich gar nicht vorstellen, wie schrecklich es in den Stollen war. So viele Tote sind am Tage aus den Stollen gebracht worden. Es ist ein Wunder, daß ich da überhaupt herausgekommen bin. Fast alle, die man herausbrachte, sind erschossen oder vergast worden, weil sie krank und schwach waren und nichts verraten sollten. Es sind sehr viele Sinti und Roma umgebracht worden. Wie viele es waren, kann man sich gar nicht vorstellen. Ich selbst bin schwer geschlagen worden. Einmal hat mir ein SS-Mann mit dem Gewehrkolben einen so schweren Schlag auf den Oberschenkel versetzt, daß ich kaum noch gehen konnte. Nach dem Krieg bin ich dann mehrmals operiert worden, und auch heute kann ich noch nicht recht gehen.«

In den Stollen hatten die Häftlinge bis zu 14 Stunden täglich zu arbeiten. Wer bei der Arbeit auch nur für einen Augenblick versuchte, sich auszuruhen, lief Gefahr, nicht nur geschlagen, sondern erschlagen zu werden. Kranke und zu Skeletten abgemagerte Häftlinge, die nicht mehr in der Lage waren zu arbeiten, wurden – wie es im SS–Jargon hieß – »verschrottet«. Tausende von Häftlingen wurden zu sogenannten »Vernichtungstransporten« zusammengestellt und Anfang des Jahres 1944 nach Lublin/Majdanek und in andere Vernichtungslager des Ostens gebracht.

Mehrere tausend Häftlinge kamen in der Zeit von Februar bis April 1945 nach Bergen-Belsen.

In Speers Ministerium für Rüstung und Kriegsproduktion wurde im März 1944 der sogenannte Jägerstab gegründet, dessen Aufgabe über die Verlagerung der Produktionsstätten von Jagdflugzeugen hinaus auch darin bestand, einen stärkeren Produktionsdruck auf die Betriebe der Flugzeugindustrie auszuüben. Daneben bestand eine Reihe von Arbeits- und Sonderausschüssen, die sich mit der Produktion von A4-Geräten für die V2-Waffe, Flugzeugmotoren oder Strahltriebwerken befaßten. Zur gleichen Zeit forcierte Göring als Reichsluftfahrtminister den Einsatz von Konzentrationslagerhäftlingen in der Flugzeugindustrie. Kurzfristig war vorgesehen – wie bereits erwähnt wurde –, in der Luftfahrtindustrie über 90 000 Häftlinge einzusetzten.

Als Folge dieser Maßnahmen verdoppelte sich innerhalb eines halben Jahres der Häftlingsbestand in »Dora«. Normalerweise hätte dies die Lage der Häftlinge verschlimmern müssen, es trat jedoch eine gewissen »Verbesserung« ein, weil im Frühjahr 1943 die Häftlinge aus den Stollen nach und nach in das Lager am Südeingang des Kohnsteins verlegt worden waren.

Der Jägerstab erstellte ferner ein Programm für die beschleunigte Entwicklung und den Bau eines »Volksjägers«, der zusammen mit den V-Waffen noch eine Wende des Krieges einleiten sollte. Die serienmäßige Fertigung des mit einem Strahltriebwerk versehenen Jägers He 162 von Heinkel lief im Herbst 1944 an. Mit Konzentrationslagerhäftlingen wurde die He 162 sowohl im Werk Rostock von Heinkel als auch in den Junkers Flugzeug- und Motoren-Werken in Aschersleben, Bernburg, Halberstadt, Schönebeck und Leopoldshall hergestellt; außerdem wurden rund 2000 Stück desselben Typs in den Mittelwerken endmontiert.[30] Flugzeuge vom Typ He 162 wurden auch im Kreidebergwerk Hinterbrühl/Mödling bei Wien gefertigt. Eine unterirdische Produktionsanlage von Junkers befand sich in Staßfurth in der Nähe von Magdeburg. Den damals ersten und modernsten Düsenjäger der Welt aber, die Me 262, entwickelte Messerschmitt bereits Ende der dreißiger Jahre; er war jedoch erst im Jahre 1944 so weit einsatzfähig, daß eine größere Stückzahl produziert werden konnte. Die Me 262 hatte man im Rahmen des

Jägerprogramms in den unterirdischen Fertigungsstätten bei Kahla gebaut.[31]

In »Dora« wurde nicht nur das A4-Aggregat, d.h. die V2-Rakete gebaut, sondern ein vom Fieseler-Werk in Kassel entwickelter Flugkörper, die Fi 103, die mehr unter dem Namen V1 bekannt war. Es war eine Art Bombe mit Flügeln und einem Strahltriebwerk, ein geflügeltes Ferngeschoß. Im Juni 1943 hatte man mit der Produktion der Fi 103 im Volkswagenwerk in Fallersleben bei Wolfsburg begonnen. Hitler ordnete dann am 5. März 1944 die Verlagerung eines Teils der Flugbombenfertigung ins »Mittelwerk« an. Fast vier Monate später wurde das Volkswagenwerk durch die 8. USAF fast vollständig zerstört; damit war eine weitere Produktion der V1 nicht mehr möglich. Zur gleichen Zeit nahm das Zweigwerk »Elbe« der Junkers-Werke in Magdeburg-Schönebeck die Produktion der V1 auf. Erst im Herbst 1944 aber wurde der größte Teil der Produktion ins »Mittelwerk« verlegt, nicht zuletzt deswegen, weil Junkers bereits seit April seine Werksfläche für den Flugzeugmotorenbau einengen mußte. Dort begann man im Oktober mit der Serienfertigung der Fi 103. Voraus gingen Besprechungen zwischen Vertretern des Volkswagenwerkes einerseits und des staatlichen »Sonderausschusses A25«, des Reichsluftfahrtministeriums und des Mittelwerkes andererseits. Man beschloß gemeinsam eine Verlagerung, freilich nicht ohne vorher den Widerstand des Volkswagenwerkes gegen eine Auflockerung und Dezentralisierung der V1-Produktion gebrochen zu haben. Das Volkswagenwerk erteilte schließlich der Mittelwerke GmbH »einen Rahmenauftrag über die Endmontage des kompletten Gerätes, der die Fertigung des VW-Zweigwerkes Burg bei Magdeburg (»Elbe«) und eines Verlagerungswerkes der Gerhard Fieseler Werke GmbH in Cham (Oberpfalz) umfaßte«. [32]

V-Waffenproduktion im Stollen des Kohnsteinmassivs beim KZ Dora-Mittelbau (auf Seite 114/115)

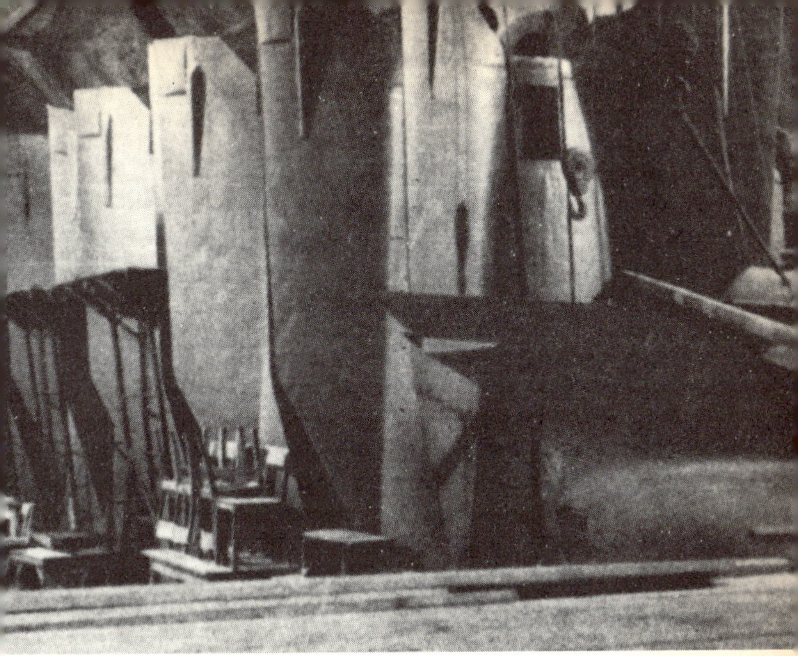

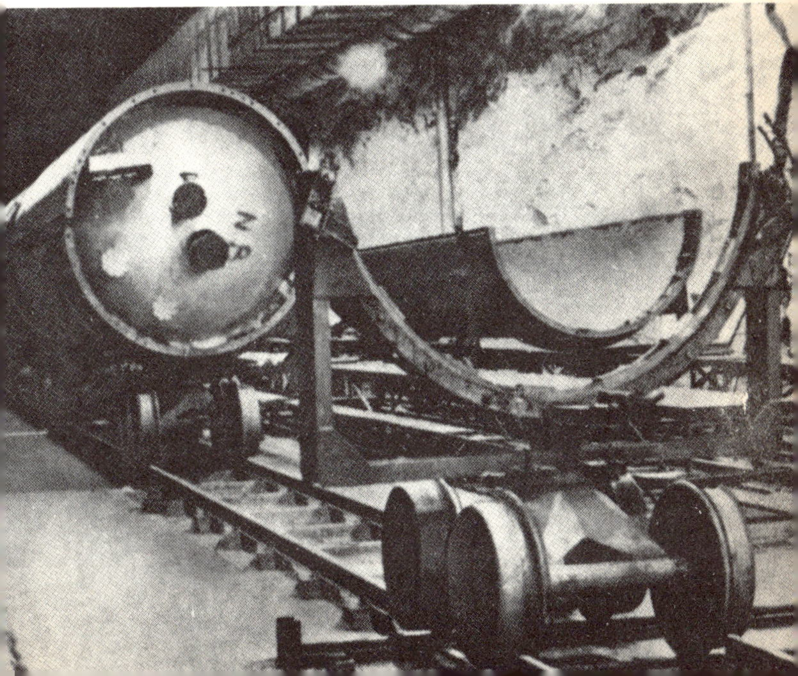

Zuvor schon hatte das Volkswagenwerk Fieseler einen Rahmenauftrag erteilt, in den das »Mittelwerk« am 1. Oktober 1944 eintreten sollte. Flugbomben hatte man außerhalb des »Mittelwerkes« nur noch in einer kleinen Fertigungsstätte in den unterirdischen Betriebsanlagen des Flughafens Tempelhof in Berlin hergestellt. Das Volkswagenwerk verlangte für die in Cham und Burg produzierten Geräte einen Stückpreis von 3466,70 RM; das »Mittelwerk« selbst machte gegenüber dem Oberkommando der Luftwaffe (OKL) einen Richtpreis von 5000 Reichsmark geltend. Insgesamt wurden 1944/45 rund 32 800 Flugbomben hergestellt; bei einem Stückpreis von 5000 Reichsmark ergibt das eine Summe von 164 Millionen Reichsmark. Für die Produktion wurden fast ausschließlich Konzentrationslagerhäftlinge eingesetzt.[33]

In den riesigen Hallen im Kohnstein arbeiteten die Häftlinge für die V2-Raketenproduktion unter Leitung des technischen Direktors und Fachmanns für den Serienbau, Dipl.-Ing. Sawatzki. Ehemalige Häftlinge der Sinti und Roma, die in der V2-Produktion zur Sklavenarbeit herangezogen worden waren, berichteten des öfteren, daß sie unter Sawatzki arbeiten mußten.

Die Häftlinge mußten im »Mittelwerk« die A4-Geräte montieren; allerdings verließen diese Geräte nicht einsatzfertig die unterirdischen Produktionsstätten. Zur endgültigen Fertigstellung brachte man sie in die DEMAG-Fahrzeugwerk in Falkensee bei Berlin, wo ein Teil der elektrischen Einrichtung eingebaut wurde. Die Einsetzung der »Nutzlastspitze« (Sprengsatz) erfolgte danach in der Heeres- und Munitionsanstalt Neuwedell. Zuständig für die Bereitstellung der komplizierten elektrischen Einrichtungen war Direktor Paul Storch von Siemens, der gleichzeitig Leiter des Arbeitsausschusses »Elektrische Geräte« im »Sonderausschuß A4« war. Storch avancierte im August 1944 zum Geschäftsführer der neu gegründeten »Elektromechanischen Werke GmbH« in Karlshagen/ Pommern; die technische Leitung der Abteilung für Entwicklung des V2-Projektes hatte Wernher von Braun inne. In den »Elektromechanischen Werken« war eine Reihe von Rüstungsfirmen zusammengeschlossen, die gemeinsam für das V-Waffenprogramm arbeiten sollten. Ihnen gehörten unter anderem Firmen wie Dornier, Henschel, Walter und die Ruhrstahl AG an.

Am 7. September 1944 kam die V2 erstmals zum Kriegseinsatz. Die »Mittelwerke« hatten bis Ende August 1944 1588 A4-Geräte hergestellt. Wie man errechnet hat, waren für die Herstellung einer Rakete 12 950 Arbeitsstunden nötig, [34] geleistet von den Häftlingen des Lagers »Dora-Mittelbau«. »Über 200 000 Menschen (überwiegend Konzentrationslagerhäftlinge, die Verf.) arbeiteten allein in Deutschland an der Herstellung und in der Produktion sowie in Versorgungs- und Einsatzeinheiten der A4…«.[35] Von Januar 1944 bis März 1945 wurden rund 6600 V2-Raketen mit einem Gesamtwert von 800 Millionen Reichsmark hergestellt.[36] Aufgrund ihrer technischen Mängel, die einer zu forcierten Entwicklung zuzuschreiben waren, gelangte jedoch nur eine geringe Anzahl dieser Raketen zu einem »erfolgreichen« Einsatz. Die meisten kamen über die Erprobungsphase nicht hinaus, und nur wenige erreichten das Zielgebiet England.

An der V-Waffenproduktion verdienten auch einige Zulieferbetriebe, so zum Beispiel die Firma Telekin in Baden-Baden Oos, die Schläuche für das A4-Aggregat herstellte, oder die Askania-Werke AG in Berlin, in der außer Gemischregler auch Selbststeuerungsanlagen der Fi 103 gefertigt wurden. Askania ist heute eine interne Beteiligungsgesellschaft der Siemens AG. Unter Einsatz von Häftlingen aus den Konzentrationslagern wurden die V2 Triebwerke von Firmen des Flugzeug- und Motorenbaus wie Messerschmitt und die Bayerischen Motorenwerke in Süddeutschland und im »angeschlossenen« Österreich produziert. Die Firma Linke-Hoffmann AG in Breslau, die mit dem HGW-Konzern eng zusammenarbeitete und nach dem Krieg von den neu gegründeten Reichswerken, den Stahlwerken Peine-Salzgitter AG, übernommen worden war, lieferte Hecks für die V2-Rakete nach Dora.[37] Sie hatte im Zuge der Verlagerungen kriegswichtiger Rüstungsbetriebe ihre Produktion in die unterirdischen Werkshallen des Kohnsteins verlegt.[38]

Auch Siemens & Halske hatte spätestens im Dezember 1943 Produktionsstätten im Kohnstein eingerichtet. Aus einer Häftlingsliste des Konzentrationslagers Buchenwald geht hervor, daß man 60 Hilfs- und Fachkräfte für Siemens im »Mittelbau« »ausgemustert« hatte.[39] Unter ihnen waren Fachkräfte, die man als Spulenwickler, Spulenmesser, Meßbrückenmechaniker,

Maschinen- und Werkzeugschlosser, Presser und als Verwaltungskräfte zur Sklavenarbeit heranzog. Zwar waren auf der Liste keine Sinti und Roma aufgeführt, aber wir wissen von dem Sinto Peter Rose, daß einige Jugendliche im »Kommando Siemens« zu Transport- und anderen Arbeiten herangezogen wurden. Am 9. Februar 1945 führte man in Buchenwald eine der letzten »Musterungen« seit Dezember 1943 für Siemens durch. Die 88 Häftlinge, die man in einem Transport vom 26. Januar 1945 von Auschwitz in die Kleinbauwerke Siemens-Schuckert nach Bobrek gebracht hatte, waren »für einen weiteren Einsatz für Siemens & Schukkert«[40] vorgesehen.

Peter Rose war mit seinen Eltern und Geschwistern im Mai 1940 von Krefeld nach Polen deportiert worden. Im Jahre 1942 brachte man die Familie nach Auschwitz, wo Peter Rose im Lager und im Buna-Werk der I.G. Farben in Monowitz zu Transport- und Aufräumungsarbeiten herangezogen wurde. Von Auschwitz kam er im Herbst 1943 nach Buchenwald und in die Stollen des »Mittelwerkes«. Er wurde hier mehr als ein Jahr gefangengehalten. Man teilte ihn abwechselnd dem »Kommando Sawatzki« und dem »Kommando Siemens« zu. Das »Kommando Siemens« bestand aus 300 bis 400 Häftlingen, unter ihnen auch einige Jugendliche der Sinti und Roma, die den Fachkräften und Meistern zur Hand gehen mußten. Peter Rose erinnert sich, daß sich auch einige Ingenieure von Siemens in den unterirdischen Werkstätten befanden. Häftlinge seien »oft ausgewechselt worden, weil sie zu schwach und krank waren und nicht mehr richtig arbeiten können«. Er selbst zog sich in den feuchten Stollen eine schwere Lungenentzündung und durch das »angefaulte Essen« ein Magenleiden zu. »Ich habe wohl oft genug gesehen, daß die SS-Leute Häftlinge am DEMAG-Kran hochziehen und aufhängen ließen, oft nur, weil sie ein paar Nägel nicht aufgehoben haben. Man brauchte da nicht viel tun, um erschlagen oder aufgehängt zu werden; für die SS war das ein Vergnügen, Zigeuner und Juden, das war Abfall in ihren Augen. Ich glaube, man hat viele bloß zur Abschreckung aufehängt. Ein Kapo namens Holzhof, ein BVler mit einem B im grünen Winkel, hat den Häftlingen, wenn sie nicht gleich tot waren, mit einem Holzschemel den Schädel eingeschlagen«. Die meisten Exekutionen wurden in der Zeit von Januar bis Anfang April 1945 durchgeführt. Sie fanden im Tunnel B des »Mittelwerks« vor den versammelten Häftlingen statt, begleitet von Marschmusik, mit der die Lagerkapelle zu den Exekutionen aufspielte. [41] Im Frühjahr oder Sommer 1944 kam Peter Rose in Block 111 des »Lagers Dora«; von dieser Zeit an bis gegen Ende des Krieges beschäftigte man ihn im Schweinekoben der SS.

Josef Reinhard mußte im »Mittelwerk« acht Monate lang Rumpfteile nieten. Er war damals 21 Jahre alt. Anfang 1943 wurde er mit seinen Eltern und Geschwistern nach Auschwitz verschleppt; er allein überlebte und wurde Anfang 1944 von Auschwitz nach Dora gebracht. Er gehörte zu den vielen Unglücklichen, die auch noch nach der Fertigstellung des »Lagers Dora« in den Stollen des Kohnsteins gefangengehalten und zur Arbeit gezwungen wurden. Er war am Aufbau dieser Lager beteiligt, aber man hat ihn nie in einer der Baracken untergebracht. Als er nach neuen Monaten wieder das Tageslicht erblickte, war er für Augenblicke wie geblendet. Über die Arbeit selbst sagt er: »Wenn ein Häftling bei der Arbeit einen Fehler beging, wenn er schlecht nietete, war das Sabotage, und man hat die ganze Häftlingsgruppe erschossen oder erhängt; das waren manchmal bis zu 25 Männer. Jeden Tag brachte man 15 bis 20 Loren voll mit toten Häftlingen aus den Stollen. Häftlinge wurden auch an den Deckenschienen für die Laufkatze aufgehängt«. Täglich wurden die Häftlinge von den SS-Aufsehern mit Stökken, Pickeln und Ochsenziemern geschlagen. Sie mußten 12 bis 14 Stunden am Tag arbeiten, unterbrochen nur von einer kurzen Essenspause. Eine besondere Schikane war es, den Häftlingen eine so heiße »Suppe« zum Essen zu geben, daß sie sich bei ihrer Einnahme verbrannten. Die SS-Aufseher und Kapos ließen ihnen keine Zeit, die »Suppe« abkühlen zu lassen, da sie immer sofort weitergereicht werden mußte. Andere Häftlinge bekamen während der ganzen Zeit ihrer Gefangenschaft nicht ein einziges Mal eine auch nur mäßig erwärmte Suppe zu essen.

Sinti und Roma mußten in den unterirdischen Produktionsanlagen, in denen die V1 und V2 gebaut wurde, als Schlosser, Bohrer und Nieter arbeiten. Max Lauenburger mußte in Halle 25 Metallbehälter, vermutlich Treibstofftanks für das A4-Gerät, auf

Druckbelastung und Dichte prüfen. Später wurde er auch als Nieter eingesetzt. Er war drei Monate in den Stollen, bevor man ihn nach draußen ins »Lager Dora« brachte. Die Häftlinge hatten in zwei Schichten von jeweils zwölf Stunden zu arbeiten. Wie viele Sinti und Roma, die später nach Dora kamen, war auch er in Auschwitz und hatte im Hauptlager die Maurerschule besuchen müssen. Auch seine Eltern und Geschwister wurden dort im Jahre 1944 selektiert und ins Gas geschickt. Er ist der einzige Überlebende der Sinti-Familie aus Oberschlesien. Sein Vater kam schon im Jahre 1937 nach Dachau. Im Jahre 1938 war Max Lauenburger im Alter von 14 Jahren von seinen Eltern getrennt und in das Kinderheim in Grodkow gebracht worden, wo er täglich geschlagen wurde. Dann mußte er bei einem Bauern in Glogau arbeiten; auch hier wurde er häufig geschlagen. Er mußte in einer Lederfabrik in Breslau und in einer Gärtnerei arbeiten. Er sollte zur Arbeit »erzogen« werden. Mit seinen Eltern war er einige Zeit auf der Flucht vor der Gestapo. Im Jahre 1943 griff man die Familie in Dresden auf und transportierte sie nach Auschwitz. Dort zwang man ihn im Januar oder Februar 1944 zu Unterkühlungsversuchen. Er wurde mit einem anderen Sinto von SS-Männern und Kapos geprügelt und dann in das eiskalte Wasser eines Teiches geworfen. Anschließend verbrachte er acht Wochen im Krankenrevier; der andere Sinto starb an den Folgen der Unterkühlung. Er sagt, daß diese Versuche von Dr. Mengele durchgeführt worden seien.

Max Lauenburger bestätigt die Aussagen von anderen Sinti und Roma, daß Dora ein sehr schlimmes Lager war und daß Häftlinge beim geringsten Vergehen weggebracht oder in den Stollen erschlagen und erhängt wurden. Jeden Morgen begann für die Häftlinge von neuem die Ungewißheit und Angst, den Tag nicht zu überleben. Was dort auf grausamste Weise betrieben wurde, ist nicht treffender zu beschreiben als mit dem Begriff »Vernichtung durch Arbeit«.

Fritz Kiowski, den man mit seinem Bruder Hermann – die beiden einzigen Überlebenden einer großen Sinti-Familie – nach Dora gebracht hatte, mußte vor dem Stolleneingang des Mittelwerkes in einer Feldschmiede arbeiten. Er schmiedete dort Teile für die V2-Rakete. Vor seiner Verhaftung hatte er als Heizungsinstallateur gearbeitet. In den unterirdischen Fabrikhallen mußte er auch Teile, die er draußen herstellte, montieren. Mit dem »Kommando 84« von Sawatzki kam er jeden Morgen in die Stollen. Das Kommando bestand aus 30 bis 40 Häftlingen, unter ihnen einige Sinti und Roma. Einer der Häftlinge des Kommandos trug eine Tafel mit der Aufschrift »Kommando 84«. Um ihn sammelten sich die anderen Häftlinge; unter SS-Bewachung brachte man sie in den Kohnstein. Es gab eine Vielzahl solcher Kommandos, deren Stärke recht unterschiedlich ausfiel. Fritz Kiowski erzählt von einem Vorfall, bei dem ein Freund, mit dem er zusammen in diesem Kommando arbeitete, aus einem alten, unbrauchbaren Treibriemen ein Stück Leder für seine Holzschuhe herausschnitt. Als die SS entdeckte, daß er dieses Stück Leder als Sohle auf seinen Holzschuh genagelt hatte, wurde er vor den versammelten Häftlingen im Stollen erhängt. Ein anderes Mal ließ ein Sinto, der auf der Fließstraße arbeitete, versehentlich einen Schraubenschlüssel fallen, der unüberhörbar auf dem Betonboden aufschlug. Man hat ihn daraufhin wegen Sabotage ebenfalls erhängt. Die Brüder Kiowski sind während ihrer Lageraufenthalte mehrfach so schwer geschlagen worden, daß sie an vielen Stellen ihres Körpers, vor allem an den Beinen, Narben davongetragen haben.

In der V2-Produktion hatte Johann Guttenberger bereits in Friedrichshafen beim Luftschiffbau Zeppelin arbeiten müssen, bevor er im Herbst 1944 in das Außenlager von Dora in Artern verlegt wurde. Er mußte dort mit anderen Häftlingen Kabel wickeln. Einige Sinti und Roma waren in Marburg an der Drau, wo sie in einem unterirdischen Betrieb der »Vereinigten Deutschen Metallwerke AG« Teile für die V-Waffen fertigten. Die Häftlinge waren, wie Paul Franz aus Fürth erzählt, in der Nähe des Stolleneingangs in einem Barackenlager, das von der SS bewacht wurde, untergebracht. In dem unterirdischen Werk arbeiteten rund 50 Sinti und Roma als Sklavenarbeiter. In den Baracken lebten sie zusammen mit ihren Kindern. Andere mußten für die Junkers Flugzeugwerke in Langensalza, in denen die Me 109 hergestellt wurde, arbeiten; wieder andere arbeiteten für die Gothaer Waggonfabrik AG, Gotha, in der Flugzeuge gebaut wurden.

Willi Herzberg brachte man im Oktober 1944 von Schörzingen bei Rottweil in die ehemalige Kammgarnspinnerei von Langensalza, wo man ihn in der Tragflächenproduktion einsetzte. In Schörzingen hatte er als Grubenarbeiter für die Schieferölgewinnung gearbeitet. Die Ölschieferanlage wurde von der »Organisation Todt« in Dormettingen betrieben; zeitweise waren dort bis zu 5000 Häftlinge als Sklavenarbeiter tätig. In drei Schichten rund um die Uhr wurde Schiefer aus dem Berg geholt. Das Arbeitskommando von Willi Herzberg stand unter der Leitung des Steigers Josef Gestettel aus Pegnitz in Oberfranken. In einem anschließenden Dampfverfahren wurde Öl aus dem Schiefer gewonnen. Allerdings waren hunderte von Tonnen Schiefer nötig, um einige wenige Liter Rohöl zu erhalten. Es war kein lohnendes Verfahren. Schörzingen war ein Außenkommando des Konzentrationslagers Natzweiler im Elsaß. Auch in Langensalza haben die Häftlinge in drei Schichten arbeiten müssen. Täglich seien dort Häftlinge wegen angeblicher Sabotage hingerichtet worden. Auspeitschungen, so erinnert sich Willi Herzberg, seien an der Tagesordnung gewesen.

Auch Oskar Franz aus Brake war in den Junkerswerken in Langensalza; er hatte in den Jahren 1942 bis 1943 im Sägewerk der Heeresunterkunft in Brest-Litowsk arbeiten müssen. Dann schickte man ihn nach Auschwitz, wo er als Arbeitssklave beim Hoch- und Tiefbau eingesetzt wurde. Im November 1944 wurde er nach Langensalza gebracht; er sei von Buchenwald strafversetzt worden, nachdem er dort einige Wochen im Steinbruch arbeiten mußte. Er erinnert sich, daß in seinem Kommando in den Junkerswerken ungefähr zehn Sinti und Roma waren.

Langensalza war ein sogenanntes »Flüchtlingslager«, das heißt ein Lager, in das man vorwiegend Häftlinge eingewiesen hatte, die einen Fluchtversuch unternahmen. Es wurde am 20. Oktober 1944 errichtet; Anfang 1945 waren in ihm zwischen 1200 und 1500 Häftlinge untergebracht.

Ein Großteil der Häftlinge in Dora war auch nach der Aufnahme der V-Waffenproduktion und anderer Rüstungsproduktionen bis Kriegsende auf den verschiedenen Baustellen der SS eingesetzt, von denen sich viele unter Tage befanden. Im Frühjahr 1944 schuf man eine Reihe neuer Lager, um dem wachsenden Bedarf an Häftlingen nachzukommen und ihre Unterbringung zu gewährleisten. Das »KL Mittelbau« bestand nach der Abtrennung von Buchenwald aus drei Lagern: Dora, Ellrich und Harzungen. Außer in diese Lager wurden Sinti und Roma in drei weitere Außenlager von »Dora-Mittelbau« gebracht, nämlich nach Kleinbodungen, Ohrdruf und Artern. Man schätzt, daß zwischen 1000 und 1500 Sinti und Roma in diesen Lagern waren, davon rund ein Drittel allein in Dora.[42] Nur wenige von ihnen waren als Arbeitssklaven in der unmittelbaren Produktion von Kriegsgeräten wie den V-Waffen tätig oder, wie im Fall Siemens, für die Herstellung elektrischer Einrichtungen und anderer wichtiger Teile. Die Mehrzahl der Sinti und Roma im Lager »Dora-Mittelbau« wurde zu Bauarbeiten insbesondere im Stollenbau herangezogen.

Nikolaus Weinlich war in den Jahren 1939 bis 1942 im Kinderheim in Glatz (Klodzko) und in der Landeserziehungsanstalt in Gradkow. Für ein halbes Jahr brachte man ihn dann im Jahre 1942 auf einen Bauernhof, auf dem er arbeiten mußte; er war damals 16 Jahre alt. In der Zeit um Weihnachten 1943 wurde er von der Polizei ausfindig gemacht und nach Auschwitz deportiert. Mitte Mai 1944 transportierte man ihn von Auschwitz nach Buchenwald, wo er einige Wochen im Steinbruch arbeiten mußte. Anschließend kam er mit einem Transport von Handwerkern in das stillgelegte Gipswerk von Ellrich. Die Häftlinge hatten Stacheldrahtzaun um das Lager gezogen und Baracken und Wachtürme errichten müssen. Nikolaus Weinlich erinnert sich, daß eine Lagerseite an den Bahnhof von Ellrich angrenzte und sie bis dorthin den Zaun gezogen hatten. Als sie mit den Bauarbeiten im Lager fertig waren, brachte man sie jeden Morgen mit dem Güterzug nach Harzungen, um sie dort in den neu zu schlagenden Stollen als Arbeitssklaven schuften zu lassen. Auf dem Weg zu den Stollen wurden sie von SS-Leuten, die Hunde mit sich führten, begleitet. Das Gelände vor dem Stolleneingang war von der SS und später von Soldaten der Luftwaffe bewacht worden. Nach den Sprengungen mußte die Gruppe, in der sich Nikolaus Weinlich befand, das lose Gestein und Erde wegräumen und mit Loren nach draußen befördern. Abends ging es nach einem zwölfstündigen Arbeitstag mit dem Zug wieder zurück nach Ellrich. Die Häftlinge wurden bei der Arbeit ständig von den SS-Männern angetrieben und regelmäßig geschlagen. Die Situation verbesserte sich erst etwas, als die SS-Leute durch Luftwaffensoldaten ersetzt wurden.

Die Baubrigade IV (auch B4, Deckname »Erich«) der SS in Ellrich hatte die Aufgabe, mit einem Teil der Lagerhäftlinge in Harzungen Stollen auszusprengen und für neue Produktionsanlagen einzurichten. Vermutlich sollten in ihnen Flugzeuge oder Flugzeugteile hergestellt werden. Denn Nikolaus Weinlich berichtet, daß »Leute von der Luftwaffe und wahrscheinlich auch Ingenieure von Flugzeugfirmen« schon in den Stollen gearbeitet hatten, als er mit »seiner« Baugruppe dort hinkam. Auch waren bereits Teile der Stollenanlage verputzt und betoniert, und man hatte schon die ersten Maschinen in den »drei bis vier Meter hohen Stollen« aufgestellt.

Im Lager Ellrich, in dem Johann Fritsch Lagerführer war, waren die sanitären Zustände katastrophal, und infolgedessen gab es eine hohe Sterblichkeitsrate. Im Sommer 1944 befanden sich im Lager etwas weniger als 1300 Häftlinge,[43] unter ihnen 80 bis 100 Sinti und Roma. Besonders gefürchtet war Lagerführer Fritsch. »Er schlug alle Gefangenen persönlich und drillte sie lange nach der Arbeit. Ein alter Pferdestall, der vollkommen ungeeignet für die Aufnahme von kranken Leuten war, wurde zu einem Krankenhaus gemacht.«[44] In den Augen des Lagerführers war selbst diese primitive und völlig ungeeignete Einrichtung für die kranken Häftlinge unnötig, denn er kommentierte sie mit den Worten: »Wozu brauchen Sie (Stabsarzt der Luftwaffe, Dr. Schneemann, die. Verf.) ein Krankenhaus? Warum hängen Sie nicht einfach die Leute, die sich krank melden.«[45]

Sinti und Roma waren auch unter den Häftlingen, die das Bauprojekt B3 bildeten. Sie kamen im Himmelberg, der zwischen den Dörfern Woffleben und Appenrode liegt, zum Arbeitseinsatz. Dort waren Anfang 1944 bereits 20 Stollen fertiggestellt. Außer im Stollenvortrieb wurden die Häftlinge beim Bau einer Eisenbahnstrecke, eines Anschlusses an die Reichsbahn und für den Umbau des Bahnhofs Niedersachswerfen-Ost sowie zum Gleisbau der Strecke vom Bahnhof nach Harzungen zur Sklavenarbeit herangezogen. In den Stollen des Himmelbergs selbst

wurden im Februar 1945 Produktonsanlagen der Henschel Flugzeugwerke AG, Berlin Schönefeld, in Betriebe genommen.
Henschel fertigte dort Flugzeugabwehrraketen und Flugkörper
vom Typ Hx 293 und Hs 117 (»Schmetterling«); die Hs 117 war
mit einem Flüssigkeitsraketenmotor der Bayerischen Motorenwerke ausgerüstet.

In B3, auch »Anna« und »Anhydrit« genannt, waren im
August 1944 genau 2103 Häftlinge,[46] unter ihnen eine Reihe von
Sinti und Roma. Einer von ihnen war Hans Herzstein, der
allerdings nicht bis Kriegsende in Dora war, denn man brachte ihn
im Herbst 1944 nach Calais, wo er beim Bau von Abschußram-
pen für die V-Waffe arbeiten mußte. In der Zeit von April bis
September 1944 verzeichnete man in der »Bauleitung B3«
offiziell 59 Tote.[47]

Robert Krauß war in der Baubrigade B11, die von Harzungen
aus zum Kohnstein gebracht wurde, um dort Stollenanlagen
auszusprengen. Das Lager Harzungen bestand seit Anfang April
1944. Die Häftlinge wurden jeden Morgen mit Loren zu den
Stollen gefahren, die östlich an der Nordseite der alten Wifo-
Anlage angrenzten. Das Projekt B11 erhielt den Decknamen
»Zinnstein«. Die Häftlinge, die im Frühjahr nach Harzungen
transportiert wurden, mußten dort zunächst das Lager aufbauen.
Danach begannen sie damit, wie Robert Krauß berichtet, neue
Stollen in einem Berg auszusprengen, an dem es noch keinen
Eingang gab. Es wurde Tag und Nacht gearbeitet. Danach
wurden andere Arbeiten durchgeführt wie das Abteufen von
Luftschächten, die Installation der elektrischen Anlage, das Be-
tonieren von Fundamenten und das Aufstellen von Maschinen.
An den Bauarbeiten war die Firma Altvater und Müller beteiligt.
Robert Krauß mußte später auch im Generatorraum und in der
Belüftungsanlage arbeiten. Mit einem anderen Sinto-Jungen fuhr
er einen kleinen Lorenzug, mit dem Teile aus dem Stollen heraus-
und hineingebracht wurden. Dabei standen sie ständig unter der
Bewachung eines SS-Mannes. Eine Zeitlang führte er mit dem
Sprengmeister Sprengungen durch. Als dieser tödlich verun-
glückte, nahm er die Sprengungen selbst vor. Wenn die Spreng-
vorbereitungen jedoch unzureichend waren und die Sprengung
bei erstenmal nicht gleich funktionierte, traktierte ihn ein SS-

Mann mit Fußtritten oder schlug ihn mit einer Peitsche oder einem Kabel. Es hätte, so erinnert er sich, in den Stollen SS-Männer gegeben, die ständig auf die Häftlinge einschlugen. Am Abend, als die Häftlinge nach der Arbeit mit dem kleinen Zug nach Harzungen zurückgebracht worden seien, wären am Schluß des Zuges immer ein oder zwei Loren angehängt gewesen, in denen sich die toten Häftlinge befunden hätten. Unter ihnen seien auch immer wieder Sinti und Roma gewesen. Viele Häftlinge seien nicht nur durch Unfälle ums Leben gekommen, sondern von SS-Männern erschlagen worden. Einmal seien sechs Häftlinge draußen vor den Stollen erhängt worden, weil sie in Stollen VI Kisten aufgebrochen hätten, die Wertgegenstände enthielten. Die Häftlinge seien gezwungen worden, einzeln an den Erhängten vorbeizugehen und ihre Mütze abzunehmen.

Mit dem Herannahen der alliierten Truppen wurde das Lager Harzungen im April 1945 aufgelöst, die Häftlinge in Richtung Magdeburg evakuiert. Auf dem Todesmarsch sind noch viele Häftlinge erschossen worden. Robert Krauß berichtet von einem Unterscharführer Schäfer, der mit einem Fahrrad jeweils eine bestimmte Wegstrecke zurückgefahren sei, um die am Wegesrand sitzenden und liegenden erschöpften Häftlinge, die nicht mehr weitergehen konnten, mit einem Genickschuß aus seiner Pistole zu exekutieren. Als ihm die Munition ausgegangen sei, habe er die Häftlinge mit einem Seitengewehr erstochen.

Man brachte Sinti und Roma vom Lager Ellrich in den Kohnstein, um sie im südlichen Teil die Stollenanlagen ausbauen zu lassen. Nach Aussage von Eduard Lind, der in diesem Kommando arbeiten mußte, wurden bei diesen Arbeiten 250 bis 300 Sinti und Roma eingesetzt. Jakob Steinbach erzählt, daß sich viele Häftlinge aus Verzweiflung unter den Zug warfen, der von Ellrich in das Mittelwerk fuhr. Im Stollen selbst hätten sie unter dem Kommando eines besonders grausamen und gefürchteten SS-Scharführers aus Wien gestanden, den sie »Eisernen Gustav« nannten. Viele Häftlinge hätte man im Lager Ellrich erhängt, auch Sinti und Roma seien darunter gewesen. Unweit des Lagers hätte man die Toten verbrannt. Jakob Steinbach wurde im Frühjahr 1944 von Auschwitz nach Dora und Ellrich gebracht. In Auschwitz hatte er im Krematorium arbeiten müssen, und für einige Wochen kam er in einer Strafkompanie nach Monowitz zu den Buna-Werken, wo die Häftlinge Bau- und Aufräumungsarbeiten ausführen mußten. Außerdem mußte er im Kieswerke der DEST in Babitz bei Auschwitz arbeiten.

Viele Sinti und Roma waren der Baubrigade SIII in Ohrdruf und dem »Kommando Emmi« in Kleinbodungen in der Nähe von Bleicherode zugeteilt. In Kleinbodungen arbeiteten mehrere hundert Dora-Häftlinge am Ausbau des im Jahre 1929 stillgelegten Kaliwerkes Preußag. Man hatte in ihm eine Reparaturwerkstatt eingerichtet, in der fehlerhafte und reparaturbedürftige V-Waffengeräte überholt werden sollten. Der Sinto Josef Delis mußte dort mit anderen Häftlingen Luftschächte abteufen. Die Bauabteilung SIII des SS-WVHA galt als eines der berüchtigsten Außenkommandos von Buchenwald; man hatte es im Oktober 1944 dem Konzentrationslager Dora-Mittbau unterstellt und von dort aus mit Häftlingen »beschickt«. Aber nicht nur von Dora wurden Häftlinge nach Ohrdruf gebracht, sondern aus allen Teilen des Reiches hier zusammengezogen. Die ersten großen Transporte von über 2000 Häftlingen trafen am 16. und 17. November 1944 ein. Ende Dezember war das Lager auf 7500 Häftlinge angewachsen, darunter vor allem Russen und Polen, aber auch einige Sinti und Roma. Am 26. März 1945 erreichte es mit 13 726 Häftlingen seinen Höchststand. Mit Hilfe dieses immensen Einsatzes an Sklavenarbeitern wurde geplant, »im Gebiet der alten Truppenübungsplätze bei Ohrdruf in einem sehr ausgebreiteten Bunkersystem eine Unterkunft für die SS und Regierungsinstanzen zu bauen«,[48] einschließlich eines der vielen Führerhauptquartiere.

Die massive Zusammenballung von Sklavenarbeitern auf engstem Raum hatte katastrophale Folgen für die Häftlinge, nicht nur bei der Arbeit, sondern auch in den Unterkunftsbaracken. Jeden Morgen, so wird berichtet, wenn die Gefangenen nach dem Appell abmarschierten, blieben 10 oder 20 tot auf dem Platz liegen.[49] Die vielen Kranken mußten in Ställen untergebracht werden. Der polnisch-jüdische Arzt Dr. Bernhard Lauber beschreibt die Zustände, die damals in Ohrdruf in den Ställen herrschten, so:

»In den Stallbaracken waren keine Betten, sondern ein Betonboden. Die Kranken lagen auf dem nackten Stein, ein bißchen

Stroh, ohne Decken, ohne Unterleger. Es gab keine Medikamente und man gab diesen Kranken nur 50% der Verpflegung, die wir bekamen. Das waren Schwerkranke mit offenen Wunden, eitrigen Wunden, und man hat sie nicht verbunden, und dort sind sie massenweise gestorben. Alle 2 - 3 Wochen hat man von diesen Leuten, die in den Stallbaracken waren, Transporte ausgeführt. Man hat Leute auf Transport genommen und Dr. Gremius hat gesagt, sie fahren nach Bergen-Belsen auf Erholung.« [50]

In der Zeit vom 24. Dezember 1944 bis zum 26. Februar 1945 starben im Kommando SIII allein 1460 Häftlinge, nicht mit eingerechnet jene, die in der Schlußphase der national-sozialistischen Gewaltherrschaft liquidiert wurden. [51]

Aber auch die Arbeit war so mörderisch, daß viele Häftlinge an ihr buchstäblich zugrunde gingen. Über die Sklavenarbeit in den Stollen des Bauvorhabens SIII berichtet Oskar Berg, ein ehemaliger jüdischer Kaufmann aus Kattowitz: »Bei der schweren Arbeit in den Stollen verstarben mehr als die Hälfte der Häftlinge binnen kurzer Zeit. Etwa alle acht Wochen wurden die ausgewählt, die schwach oder arbeitsunfähig waren, und nach Bergen-Belsen bei Hannover abtransportiert.« [52] Der Sinto Karl Schneeberger, der heute in Osterhofen lebt, hat uns die grausamen Verhältnisse, wie sie damals in Ohrdruf herrschten und wie er sie am eigenen Leib erfuhr, bestätigt.

V. Sinti und Roma in den Konzentrationslagern Dachau, Flossenbürg und Mauthausen – Sklavenarbeit für den Flugzeughersteller Messerschmitt, die Steyr-Daimler-Puch AG und andere

Ihre »Verdienste« sind unbestritten, ihr Beitrag für die deutsche Rüstung vor und während des von den Nationalsozialisten entfesselten Zweiten Weltkrieges wird noch heute gerühmt. Flugzeugunternehmen wie Junkers, Dornier, Messerschmitt, Focke-Wulf und Heinkel, die in jener Zeit mit Fremdarbeitern, Kriegsgefangenen und Häftlingen aus den Konzentrationslagern die modernsten Flugzeuge der Welt bauten, leisteten Pionierarbeit. Als einzelne von ihnen – wie zum Beispiel Messerschmitt und Heinkel – nach dem verhinderten »Endsieg« und dem Ende der Naziherrschaft sich auf die »artfremde Gebiete«[1] der Produktion von Fertighäusern und Nähmaschinen, Kleinwagen und Motorrollern umstellen mußten, war dies nur von kurzer Dauer. Bereits im Jahre 1955 erlangte die Bundesrepublik »im Rahmen eines deutschen Wehrbeitrages zum Verteidigungsbündnis der Nato«[2] die Lufthoheit zurück. Damit wurden zugleich die noch bestehenden Flugzeughersteller von den Fesseln eines Produktionsverbots befreit. Die Aufrüstung auf dem Sektor der Flugzeugproduktion konnte beginnen. Spätestens mit der Gründung des Konzerns Messerschmitt-Bölkow-Blohm (MBB) im Jahre 1968, in dem die Messerschmitt AG, die Bölkow GmbH, die von Ernst Heinkel gegründete Flugzeug-Union und Blohm & Voss fusioniert wurden, setzte man die ruhmreiche Tradition der deutschen Luftfahrt fort. Zu den »MBB-Traditionsfirmen« werden ingesamt elf Luftfahrtunternehmen gezählt; neben den bereits erwähnten die ehemaligen Junkers Flugzeug- und Motorenwerke AG in Dessau, die Siebel Flugzeugwerke AG in Halle und die Udet Flugzeugbau GmbH sowie eine Reihe weiterer, weniger bekannte Flugzeughersteller.[3] »Von den etwa 115 000 Kriegsflugzeugen, die von 1939 bis 1945 in Deutschland hergestellt wurden, bauten MBB-Firmen (Blohm & Voss, Gotha, Luther, Weser, WNF) mit rund 75 000 Flugzeugen (Einheiten) 65% der Gesamtproduktion. Diese Leistung wurde von den 167 000 Beschäftigten dieser Firmen vollbracht. Das waren etwa 49% der Beschäftigten der deutschen Zellenindustrie des Jahres 1944.«[4] Die Namen Messerschmitt, Bölkow und Blohm stehen heute für das größte Unternehmen der deutschen Luft- und Raumfahrtindustrie, ein Weltunternehmen mit rund 38 000 Mitarbeitern und einem Umsatz von sechs Milliarden Mark im Jahr. Sein Produktionsangebot reicht von Panzerabwehrraketen über Kampfflugzeuge wie den »Tornado« und das Mittelstrecken-Flugzeug »Airbus« bis hin zu Hochleistungs-Schienenbahnen, Flugkörper-Waffensystemen, Satelliten und Raumflugsystemen.

Vergessen wird in dieser eindrucksvollen Bilanz, daß die Messerschmitt AG in Regensburg Ende 1943 in den Steinbrüchen der DEST in Flossenbürg und Mauthausen Häftlinge zur Sklavenarbeit für die Flugzeugproduktion herangezogen hatte. Im Januar 1944 waren in Flossenbürg von den vorgesehenen 4000 Häftlingen, die für Messerschmitt arbeiten sollten, genau 1911 eingesetzt; in Mauthausen hatte man die Sollzahl von 500 nahezu erreicht, denn es arbeiteten bereits 423 in der Produktion von Flugzeugrümpfen.[5] Aber weit mehr Häftlinge setzte Messerschmitt in seinen Werken in Augsburg-Haunstetten (2695) und Gablingen (325) sowie im Lager Dachau (192) ein. Hinsichtlich der Messerschmitt AG stellte denn auch der Internationale Militärgerichtshof in Nürnberg fest: »Der Messerschmitt-Konzern wandte sich an Dachau, Flossenbürg und Mauthausen, um seinen Bedarf an Häftlingsarbeitskräften zu decken. Der Steinbruch von Mauthausen wurde von Messerschmitt betrieben.«[6] Letzteres ist zwar nicht ganz richtig, denn die DEST hatte ihren Steinbruch in Mauthausen Messerschmitt nur zur Verfügung gestellt; das ändert jedoch nichts an der Tatsache, daß sich das Flugzeugbau-Unternehmen der Häftlinge von Mauthausen bediente. In Flossenbürg hatte die SS nicht nur die »früher im Steinbruch eingesetzten Häftlinge ... im Jägerprogramm für die Messerschmitt AG, Regensburg,« abgestellt, sondern auch ihre Steinmetzhallen für die Flugzeugproduktion dieses Rüstungsbetriebes bereitgestellt, der darin »nach dem ... Angriff auf Regensburg (am 17. August 1943, die Verf.) eine günstige Gelegenheit zur sofortigen Verlagerung (seiner) Fertigung sah«.[7]

Werner Blohm war neben Willy Messerschmitt und Ludwig Bölkow – ein Ingenieur und ehemaliger Mitarbeiter von Messerschmitt – Gründungsmitglied der MBB. Als Mitglied der Familie Blohm des bekannten Schiffbau-Unternehmens Blohm & Voss führte er im Mai 1969 die von der Werft im Jahr der Machtergreifung Hitlers ins Leben gerufene Tochtergesellschaft Hamburger Flugzeugbau GmbH (HFB) zur Fusion mit Messerschmitt und Bölkow; die HFB figuriert heute als »Unternehmensbereich Hamburger Flugzeugbau« innerhalb der MBB.

Blohm & Voss hatte drei Werke, in Steinwerder, Wenzendorf und – das wohl bekannteste, das heute der MBB gehört – Finkenwerder. Während des Krieges fertige Blohm & Voss im Auftrag des Reichsluftfahrministeriums (RLM) Großbauteile der Ju 52 und Kampfflugzeuge von Dornier; außerdem baute die Firma in Lizenz Flugzeuge von Junkers, Heinkel, Messerschmitt und Dornier für den Luftkampfeinsatz. Von der Deutschen Lufthansa (DLH) erhielt sie auch zivile Aufträge, so über den Bau eines Flugbootes (BV 222), das freilich später vom RLM als militärischer Transporter übernommen wurde. Bis zum Jahre 1944 arbeitete Blohm & Voss an der Entwicklung und dem Bau von vier weiteren grundlegenden Flugzeugtypen, an einem Fernaufklärer (BV 138), einem ausgereifteren Flugboot, der BV 238, die als damals größtes Flugzeug der Welt am 10. März 1944 ihren Jungfernflug unternahm, ferner an einem Landaufklärer (BV 141) und einem Torpedoflugzeug, der Ha 140. Von diesen Baumustern gingen nur die wenigsten in die Serienproduktion. Im Rahmen des V-Waffen-Programms entwickelte die HFB Gleitbomben und Gleittorpedos. Im Zuge der verstärkten Kriegsanstrengungen Hitlers mußte Blohm & Voss auf den Bau einiger Modelle verzichten und sich statt dessen auf die reine Kriegsproduktion beschränken. Vielen erschien dies als »eine verständliche Maßnahme, denn mit den 600 000 Arbeitsstunden, die eine BV 222 kostete, konnte man 100 Me 109 fertigen«.[8]

Im November 1944 beschäftigte Blohm & Voss in seinen drei Flugzeugwerken 3918 Arbeiter, davon 1246 »Ausländer« und

Kriegsgefangene.[9] Die Statistik des ehemaligen Geschäftsführers und Chefkonstrukteurs der HFB, Hermann Pohlmann, die wir hier anführen, weist jedoch keine Konzentrationslagerhäftlinge aus, obwohl aus der eidesstattlichen Erklärung des Karl Sommers vom Amt D II des SS-WVHA, das für den Einsatz von Häftlingen zuständig war, zu entnehmen ist, daß man von Neuengamme aus ca. 1000 Häftlinge zu Blohm & Voss in Hamburg geschickt hatte.[10] Zwar wurden bei Blohm & Voss in der Flugzeugproduktion keine Sinti und Roma als Arbeitssklaven beschäftigt – man zog lediglich einige von ihnen zu Aufräumungsarbeiten heran –, aber es ist eindeutig nachzuweisen, daß sie bei Messerschmitt in den Lagern Flossenbürg und Mauthausen Sklavenarbeit leisten mußten sowie vom Konzentrationslager Dachau aus nach Haunstetten gebracht worden waren.

Der Anteil der Flugzeugproduktion einschließlich der Herstellung von Flugzeugteilen in den Lagern Flossenbürg und Mauthausen betrug Mitte des Jahres 1944 35 Prozent der Gesamtproduktion. Rechnet man die Anzahl der in den Messerschmitt–Werken Haunstetten, Gablingen und Dachau beschäftigten Häftlinge hinzu, so erhält man einen Anteil an der Gesamtproduktion der von Häftlingen produzierten Flugzeuge und Flugzeugteile von weit mehr als 80 Prozent. Die Häftlinge, die man in Flossenbürg zur Sklavenarbeit für Messerschmitt herangezogen hatte, fertigten im sogenannten »Kommando 2004« – dem Decknamen für die Flossenbürger Häftlings-Flugzeugproduktion von Messerschmitt – Nasenkasten und Kühlerverkleidungen sowie eine Vielzahl von anderen Einzelteilen. Nach Schätzungen von Toni Siegert [11] waren in Flossenbürg mehr als 5000 Häftlinge in der Flugzeugproduktion tätig. Außer an den genannten Orten fertigte man Flugzeugteile für den Messerschmitt-Jäger Me 109 (Bf 109), später auch komplette Maschinen mit Häftlingen des Konzentrationslagers Buchenwald in der Erla-Maschinenwerk GmbH in Leipzig; ferner mit Häftlingen des Konzentrationslagers Mauthausen in der Wiener Neustädter Flugzeugwerke GmbH. Im Januar 1944 waren in Leipzig von 2800 für die Flugzeugfertigung vorgesehenen Häftlingen 1550 eingesetzt. [12]

Das mit einer Reihe modernster Kampfflugzeuge, unter ihnen vor allem das erste Jagdflugzeug der Welt – die Me 262 –, das von einem damals neuartigen Strahlturbinentriebwerk von BMW und Junkers angetrieben wurde, so erfolgreiche Flugzeugbau-Unternehmen Messerschmitt, das aus den Bayerischen Flugzeugwerken (BFW) hervorging, fand Mitte der dreißiger Jahre nach Jahren der Mißerfolge nur sehr zögernd die Unterstützung des im April 1934 neu geschaffenen Luftfahrtministeriums. Nur unter Einhaltung bestimmter Auflagen von seiten des RLM konnte sich allmählich der bayerische Flugzeughersteller neben den weitaus größeren und bekannteren Firmen wie Heinkel, Junkers und Dornier behaupten. Dabei war es unerläßlich, enge Verbindungen mit Nazigrößen wie Röhm einzugehen und zu pflegen. Diese Aufgabe fiel dem ehemaligen Sportflieger und Oberleutnant der Luftwaffe Theo Croneiß zu, der auf Anordnung Görings seine Stellung als Leiter der Sportflug GmbH in Nürnberg-Fürth aufgeben und in die BFW eintreten mußte, während sich Willy Messerschmitt, der Ingenieur und Flugzeugbauer, aus der Politik heraushielt. Croneiß war die Schlüsselfigur des Unternehmens, stieg er doch nach und nach zum Luftfahrtreferenten der SA-Führung und zum Sonderkommissar der Luftfahrt in Bayern auf und verschaffte in diesen Positionen dem Unternehmen die so wichtigen Aufträge. Die beiden bildeten für die Bayerischen Flugzeugwerke ein recht nützliches Gespann.

Den ersten durchschlagenden Erfolg erzielte das Unternehmen mit dem Jäger Bf 109 (Me 109), der Mitte des Jahres 1934 in einem Jägerwettbewerb den Sieg über den von Heinkel in diesen Wettbewerb geschickten Jäger He 112 davontrug. Er sollte zu jener Zeit zum modernsten und besten Jagdflugzeug der Welt werden. Von jetzt an florierte das Messerschmitt-Unternehmen. Es erhielt nicht nur Aufträge für den Bau seines Jägers, sondern hatte darüber hinaus im Auftrag des RLM Kampfflugzeug der Flugzeugwerke Heinkel, Arado und Gotha zu bauen. Zur selben Zeit konnten die Bayerischen Flugzeugwerke, dank großzügiger Investitionskredite des RLM in Höhe von 3,6 Millionen Reichsmark, ihre Produktionskapazität in Augsburg erweitern. Die Höhe des gesamten Kapitals, das dem Unternehmen am 1. April 1939 zur Verfügung stand, belief sich auf vier Millionen Reichsmark, eine stattliche Summe, mit der man nun groß im Flugzeugbau-Geschäft war. Jetzt konnte nicht nur eine neue Gesellschaft, die Messerschmitt GmbH, gegründet werden, sondern man begann nun auch mit dem Bau eines neuen Werkes in Regensburg. Die Me 109, das Paradestück des Unternehmens, die inzwischen zum Standardjäger der Luftwaffe geworden und in Augsburg-Haunstetten in Serienfertigung gegangen war, wurde im spanischen Bürgerkrieg auf ihre erste Bewährungsprobe gestellt. Die »Legion Condor« machte mit ihr »gute Erfahrungen«, die Verbesserungen, die bei aller Kampftüchtigkeit dennoch nötig waren, hatte man schnell vorgenommen.

Die Messerschmitt-Werke bauten in den folgenden Jahren natürlich auch andere Flugzeuge, ein Modell folgte dem anderen. Zugleich wurde ein Bauvorhaben nach dem anderen verwirklicht, ein Richtfest nach dem anderen gefeiert. Man war stolz auf das Unternehmen. Und die Großen aus Staat und Politik waren voll des Lobes für den tüchtigen Flugzeugbauer in Augsburg und Regensburg und versagten ihm nicht mehr die Unterstützung. »Seit dem Herbst des Vorjahres hatten 1500 Arbeiter am Ziegetsberg, der südlichen Randhöhe Regensburgs, an der Gefolgschaftssiedlung der BFW gebaut. Jetzt (24. April 1937, die Verf.) waren die 228 neuen Häuser mit 608 Wohnungen des 'Hermann-Göring-Heims' fertig. Die Siedlung hatte vier Millionen Mark gekostet und war für die Arbeiterschaft der BFW Regensburg bestimmt.«[13]

Hitler besuchte Augsburg am 22. November; es war ein stolzer Tag für die Stadt. Messerschmitt präsentierte dem »Führer« an diesem Tag nicht weniger stolz und mit Genugtuung sein neuestes Modell, einen Langstreckenbomber, die spätere Me 264, die »insgeheim, ohne Wissen des Reichsluftfahrtministeriums, entwickelt worden war«.[14]

Messerschmitt profitierte von einem Beschaffungsprogramm in Höhe von drei Milliarden Reichsmark, welches das Reich für das Aufrüstungsprogramm der Luftwaffe im September 1937 beschloß und an dem das Werk entsprechend beteiligt war. »Messerschmitt hatte sich nun von einem begabten, aber vielfach angefeindeten Flugzeugkonstrukteur zu einem Industriekapitän entwickelt, der eine bedeutende Rolle im deutschen Aufrüstungsprogramm spielte und bei vielen Gelegenheiten geehrt wurde.

So erhielt er den Goldenen Ehrenring des Vereins deutscher Ingenieure, und Ende 1937 wurde er zum Wehrwirtschaftsführer ernannt.«[15]

Nicht genug der Ehrungen, erhielt Messerschmitt im September 1938 zusammen mit Ernst Heinkel, Ferdinand Porsche und dem Reichsminister Todt den Nationalpreis für Wissenschaft und Kunst. Einige Monate zuvor hatte man ihn zum Generaldirektor der Messerschmitt AG gekürt; gleichzeitig hatte man – eine sicher zu vernachlässigende Tatsache – die alte Typenbezeichnung Bf abgeschafft und dafür das Kürzel Me eingeführt. 1938 war für Messerschmitt auch insofern ein bedeutendes Jahr, als nun die Zeit, da man Flugzeuge in Lizenz für andere Firmen bauen mußte, vorüber war. Im selben Jahr errichtete man in einem Industrievorort Wiens ein neues Werk für den Lizenzbau der Me 109, die Neustädter Flugzeugwerke. Es war nun nicht mehr das Messerschmitt-Werk, das für andere Firmen Flugzeuge in Lizenz baute, sondern es vergab nun selbst Lizenzaufträge.

Das Jahr 1938 war auch in einer anderen Hinsicht bedeutsam. Nicht nur brach Messerschmitt in diesem Jahr mit seinen Jägern Me 109 und Me 209, letzterer war mit einem leistungsstarken Mercedes-Benz-DB-601-Motor von 1175 PS ausgerüstet, alle Geschwindigkeitsrekorde, sondern begann auch neue Modelle zu entwickeln, die legendäre Me 262, die man später auch von Häftlingen der Nebenlager Gusen I und II des Konzentrationslagers Mauthausen bauen ließ, und die Me 246, den sogenannten Amerikabomber. (Er sollte eine so große Reichweite haben, um den Altantik überqueren und seine tödliche Fracht über amerikanische Städten abwerfen zu können.) Die Entwicklung der Me 262 war notwendig geworden, weil sich herausstellte, daß die Me 109 nicht die Erwartungen der Luftwaffe erfüllte. Sie wies zu viele Mängel auf.

Mit Beginn des Krieges verlangte das RLM ständig Erhöhungen der Produktion und übte zunehmend Druck auf die Flugzeughersteller aus. Messerschmitt erhielt noch im Jahre 1939 einen langfristigen Kredit von der Bayerischen Vereinsbank in Höhe von acht Millionen Reichsmark. Die Geschäfte gingen freilich so gut, daß bereits »im darauffolgenden Jahr ... die Gesellschaft in der Lage (war), 5.000.000 RM zurückzuzahlen, während der

Rest des Kredits in eine Hypothek umgewandelt wurde, die innerhalb von zehn Jahren getilgt werden mußte. Im Verlauf des Jahres 1939 wurde das Kapital der Messerschmitt GmbH, die Firma, die gegründet worden war, um die neue Fabrik in Regensburg zu bauen, von 20 000 RM auf 7 000 000 RM erhöht.«[16] Welch eine eindrucksvolle Kapitalaufstockung!

Es ließ sich nun auch nicht mehr vermeiden, daß Messerschmitt selbst im RLM ein und aus ging. Als treuer Diener des Staates, der gerade erst seine Eroberungskriege begonnen hatte, erhielt er Anfang Februar 1940 eine weitere Ehrung; für seinen Beitrag zur Aufrüstung der Luftwaffe verlieh man ihm das Kriegsverdienstkreuz Erster Klasse. Er zeigte sich erkenntlich und dankte dem Staat, der ihn mit so zahlreichen Ehrungen überschüttet hatte, indem er nun auch auf propagandistischer Ebene tätig wurde. In einem Brief an die Schwäbische Soldatenzeitung »Front und Heimat« vom Februar 1940 wies er darauf hin, »wie wir schon lange vor dem Krieg in rastloser Arbeit mitgeholfen haben, dem Führer für seine großen Aufgaben die notwendigen Waffen an die Hand zu geben«.[17] Und an die Belegschaft seines Werkes in Augsburg wendete er sich mit der Mahnung, als »Soldaten der Arbeit« alle Kräfte für den »Führer« aufzubieten und ihn in seinem Tun zu unterstützen. Zum Dank dafür ernannte ihn der »Führer« am 1. Mai 1941 zum »Pionier der Arbeit«; und sein Werk erhielt für die »hervorragenden Leistungen«, welche die »Betriebsgemeinschaft ... für die deutsche Luftwaffe ... vollbracht und dadurch an der glücklichen Gestaltung der deutschen Zukunft entscheidend mitgewirkt (hatte)« – so der Text der Urkunde –, die Anerkennung als »Nationalsozialistischer Musterbetrieb«.[18] Natürlich fällt auch bei dieser Ehrung der »größte(n) Anteil an dieser Leistung wie an der Auszeichnung« selbst dem »Betriebsführer Professor Dipl.-Ing. Dr.h.c. Parteigenosse Messerschmitt« zu, ohne dessen »persönliche(n) Einsatz« eine solche Leistung nicht erzielt worden wäre.

Als Messerschmitt jedoch im April 1942 ein zentrales Bauprogramm einstellen mußte, entstanden Verluste von mehreren Millionen Reichsmark. Die Gesellschaft geriet an den Rand des finanziellen Abgrunds. Nur durch staatliche Mittel konnte das

Schlimmste verhindert werden. Der Preis für den viel geehrten Flugzeugbauer war freilich hoch; man entband ihn von seinem Posten als Generaldirektor und verdrängte ihn auf diese Weise von der Unternehmensspitze. Wer anders als Croneiß wäre für diesen Posten geeigneter gewesen? Er trat die Nachfolgeschaft im Generaldirektorium an, richtiger: die Nazis setzten ihn auf diesen Posten, galt er doch als ihr loyaler und zuverlässiger Verbindungsmann.

Dachau und Flossenbürg

Zu Beginn des Jahres 1943 erhielt Messerschmitt für sein Werk in Augsburg-Haunstetten die ersten Häftlinge aus dem Konzentrationslager Dachau. Weitere Transporte folgten noch im selben Jahr. Unter den Häftlingen unterschiedlichster Nationalität befanden sich auch Sinti und Roma. Jakob Bamberger erinnert sich, daß er im Herbst 1943 nach Haunstetten gebracht wurde; er mußte dort Treibstofftanks in die Me 109 einbauen. In Dachau war er zuvor im Sommer 1943 vom SS-Arzt Rauscher zu Meerwasserversuchen mit der Folge schwerster Nierenschäden benutzt worden. Im selben Jahr brachte man Sinti und Roma in das Dornier-Werk in Neuaubing bei München. Unter Einsatz von KZ-Häftlingen begann man mit der Fertigung von Messerschmitt-Flugzeugen in der im Herbst 1942 gegründeten Firma Luftschiffbau Zeppelin in Friedrichshafen. 1943 war auch das Jahr, in dem man mehrere hundert Sinti und Roma von Auschwitz nach Mauthausen transportierte. Im April und Mai 1944 kamen Sinti und Roma von Auschwitz nach Flossenbürg. Doch schon in den Jahren 1936, 1938/39 und 1941 waren Sinti und Roma in die Lager Dachau, Flossenbürg und Mauthausen eingeliefert worden. Die meisten von ihnen kamen von diesen Lagern aus zum Arbeitseinsatz in die Rüstungsbetriebe. Viele von ihnen wurden beim Flugzeughersteller Messerschmitt eingesetzt.

Die alliierte Bomberoffensive, die im August 1943 mit Angriffen auf die Wiener Neustädter Flugzeugwerke und das Werk in Regensburg eingeleitet wurde, richtete vor allem im Werk in Regensburg großen Schaden an. Nicht nur waren bei diesem

Konzentrationslager Flossenbürg

Angriff 400 Tote zu beklagen, auch der Werkzeugmaschinen-
park für die Produktion der Me 262 wurde vollständig vernichtet.
Nun mußte auch Messerschmitt wie die anderen Flugzeugbauer

seine Produktion verlagern. »Die deutsche Flugzeugproduktion, die bis dahin in etwa 30 Fabriken konzentriert gewesen war, wurde auf über 700 Fertigungsstellen aufgeteilt: Die Hersteller gingen in die Wälder und unter die Erde.« [19] Gleichzeitig verlangte Messerschmitt vom Reich, d.h. der SS, 4000 Arbeiskräfte zur Verwirklichung des Me-262-Programms.

Man verlagerte die Produktion der Me 262 in die unterirdischen Fabrikanlagen bei Kahla und Kammsdorf sowie nach Kematen bei Innsbruck. Ein Teil der Regensburger Produktion wurde bereits am 5. Februar 1943 nach Flossenbürg verlegt, und mit 200 Häftlingen des Lagers wurde dort die Fertigung von Flugzeugteilen aufgenommen.[20] Siegert zufolge waren in Flossenbürg seit August 1943 durchschnittlich 800 Häftlinge im Sklavenarbeitseinsatz für Messerschmitt. Die Zahl der Häftlinge stieg in Flossenbürg beständig an, so daß schon im Frühjahr 1944 2200 in der Flugzeugfertigung einsetzt waren. Das Werk in Augsburg hatte man ebenfalls aufgelockert und auf »vier Fabrikanlagen in den Wäldern bei Horgau, Reidheim, Leipheim und Schäbisch Hall« [21] verteilt. Produktionsstätten gab es außerdem in Ulm, Nürnberg, Memmingen und Günzburg. Der Firma Messerschmit gelang es trotzt erheblicher Schwierigkeiten, eine große Anzahl von Flugzeugen zu produzierten. Im Zeitraum zwischen März 1944 und April 1945 wurden über 1200 Jäger des Typs Me 109 hergestellt.

Messerschmitt zog in Flossenbürg unter dem »Amt W I« der SS Häftlinge zur Produktion heran. Das Amt stand im WVHA in Oranienburg unter der Leitung des Sturmbannführers Mummenthey und trug den amtliche Zusatz »Steine und Erden (Reich)«. Ihm gehörte vor allem die »Deutschen Erd- und Steinwerke GmbH«, kurz »DEST« genannt, an. Neben der »Porz.- und Manufaktur Allach GmbH« und der »Porag Porz.-Radiatoren GmbH« war dem Amt die »Bohemia Keramische Werke AG« in Neurohlau bei Karlsbad unterstellt. Die »Bohemia« stellte im Jahre 1942 ihre Produktion auf Rüstung um. Neurohlau selbst war ein Außenlager von Flossenbürg. In der »Bohemia ME« ließ Messerschmitt seit Anfang des Jahres 1943 Teile für seine Flugzeuge fertigen. »In Zusammenarbeit mit der Firma Messerschmitt wurden u.a. elektrische Schaltanlagen für die Jagdflugzeuge Me 109 und Me 262 hergestellt, womit allein 200 (von insgesamt 471 Häftlingen im August 1943, die Verf.) Arbeitskräfte beschäftigt waren.«[22] Natürlich arbeitete der weitaus größte Teil der Häftlinge im »Kommando 2004« in Flossenbürg selbst. Die Lagerstatistik wies dort am 30. November 1944 unter insgesamt 30 707 Häftlingen, die dem Lager angehörten, für das »Amt W I« 5440 Sklavenarbeitskräfte aus. Für weitere Rüstungsbetriebe wie das Luftfahrtgerätewerk in Graslitz und Zwodau, wo sich viele Sinti- und Roma-Frauen befanden, die Metallwerke Holleischen, die Siemens-Schuckert AG in Nürnberg, Fortuna in Flöha, »Weser« Flugzeugbau in Rabstein und die drei Erla-Werke in Mülsen und Johanngeorgenstadt waren 719 Häftlinge abgestellt worden. Insgesamt hatte die SS 21 910 Häftlinge im Arbeitseinsatz, einschließlich der in der »Bauleitungen der Waffen-SS und Polizei« und im Lager selbst eingesetzten Häftlinge.[23]

Einem der Baukommandos wurden im November 1944 einige Sinti und Roma überstellt. Hermann Broschinski erinnert sich, daß er zu dieser Zeit mit anderen Sinti in das »Baukommando B7« in Hersbruck bei Nürnberg kam. Sie mußten in einem Berg Stollen aussprengen und im Zusammenhang damit andere Arbeiten ausführen. Er kam im Frühjahr 1944 mit einem Transport von Auschwitz nach Flossenbürg. Nach Auschwitz war er 1941 eingeliefert worden. Die Häftlinge, unter ihnen viele Sinti und Roma, hatten zunächst zwei, drei Wochen im Steinbruch schwerste Arbeit zu leisten, bevor sie in die »Flugzeughallen« von Messerschmitt kamen. Hermann Broschinski mußte in Halle 12 Rumpfteile nieten. In der Halle arbeiteten rund 30 Sinti und Roma. Sie stammten fast alle aus seiner Heimat Ostpreußen. Auch sein Bruder war dabei; er ist später im Lager an Unterernährung gestorben. Er erzählt, daß sie bei der Arbeit von den Kapos und den anderen Aufsehern, vor allem von SS-Männern, viel geschlagen und mißhandelt worden seien. Beim gerinsten Anlaß hätte es Prügelstrafen gegeben. Dabei seien viele Häftlinge verletzt worden. Hatte ein Häftling ungewollt ein Werkzeug unbrauchbar gemacht, etwa wenn er aus Müdigkeit und Mangel an Konzentration bei der Arbeit einen Bohrer abgebrochen hatte, so hätte man ihn der Sabotage bezichtigt und weggebracht. Die

Häftlinge hätten zehn Stunden am Tag arbeiten müssen, abwechselnd in Tag- und Nachtschichten.

Der Sinto Max Hartmann wurde mit weiteren 81 Sinit im Mai 1944 von Auschwitz nach Flossenbürg transportiert. Nach Tagen der Quarantäne brachte man die Häftlinge in die Holzbaracken vom Messerschmitt unweit des Lagers. Jeder Tag begann mit dem Zählappell, der eine halbe Stunde, eine Stunde und manchmal bis zu zwei Stunden dauern konnte. »Im Winter, wenn es sehr kalt war, haben sie uns auf dem Appellplatz absichtlich lange stehen lassen, auch wenn keiner beim Appell gefehlt hatte. Dann mußten wir in 100-Mann-Kolonnen zu Messerschmitt marschieren und dort die Arbeit aufnehmen. Die Werksbaracken lagen etwa ein bis zwei Kilometer vom Lager entfernt. Es waren mehrere Baracken aus Holz.« Max Hartmann mußte Bleche zurechtschneiden, bohren und nieten. Bei der Arbeit wurden die Häftlinge von Zivilarbeitern und Meistern angeleitet; bewacht aber wurden sie von der SS. Sie lebten ständig in Angst, etwas falsch zu machen und dafür bestraft zu werden. »Ich hatte immer Angst«, so erzählt Max Hartmann, »weil ich genau wußte, mache ich etwas falsch, dann werde ich geschlagen oder aufgehängt.« Er hat nie einen Fehler gemacht und seine Arbeit, wie er selbst sagt, immer gut ausgeführt. Trotzdem fühlte er sich ständig bedroht. Ein Zivilarbeiter oder Meister hat ihm eines Tages vorgeworfen, schlecht genietet zu haben; er wurde daraufhin mit 25 Stockhieben bestraft. Es war im Grunde gleichgültig, ob jemand gut oder schlecht arbeitete, er konnte in jedem Falle bestraft werden und wurde auch häufig bestraft, wenn er gut gearbeitet hatte.

Ein anderes Mal, so erninnert sich Max Hartmann, erhielt er 25 Stockhiebe, weil er angeblich bei der Arbeit mit einem anderen Häftling geredet hatte. Man zwang ihn, im Stehen und in gebeugter Haltung seine Fußgelenke zu umfassen, während ein SS-Mann mit einem Stock auf ihn einschlug, immer wieder die Drohung ausstoßend: »Jetzt schlag' ich dich tot, du verfluchter Zigeunerlümmel.« Max Hartmann erzählt weiter, wie im Januar 1944 ein Transport mit Häftlingen in Flossenbürg ankam und die SS ihnen befahl, sich bei eisiger Kälte nackt auszuziehen. »Sie mußten stundenlang still stehen, dann brachte man sie ins 'Bad'; nach kurzer Zeit kamen sie wieder hoch, man hatte sie naß gespritzt und durch die Kälte war ihr Körper mit einer dünnen Eisschicht überzogen.« Infolge dieser grausamen Tortur sind viele Häftlinge an Unterkühlung gestorben. Die SS nannte dieses Vorgehen »Winterscherz«. Es bestand, wie Toni Siegert erwähnt, auch darin, »daß man einen Häftling in einem Wasserbottich untertauchte und den tropfnassen Mann auf dem Appellplatz aufstellte, wo er binnen weniger Minuten zu einem Eisklumpen gefror. Auf der unbedeckten Haut des Gesichts und der Hände bildeten sich große Blasen, die nach kurzer Zeit platzten. Manchmal wurde diese Tortur nach zwei bis drei Stunden wiederholt. Beim zweiten oder dritten Mal mußten die Opfer bereits an die Wand gelehnt werden, da sie frei nicht mehr stehen, als lebender Eisklumpen aber auch nicht mehr zusammenbrechen konnten. Der Tod trat gewöhnlich nach fünf bis acht Stunden ein.«[24]

Zur Weihnachtszeit galt den SS-Schergen der Galgen mehr als dem Christen der Weihnachtsbaum, denn wie zum Trotz hatten sie ihn »neben dem hell erleuchteten Weihnachtsbaum aufstellen lassen und die jeweiligen Opfer, meist arme, unschuldige russische Offiziere daran erhängt«, so berichtet der ehemalige Häftling des Konzentrationslagers Flossenbürg, Hugo Walleitner. Und er fährt fort:

»Es kam sogar vor, daß hunderte Häftlinge, während einige wegen Lapalien öffentlich Stockhiebe bekamen, singen mußten, wobei neben den Schmerzensschreien der Betroffenen einige SS-Führer mit der Peitsche unsere Front abschritten und denjenigen über das Gesicht schlugen, der nur versucht hatte, nicht mitzusingen.«[25]

Allein im letzten Jahr starben in Flossenbürg im Monat rund 1000 Häftlinge, ohne daß in dieser Zahl bereits diejenigen Häftlinge berücksichtigt wurden, die durch »Sonderbehandlungen« ums Leben kamen. Die Anzahl der Toten nahm ein Ausmaß an, daß die Häftlinge im Krematorium des Lagers mit der Verbrennung der Leichen nicht mehr nachkamen. Man ging deshalb dazu über, Hunderte von Leichen auf Scheiterhaufen neben dem Krematorium zu verbrennen. Dann gab es Wachposten, die sich im wahrsten Sinne des Wortes ein Vergnügen daraus machten, an besonders schönen Tagen im Frühjahr oder Sommer Häftlinge zu erschießen, um dadurch die für den Abschuß eines Häftlings gewährten drei Tage Sonderurlaub zu erhalten.

Max Hartmann mußte bis Mitte April 1945 bei Messerschmitt arbeiten und wurde dann nach Dachau gebracht. Viele Häftlinge hatte man kurz vor Kriegsende von Flossenbürg weggebracht und noch zur Sklavenarbeit in andere Rüstungsbetriebe geschickt. So ist einem Fernschreiben der Lagerkommandantur in Flossenbürg zu entnehmen, daß am 3. März 1945 »750 Häftlinge nach dem K.L. Dachau in Marsch gesetzt« wurden. »Bestimmungsbahnhof« waren die »BMW-Werke Karlsfeld bei München«.[26]

Im ehemaligen »Schutzhaftlager Flossenbürg«, in das im Mai 1938 die ersten Häftlinge eingeliefert wurden – es war in erster Linie für »Berufs– und Gewohnheitsverbrecher«, »Kriminelle« aller Art, »Sicherheitsverwahrte«, »Homosexuelle«, »Asoziale« (so die SS-Kategorien) und Sinti und Roma errichtet worden –, gab es Mitte des Jahres 1943 erst vier Arbeitskommados mit rund 1300 Häftlingen; im »Kommando 2004« waren lediglich 230 Gefangene eingesetzt. Das »Schutzhaftlager« selbst hatte am 1. Juli 1943 eine Stärke von 5031 Häftlingen. Dies sollte sich in den folgenden Monaten rasch ändern.[27] Ein Jahr später, im Juli 1944, waren allein für Mauthausen ca. 3000 Häftlinge als Arbeitssklaven abgestellt. Messerschmitt mußte, wie aus dem »Forderungsnachweis Nr. Flo 489«[28] vom 1. August 1944 ersichtlich ist, für in Anspruch genommene KZ-Häftlinge im Juli 322 658 Reichsmark an die Verwaltung des Konzentrationslagers Flossenbürg entrichten. Dabei war der Betrag einer »Tagesbeschäftigung« für einen Facharbeiter auf fünf Reichsmark und der für einen Hilfsarbeiter auf drei Reichsmark festgesetzt. Die Summe für zu entrichtende »Tageswerke« stieg bis Ende des Jahres auf über eine halbe Million Reichsmark an.[29]

Mauthausen

Im Jahre 1938 waren Sinti und Roma in das Konzentrationslager Mauthausen eingeliefert worden. Am 29. September 1939 besaß das Lager eine Stärke von 2995 Häftlingen; darunter befand sich

KZ-Häftlinge im Jahre 1940 beim Ausbau des Konzentrationslagers Mauthausen

eine große Anzahl Burgenländer »Zigeuner«. [30] Auch im folgenden Jahr kamen viele Sinti und Roma aus dem Burgenland nach Mauthausen. Aus der Auflistung des Lagers – vermutlich von Kapos oder Blockältesten erstellt – geht hervor, daß am 19. September 1940, auf verschiedene Blöcke verteilt, 174 Sinti und Roma inhaftiert waren. [31] Weitere Überstellungen von Sinti und Roma aus anderen Konzentrationslagern erfolgten bis gegen Ende des Krieges. »In den Jahren 1939 bis 1941 wurden etwa 250 Zigeuner eingeliefert; viele von ihnen wurden innerhalb weniger Wochen im Steinbruch getötet. Die verbliebenen 108 jüngeren Zigeuner sind am 8. und 9.10.1941 in ein angebliches Zigeunerlager bei Knittfeld (Steiermark) und in ein anderes Lager überstellt worden.«[32] Am 31. März 1945 zählte man in Mauthausen 23 Jugendliche der Volksgruppe der Sinti und Roma. Unter den 2252 weiblichen Häftlingen, die bis zu diesem Zeitpunkt ins Lager überwiesen worden waren, befanden sich 79 »Zigeunerinnen«.[33] Am 9. März waren noch in einem Transport von 1981 Frauen 447 Sinti- und Roma-Frauen mit ihren Kindern von Ravensbrück nach Mauthausen gebracht worden.[34] Der überwiegende Teil von ihnen wurde Ende März nicht mehr in der Lagerstatistik aufgeführt. Mehrere der bis dahin noch nicht ermordeten Frauen und einige Kinder wurden um den 20. März 1945 nach Bergen-Belsen weiter deportiert. Ein sechsjähriges Sinti-Kind überlebte dort und erinnert sich noch als Erwachsener an die Mißhandlungen durch die SS und an die Ermordung seiner siebenjährigen Schwester in Bergen-Belsen.

Mit der Errichtung des Konzentrationslagers Mauthausen war kurz nach dem Anschluß Österreichs im Frühjahr 1938 begonnen worden. Die DEST hatte mit der Stadt Wien einen Pachtvertrag über die Nutzung und Ausbeutung der Steinbrüche »Wiener Graben« und »Marbacher Bruch« bei Mauthausen abgeschlossen; später hatte sie diese Steinbrüche käuflich erworben. Hinzu kamen die Steinbrüche »Katzenhof« (Ober- und Unterbruch), »Gusen« und »Pierbauer« (Gusen). Der SS standen nun im Jahre 1938 neben Flossenbürg zwei weitere große Granitsteinbrüche bei Mauthausen und Gusen zur Verfügung. Im darauffolgenden Jahr übernahm sie die Steinbrüche in Natzweiler und Groß-Rosen.

Von vornherein war geplant, Häftlinge in Mauthausen zur Gewinnung von Baumaterialien für die gigantischen Bauvorhaben des »Reiches« heranzuziehen. Dabei griff man insbesondere auf sogenannte »BV«-Häftlinge und »Politische Schutzhäftlinge« zurück, aber auch auf »Asoziale«, »arbeitsscheue Elemente« und Kriminelle aller Art, und ebenso setzte man jüdische Häftlinge und Sinti und Roma bei der mörderischen Arbeit in den Steinbrüchen ein. Später kamen Kriegsgefangene, vor allem Polen und Russen, und Häftlinge aus nahezu allen europäischen Ländern hinzu. Nach Mauthausen hatten die Nazis die meisten der an Hitler ausgelieferten Angehörigen der Internationalen Brigaden des Spanischen Bürgerkriegs – auch Cubaner und

145

Nordamerikaner – gebracht. Entsprechend der Einstufung des Lagers war von Beginn an die exzessive Vernichtung der Häftlinge durch Arbeit in den Steinbrüchen geplant. »Als einziges Konzentrationslager im gesamten Reichsgebiet blieb dieses Lager der Stufe III das, was es vorher war: eine Liquidationsstätte ohne Gerichtsurteil für politische Gegner! So z.B. sind bei einem durchschnittlichen Gesamtbestand von 10 000 Häftlingen im Jahre 1942 im KLM etwa 13 000 Neuzugänge registriert worden und im gleichen Zeitraum wurden 14 293 Gefangen 'verstorben' gemeldet... Allein in den ersten vier Monaten des Jahres 1943 sind im KLM mindestens 5147 Tote registriert worden!«[35] Und in der Zeit vom 18. November 1943 bis 1. Mai 1945 registrierte man in der Lagerschreibstube »den Tod von 8745 Häftlingen, über deren Namen die noch vorhandenen Totenbücher Auskunft zu geben in der Lage sind«.[36]

Wer anders als der »Generalbauinspektor für die Reichshauptstadt«, Albert Speer, konnte mehr Interesse an dem in den Steinbrüchen von Mauthausen und Gusen gewonnenen Baumaterial haben? Er stellte der DEST ein großzügiges unverzinsliches Aufbaudarlehen in Höhe von 9,5 Millionen Reichsmark aus seinem Etat zur Verfügung. Speer war es auch, der im Frühjahr 1943 den »sinnvollen« Einsatz der Häftlinge für die Kriegswirtschaft und damit die Umstellung der Mauthausener und Gusener DEST-Betriebe auf die Rüstungsfertigung unter Mitwirkung von Privatfirmen forderte. Ein erstes Arbeitskommando für Rüstungszwecke war bereits Mitte März 1942 zusammengestellt worden. Die rund 1000 Häftlinge dieses Kommandos wurden in den Steyr-Daimler-Puch-Werken eingesetzt. Sie mußten dort Karabiner, Maschinengewehre, Panzerbüchsen, Flugmotoren, Lastkraftwagen und Kabinen und Fahrgestelle für Messerschmitt-Flugzeuge herstellen. Mit dem Bau eines große Hüttenwerkes des HGW-Konzerns wurde im Mai 1938 in Linz begonnen; auf dem Gelände der ehemaligen »Eisenwerke Oberdonau«, wie man die Hütte nannte, steht heute der österreichische Stahlkonzern VÖEST.

Im Herbst 1943 wurden im Raum Ebensee massenhaft Häftlinge beim Bau von unterirdischen Fabrikanlagen eingesetzt, in denen das A4-Gerät, die V2, produziert werden sollte. Das erste

Großbauprojekt, dem eine Reihe weiterer folgen sollte, erhielt allein fünf Decknamen und lag am Traunsee bei Ebensee. An den Aufträgen zum Bau des A4-Aggregates waren die Heinkel-Werke in Jenbach (Tirol) und die Rax-Werke in Wiener Neustadt beteiligt. Neben Flugzeugteilen sollten dort auch Schmieröle und Benzin hergestellt werden; außerdem hatte Siemens in den unterirdischen Anlagen Betriebsstätten eingerichtet.[37] Zur Fertigung der V-Waffe kam es nicht mehr; statt dessen begann zu Beginn des Jahres 1945 die Steyr-Daimler-Puch AG mit der Herstellung von Kugellagern; ferner waren seit Winter 1944/45 acht Destillationsöfen der Benzinveredelungsanlage in Betrieb.

In den Jahren 1939/40 war auch in Gusen und einige Jahre später in Gusen II (gegründet am 9. März 1944) bei St. Georgen und dem kleineren Lager Gusen III (16. Dezember 1944) sowie in Melk – um nur die größten Nebenlager von Mauthausen hervorzuheben – mit dem Stollenbau und dem Ausbau von Stollenanlagen begonnen worden. In Melk (Deckname »Quarz«) wurden seit April 1944 mit über 10000 Häftlingen sechs Stollen als Fabrikhallen für die Steyr-Daimler-Puch AG ausgebaut; man begann dort im Winter 1944/45 mit der Produktion von Kugellagern für Flugzeuge und Panzer. Insgesamt waren in den drei Lagern Gusen in den fünf Jahren zwischen 1940 und 1945 rund 68 000 Häftlinge untergebracht; davon sind im selben Zeitraum offiziell über 31 500 Häftlinge gewaltsam zu Tode gekommen. Hinzu kamen noch weitere 2500 Häftlinge, vor allem jüdische Kinder und Polen, die in den Lagern ermordet, aber in der Lagerstatistik nicht aufgeführt wurden.[38] Sowohl in Gusen I als auch in Gusen II hatten die Steyr-Daimler-Puch-Werke und die Messerschmitt-Flugzeugwerke Betriebsstätten. Messerschmitt ließ in Gusen I mit Sklavenarbeitskräften Flugzeugkabinen für die Me 109 und Me 262 fertigen, in Gusen II seit Dezember 1944 komplette Me-262-Jäger; in beiden Lagern hatten die Häftlinge für die Steyr-Daimler-Puch-Werke – heute Österreichs größter halbstaatlicher Fahrzeug- und Waffenkonzern – Maschinenpistolen herzustellen. Im Lager Gusen III, in dem »lediglich« zwischen 200 und 300 Häftlinge zur Sklavenarbeit herangezogen wurden, gab es ein Ziegelwerk und eine Bäckerei; außerdem hatte Messerschmitt dort ein Ersatzteillager. Auf rund ein Dutzend von insgesamt 49 Nebenlagern von Mauthausen waren mehrere hundert Sinti und Roma verteilt. So kamen einige von ihnen nach Wels in das »Waldwerk«, wie man das Lager auch nannte; dort waren sie vermutlich in den Flugzeug- und Metall- werken Wels mit Reparaturarbeiten an Flugzeugen und Kraft- fahrzeugen beschäftigt.

Von Mauthausen aus wurden Sinti und Roma auch in das Propellerwerk der Daimler-Benz AG in Marburg an der Drau gebracht. Das berichteten die Betroffenen Paul und Dina Franz. Zur Daimler-Benz AG gehörten ebensfalls die Flugzeugmoto- renwerke Ostmark in Wiener Neudorf, wo vermutlich auch Sinti und Roma zur Zwangsarbeit herangezogen wurden. Andere, wie Eduard Hauer, brachte man in die Steyr-Werke und in die im Jahre 1941 gegründeten Flugmotorenwerke Ostmark GmbH in Wiener Neudorf, einer Tochtergesellschaft der Daimler-Benz AG.

Josef Maier, der im Jahre 1939 in Magdeburg von der Gestapo verhaftet und nach Mauthausen gebracht worden war, kam während seiner sechsjährigen Gefangenschaft in eine Reihe von Nebenlagern. Erspart blieb ihm glücklicherweise der Steinburch »Wiener Graben«, in dem viele Hunderte von »Steinträgern« des Straf- und Todeskommandos auf entsetzliche Weise ihr Leben verloren, indem sie über die »Todesstiege« auf dem schmalen, steilen Weg, der am Steinbruch hochführte, schwer beladen mit Steinen und dem Zusammenbruch nahe, fast oben ankommend von den SS-Leuten in die Tiefe gestürzt wurden und dann oft noch tagelang tot in der Felswand hingen. Die SS nannte dieses tödliche Spiel »Fallschirmspringen«. Der Sinto Josef Maier kam kurz nach seiner Einlieferung in Mauthausen nach Gusen und wurde dort als Steinmetz und Bauarbeiter eingesetzt. Er war damals 23 Jahre alt. Im Jahr 1943 bracht man ihn nach Schlier in die Redl-Zipf Brauerei, wo die Häftlinge im Auftrag der Steinverwertungs AG des RMfRuK Kellerräume ausbauen und Stollen anlegen mußten, in denen später A4-Aggregate und Treibstoff für V-Waffen hergestellt wurden. Von Schlier »über-

Sklavenarbeiter im Steinbruch »Wiener Graben« des KZ Maut- hausen (rechts)

stellte« man ihn nach Weyer und Großraming; in beiden Lagern wurde er beim Kraftwerks- und Straßenbau der Ennser Kraftwerksbau AG als Bauarbeitssklave eingesetzt. Schließlich kam er im Jahre 1944 nach Ebensee, um dort beim Stollenbau für das Raketenentwicklungswerk zu arbeiten. In Ebensee wurde er Anfang Mai 1945 befreit.

Die berüchtigte »Todesstiege« und den schmalen Pfad hinauf mußte der Sinto Albert Pfaus Steine schleppen, vorbei am sogenannten »Rosengarten« neben dem oberen Ende der Stiege, in dem im Laufe der Jahre ungefähr 4600 Häftlinge »auf der Flucht« erschossen wurden. Häftlinge wurden im Steinbruch selbst einfach erschlagen, wenn sie nicht mehr in der Lage waren zu arbeiten, oder im Lager »zu Tode gebadet«, was nichts anderes hieß, als daß sie ertränkt wurden. Tausende ließ man im Winter 1941/42 im Steinbruch erfrieren. Tausende aber auch vergaste man in den Gaskammern des Lagers mit Zyklon-B oder brachte sie mittels Herzinjektionen um. Im Rahmen des »Euthanasie-Programms« wurden auf Schloß Hartheim in der Nähe von Linz mehr als 10 000 Geistesgestörte und Häftlinge aus Mauthausen und Dachau getötet.[39] Und in Mauthausen, im Hauptlager, wurden wie in vielen anderen Konzentrationslagern pseudo-wissenschaftliche Experimente an Häftlingen durchgeführt.[40]

Albert Pfaus war von 1940 bis 1943 im Konzentrationslager Sachsenhausen. Dann verlegte man ihn mit einem Arbeitskommando von ungefähr 50 Männern, darunter vier Sinti, nach Prettin, wo er im Heereslager Verladearbeiten ausführen mußte. Noch im Jahre 1943 brachte man ihn nach Mauthausen und Gusen. In Gusen mußte er in einem Baukommando arbeiten, das mit einer großen Fräsmaschine, wie er sagt, »sich in den Berg hineingegraben hat«. Er mußte Sand wegschaffen und beim Ausbetonieren der Stollen helfen. Später, als in den Stollen bereits Fluzeugteile gefertigt wurden, hat man ihn zu Handlangerdiensten abgestellt; er brachte den Häftlingsfacharbeitern an den Maschinen Werkzeuge und Fertigungsteile. Er mußte zwölf Stunden am Tag arbeiten, unterbrochen nur von einer

Strafkompanie auf der »Todesstiege« des KZ Mauthausen, Frühjahr 1942 (links)

kurzen Mittagspause. Im Unterkunftslager mußte er den Schlaf-platz auf der Pritsche mit zwei anderen Häftlingen teilen. Die Häftlinge mußten sieben Tage in der Woche arbeiten. Nur einmal im Monat gab es einen freien Sonntag, den sogenannten Tag der »Maschinenruhe«, der weniger den Häftlingen galt als den Maschinen, die an diesem Tag überholt wurden. Auch hier gab es täglich Prügelstrafen, und viele Häftlinge sind erschlagen worden oder an Entkräftung gestorben. Jeden Tag wurden die Häftlinge in kleine Waggons und unter SS-Bewachung zum Berg gefahren, der von einer Postenkette aus Wehrmachtssoldaten umstellt war.

In einem Transport von 40 bis 50 Sinti kam Eduard Hauer im Frühjahr 1942 von Leipzig nach Mauthausen. Als die Häftlinge am Bahnhof in Mauthausen ankamen, wurden sie unter Schlägen mit Ochsenziemern und Stößen mit Gewehrkolben aus den Waggons getrieben und zum Lager gebracht. Eduard Hauer kam mit einigen anderen Sinti in Block 5. Er wurde als Steinträger in den »Wiener Graben« geschickt. Dann brachte man ihn für ein halbes Jahr nach Gusen I zum Stollenbau; anschließend – es war im August oder September 1943 – nach Wiener Neudorf in die Flugmotorenwerke Ostmark. Dort wurde er mit weiteren 20 bis 25 Sinti in einer Werkshalle eingesetzt, in der Motoren hergestellt wurden. Er erinnert sich, daß die Motoren in Messerschmitt-Flugzeuge eingebaut wurden. Es seien dort auch vollständige Flugzeuge montiert worden. Im nahegelegenen Waldstück war ein Ersatzteillager, aus dem Eduard Hauer die angeforderten Teile in die Werkshalle bringen mußte. Auch hatte er in der Werkshalle selbst Schrauben und Muttern zu sortieren und an die einzelnen Arbeitsplätze zu schaffen. Die Häftlinge wurden von der SS bewacht. Gaben sie einmal falsche Schrauben oder Muttern aus, so war dies für die SS Anlaß, sie zu prügeln. Das Barackenlager lag in unmittelbarer Nähe des Werkes. Zu essen erhielten die Häftlinge abends ein Stück Brot, einen Löffel Marmelade und einen Löffel Quark, morgens außer ein wenig Kaffee, der diesen Namen kaum verdiente, nichts, mittags eine Steck- oder Zuckerrübe. Nach einem Luftangriff im Frühjahr 1944, bei dem das Häftlingsbarackenlager zerstört wurde, kamen die annähernd 2500 Häftlinge in ein neues Lager unweit der Stadt Mödling, wo sie unter erschwerten Bedingungen bis zur Befrei-

ung in einer Reihe von Rüstungsbetrieben weiter zu Sklavenarbeit herangezogen wurden.

Aber auch in Mauthausen und seinen Nebenlagern hatte man
Sinti und Roma nicht nur zu Handlangerdiensten und anderen
Arbeiten eingesetzt. So gab es unter den Hunderten von Sinti und
Roma viele, die als qualifizierte Häftlinge Sklavenarbeit leisten
mußten. Der Roma Wladyslaf Majewski, der heute in Polen lebt,
war in der Zeit von 1940 bis 1945 nicht nur in den Steinbrüchen
von Mauthausen und Gusen, sondern mußte auch bei Messerschmitt in Gusen II als Fräser Teile für Flugzeuge fertigen. Andere
waren als gelernte Maurer, Schreiner oder Steinmetze im
Arbeitseinsatz.

Viele Sinti und Roma wurden zwar nicht vom Konzentrationslager Mauthausen aus für die Rüstungsindustrie zum Arbeitseinsatz abgestellt, ihre Arbeit unterlag aber nichtsdestoweniger
einem Zwangscharakter. So berichten einige Sinti und Roma, daß
sie im Frühjahr 1944 im Rüstungsbetrieb der Firma Müller in
Traismauer Zwangsarbeit leisten mußten. Sie waren in der Stadt
»festgeschrieben«. In der Fabrik, in der sie Schrauben und andere
Metallwaren herstellen mußten, standen sie nicht unter Bewachung. Dennoch mußten sie ohne Lohn und ausreichende Verpflegung zwölf Stunden am Tag arbeiten. Sie hatten für ihren
Lebensunterhalt, den sie sich durch ihre Arbeit nicht sichern
konnten, selbst zu sorgen. Als einige der etwa 30 Sinti und Roma,
die in der Fabrik arbeiteten, im Herbst 1944 zur Gestapostelle der
Stadt vorgeladen wurden, flohen sie und entzogen sich dadurch
einer Gefangennahme und Einlieferung in ein Konzentrationslager.

Die Anzahl der Flugzeuge, die von Messerschmitt in den
Jahren 1939 bis 1945 gebaut wurden, belief sich auf 44 186,
davon allein 33 675 Jäger vom Typ Me 109.[41] Der Anteil an der
Gesamtproduktion von Flugzeugen der Messerschmitt AG in
Flossenbürg und Mauthausen (Gusen) betrug ein Drittel.[42] Das
Flugzeugbau-Unternehmen hatte bei einer Beschäftigungszahl
von über 27 000 im Jahre 1944 eine Umsatz von 250 Millionen
Reichsmark.

Willy Messerschmitt, der tüchtige Flugzeugkonstrukteur, ging
nicht nur bei SS-Dienststellen ein und aus, sondern beteiligte sich

aktiv an der Planung der Rüstungsprogramme der Flugzeugindustrie. Am 27. Juni 1943 trafen sich sieben führende Flugzeughersteller – unter ihnen Ernst Heinkel und Willy Messerschmitt – mit Hitler auf dem Obersalzberg, um die rasche Beschleunigung der Serienfertigung bereits in der Produktion befindlicher und neuer Flugzeugtypen zu beschließen. Im Anschluß an diese Besprechung begann für Messerschmitt und die anderen Flugzeugbauer eine bis Kriegsende dauernde Zusammenarbeit mit den »Deutschen Erd- und Steinwerken« und der SS.

Willy Messerschmitt, der im Jahre 1933 der NSDAP beigetreten war, wurde nach dem Krieg zu einigen Monaten Gefängnishaft verurteilt, und dies nur deswegen, weil er dem Gericht nicht glaubhaft machen konnte, dem Hitler-Regime ernsthaften Widerstand geleistet zu haben.

VI. Vom Konzentrationslager Natzweiler-Struthof in das Außenlager Neckarelz – Sinti und Roma als Sklavenarbeiter in den Stollen des Verlagerungsprojekts »Goldfisch« der Daimler Benz Motoren GmbH

Am 9. November 1943 wurden »einige hundert junge, gesunde Zigeuner-Häftlinge«[1] von Auschwitz-Birkenau nach Natzweiler-Struthof »überstellt«. Bevor ein Teil von ihnen im Frühjahr 1944 zur Sklavenarbeit in das Außenlager Neckarelz kam, hatte man die meisten zu pseudomedizinischen Experimenten mißbraucht. So berichtet Heinrich Steinbach, der Anfang 1944 mit einem Transport von 80 jungen Sinti und Roma von Auschwitz nach Natzweiler kam, daß er zwei Spritzen erhalten und daraufhin sechs bis acht Wochen mit hohem Fieber im Krankenrevier gelegen habe. Ähnlich erging es Silvester Lampert, dem man am Arm eine Wunde zufügte und sie mit einem unbekannten Erreger infizierte. An den Namen des Arztes oder Sanitäters kann er sich nicht mehr erinnern, nur daran, daß der Versuch in einem Raum des Krankenreviers vorgenommen wurde, in dem sich viele Gläser mit konservierten Organen befanden. Man drohte ihm, daß auch eines seiner Organe in diese Sammlung ehemals berühmter Frankfurter Juden aufgenommen werden würde, sollte er auf den Gedanken kommen, den Verband an seinem Arm abzunehmen. Franz Hauer, der im selben Transport, in dem sich auch Heinrich Steinbach befand, nach Natzweiler gebracht wurde, wurde mit Malariaerregern infiziert und sogenannten Gasversuchen ausgesetzt. Er erzählt, daß dabei sehr viele Sinti und Roma umgekommen seien; von ungefähr 100 Sinti hätte allerhöchstens ein Fünftel die Versuche überlebt. Sowohl Juden als auch Sinti und Roma wurden in Natzweiler mit Typhuserregern infiziert; aber auch Polen und Russen mußten pseudomedizinische Versuche über sich ergehen lassen. Man ermordete Häftlinge in der Gaskammer mit Senfgas (Lost) und erprobte an ihnen Gegenmit-

Lagereingang des KZ Natzweiler-Struthof

tel, die in den meisten Fällen keine Wirkung zeigten und ihren Tod zur Folge hatten. Außerdem wurden Fleckfieberimpfungen und Sterilisationsversuche durchgeführt und mit Phosphor experimentiert.

Der Leiter des Anatomischen Instituts der Universität Straßburg, Professor Dr. August Hirt, versprach sich von diesen Humanversuchen neue Erkenntnisse in der Medizin. In den Kellerräumen seines Instituts sammelte er zum Zwecke anatomischer Studien eine Vielzahl von Leichen und Leichenteilen ermordeter Häftlinge des Konzentrationslagers Natzweiler. Hirt ließ im Jahre 1943 etwa hundert »typische Juden« aus Auschwitz, die dort ein Dr. Berger für ihn ausgesucht hatte, in Natzweiler durch Gas töten und in seine Sammlung nach Straßburg bringen.[2] Natürlich nahm man für die Versuche nicht jeden beliebigen Häftling; sie mußten einigermaßen gesund und widerstandsfähig sein, sie mußten – wie es im pseudowissenschaftlichen SS-Jargon hieß – »brauchbar« sein, jenes »brauchbare Material« bilden, das man unter den Häftlingen »ausmusterte«. Auch ein

Gaskammer der SS-Ärzte im KZ Natzweiler

gewisser Dr. Eichbach führte in Natzweiler von Anfang Dezember 1943 bis Herbst 1944 Experimente an Häftlingen durch, er injizierte sogenanntes Antigens. Vermutlich wurden zu diesen Versuchen auch Sinti und Roma herangezogen, denn einige wurden in dieser Zeit von Neckarelz nach Natzweiler »rückübergestellt«.

In Natzweiler, das mit einer Lagerstärke zwischen 7000 und 8000 Häftlingen ohne Außenlager im September 1944 – zum Zeitpunkt seiner Auflösung – eher zu den kleinen Konzentrationslagern des Reiches gehörte, gab es einen Steinbruch der DEST, in dem man damit begonnen hatte, Stollen für unterirdische Fabrikationsstätten anzulegen. Ein Teil der Häftlinge muße im Lager selbst Junkers-Flugzeugmotoren zerlegen und Lufttorpedos schweißen. Einige Häftlinge waren im Junkers Flugzeug- und Motoren-Werk in Straßburg-Meinau. Sinti und Roma wurden zu diesen Arbeiten nicht herangezogen.

Natzweiler hatte rund vierzig Außenkommandos. Soweit bekannt ist, waren Sinti und Roma außer in Neckarelz und

Neckargerach nur im Außenlager Schörzingen im südlichen Schwarzwald. Hier baute die Kohle-Öl-Union von Busse KG für die Deutsche Ölschiefer-Forschungsgesellschaft GmbH Schiefer ab, aus dem technische Öle gewonnen werden sollten.[3] Häftlinge des Konzentrationslagers Natzweiler wurden an so unterschiedlichen Orten eingesetzt wie in einer Elsässischen Spezial Großkellerei in Markirch, in der vermutlich für die Rüstung gearbeitet wurde, auf dem Frankfurter Flughafen, auf dem Ausbesserungsarbeiten durchgeführt werden mußten, der Deutschen Versuchsanstalt in Heppenheim, der Württembergischen Metallwarenfabrik (WMF) in Geißlingen, der Minett AG in Longwy (d.h. Volkswagenwerk in Fallersleben), den Bayerischen Motorenwerken mit einem Zweigbetrieb in Neunkirchen[4] oder dem Preßwerk der Messerschmitt AG in Leonberg-Eltlingen. Aber auch kleine Handwerksbetriebe und landwirtschaftliche Betriebe konnten Häftlinge beim Lagerkommandanten in Natzweiler anfordern und in vielen Fällen erhalten, sofern sie nur den kriegswichtigen und dringlichen Charakter der Arbeit glaubhaft machen konnten. So forderte zum Beispiel am 18. September 1943 der Maurermeister Wendelin Lang in Hörden im Murgtal, ihm für im Auftrag der Deutschen Reichsbahn auszuführende Gleisoberbauarbeiten auf der Baustelle in Herlisheim bei Straßburg und Röschwoog bei der Lagerkommandantur Natzweiler »ca. 125 Mann aus der Zahl der dort untergebrachten Häftlinge ... zu überlassen, gegen die vom Lager zu fordernde, tarifliche (!) Entlohnung und Bezahlung«[5]. Kleine Häftlingsgruppen stellte man in Naztweiler und seinen Außenlagern zu sogenannten Bombensuchkommandos zusammen; sie hatten nach Luftangriffen Bomben nicht nur freizulegen, sondern – was weitaus gefährlicher war – zu entschärfen. Im Mai oder Juni 1944 wurde ein solches Kommando aus sechs Häftlingen gebildet, unter ihnen waren auch zwei Sinti. Wie eine handschriftliche Liste – vermutlich die eines Kapos – zeigt, handelte es sich dabei um die »Zigeuner« Willy Herzberg und Rudolf Guttenberger mit den KZ-Nummern Z 6595 und Z 6562.[6]

Die verstärkten Luftangriffe der Alliierten im Jahre 1943 ließen es ratsam erscheinen, neben vielen anderen Rüstungsbetrieben auch das Daimler-Benz Flugmotorenwerk in Genshagen bei Berlin zu verlagern. In Kooperation mit staatlichen Stellen und der SS-Bauleitung der Amtsgruppe C (Bauwesen) des WVHA unter ihrem Chef Kammler setzte sich die Daimler-Benz AG für eine Verlagerung des Flugmotorenwerkes in die stillgelegte Gipsgrube »Friede« der Portland Zementwerke Heidelberg in Obrigheim gegenüber von Neckarelz ein. Gegen den Widerstand des konzerneigenen Verlagerungsbaustabes setzte Konzernchef Dr. Haspel durch, daß die Bauarbeiten in Obrigheim der SS-Bauleitung beziehungsweise dem SS-Führungsstab A 8, der zugleich für den Einsatz von Konzentrationslagerhäftlingen verantwortlich war, übertragen wurden.[7] Im März 1944 nahm der SS-Führungsstab des Konzentrationslagers Natzweiler die notwendigen Baumaßnahmen in Angriff und steckte sich das Ziel, »die Bauarbeiten mit 500 KZ-Häftlingen innerhalb 8 Wochen auszuführen«.[8] Natürlich war zum Ausbau der Stollen unter Einsatz von Baufirmen wie Wayss & Freytag, Grün & Bilfinger und Dyckerhoff & Widmann eine weit höhere Anzahl von Häftlingen erforderlich, und auch der für den Ausbau vorgesehene Zeitraum sollte sich länger hinziehen. Nichtsdestotrotz gingen die Bauarbeiten zügig voran, so daß gegen Ende Juni 1944 die ersten Maschinen von Genshagen nach Obrigheim in die Stollen gebracht werden konnten.

Am 22. Juni 1944 teilte das Konzentrationslager Natzweiler dem Arbeitsamt in Schirmeck mit, daß für das Bauprojekt »A 8«, das allgemein unter dem Decknamen »Goldfisch« bekannt war, 2055 Häftlingshilfsarbeitskräfte im Einsatz waren.[9] Als »Goldfisch GmbH« hatte die Daimler-Benz AG den neu gegründeten Betrieb ins Handelsregister eintragen lassen. Am 21. März 1944 wurden die ersten Häftlinge in das Außenlager Neckarelz transportiert. Allerdings kam der überwiegende Teil der 500 Häftlinge nicht aus dem Hauptlager Natzweiler, sondern wurde auf Anforderung der Lagerkommandantur aus Dachau »überstellt«. Ob sich unter ihnen auch Sinti und Roma befunden haben, konnte nicht festgestellt werden; dies galt auch für jene 900 Häftlinge, die am 27. April 1944 von Groß-Rosen kommend, in Neckargerach, einem Anfang desselben Monats gegründeten Unterlager von Neckarelz, eintrafen. In den folgenden Wochen und Monaten kamen weitere Transporte nach Neckarelz und Neckargerach;

am 15. Mai 600 Häftlinge aus Oranienburg, am 23. Juli weitere 1000 französische Häftlinge aus dem Konzentrationslager Dachau, die auf die Unterlager verteilt worden waren[10]. Im Zuge der Evakuierung des Lagers Natzweiler trafen im August 1944 unter anderem 300 Häftlinge des Außenkommandos Wesserling-Urbis in Neckarelz ein; sie waren für ein Daimler-Benz-Werk in Kolmar zur Sklavenarbeit unter Tage »abgestellt«.[11] Berücksichtigt man die jeweiligen »Abgänge« in den einzelnen »Arbeitslagern«, so läßt sich sagen, daß im Außenlager Neckarelz und seinen fünf Unterlagern Ende des Jahres 1944 zusammen etwas mehr als 3000 Sklavenarbeiter inhaftiert waren.[12]

Fünf Tage nachdem Vertreter der Daimler-Benz Flugmotorenwerke in Genshagen am 13. April 1944 zum erstenmal die Baustelle in Obrigheim besucht hatten, brachte man in einem Transport insgesamt 90 Häftlinge von Natzweiler nach dem Außenkommando Neckarelz. Wie aus einer »Überstellungs«-Liste des Konzentrationslagers Natzweiler zu ersehen ist, sind unter 50 Häftlingen 29 »Zigeuner« aufgeführt, unter ihnen die noch heut lebenden Sinti Kurt Adler, Heinrich Steinbach, Heinrich Schmidt und Silvester Lampert.[13] Hatte man bei den übrigen 21 Häftlingen, die auf der Liste aufgeführt sind, noch die Berufsbezeichnung hinzugefügt, und sei es nur als »Arbeiter ohne Berufsausbildung«, so hatte man selbst auf diese knappe Bezeichnung bei den Sinti und Roma verzichtet. Nach Aussagen der genannten Sinti kamen im Frühjahr 1944 weitere Transporte mit Sinti und Roma nach Neckarelz und seine neu gegründeten Nebenlager. Unter Berücksichtigung dieser Aussagen kommt man für den Zeitraum von zwölf Monaten, in denen das Lager Neckarelz bestanden hatte, auf eine Anzahl von 150 bis 200 Sinti und Roma.

Heinrich Steinbach erzählt, wie sie (»so zwischen 70 und 80 Sinti«) nach der grausamen Tortur der medizinischen Experimente, die sie in Natzweiler glücklicherweise überstanden hatten, völlig geschwächt und entkräftet und kaum in der Lage zu

Mitteilung des KZ Natzweiler an das Arbeitsamt in Schirmeck über den Einsatz von KZ-Häftlingen in Rüstungsprojekten Bundesarchiv Koblenz NS 4 Na 77 (rechts)

Konzentrationslager Natzweiler   Natzweiler,den 22.6.1944
  Abt.III-Arbeitseinsatz

Betr.: Mitteilung an die Arbeitsämter über den Einsatz
     von Häftlingen bei Privat-u.Rüstungsbetrieben.
Bezug: Verfügung vom 26.9.42 D II 14 La./Hag. und
     D II/1 14 g So./Ri.
Anlg.: keine

An das
Arbeitsamt in

S c h i r m e c k .

    Zur im Bezug erwähnten Verfügung wird gemeldet:

    am 21.6.1944 befanden sich in den einzelnen Betrieben folgende
Häftlinge:

B e t r i e b :	Facharb.:	Hilfsarb.:	Anmerkung
SS-Führungsstab A 7	30	1408	
SS-Führungsstab A 8	–	2055	
SS-Führungsstab A 9	25	642	
SS-Führungsstab A 10	–	1230	
Arbeitslager Longwy	–	500	
Elsässer Spezial Großkellerei Markirch	726	–	
Junkers-Flugzeug-Motoren-Werke Straßburg-Meinau	–	25	Kdo.Rotau
Deutsche Erd- u. Steinwerke Rotau	190	320	
Baultg.d.Waffen-SS u.Polizei Natzweiler	65	235	
Baultg.d.Waffen-SS u.Polizei Oberehnheim	25	135	
Baultg.d.Waffen-SS u.Polizei Sennheim	60	189	
Baultg.d.Waffen-SS u.Polizei Metz	–	109	
Baultg.d.Waffen-SS u.Polizei Pelters	3	47	
Deutsche Versuchsanstalt in Heppenheim	10	50	
~~W.L II der Waffen-SS Iffesheim~~	~~9~~	~~66~~	
Deutsche Oelschiefer-Forschgs.GmbH. Schömberg	38	362	
Kohle-Oel-Union von Busse K.G. Schörzingen	16	94	
Lias-Oelschiefer-Forschungsges.mbh, Frommern	40	80	
Baultg.d.Waffen-SS u.Polizei Erzingen	12	88	
SS-Arbeitslager b.Stuttgart Freßw. Leonberg	318	324	
~~SS-Arbeitsschule Oberehnheim~~	~~2~~		

                             Der Arbeitsdienstführer

                             SS-Oberscharführer

Nach dem Aus.Kdo. "Neckarela" werden folgende Häftlinge überstellt:

1.	43	B.V.	Haufe	Walter	15. 7.19	Schneider
2.	215	"	Müller	Adolf	9. 5.10	Kraftfahrer
3.	329	Polit.	Bilski	Ludwig	12. 5.19	Arbeiter
4.	809	"	Pistohl	Walter	29. 9.08	Fabrikarbeiter
5.	833	Aso	Reinhardt	Adolf	24. 9.19	Arbeiter
6.	1533	B.V.	Ring	Karl	24. 9.05	Arbeiter
7.	2104	"	Rützel	Otto	1. 7.09	Fuhrmann
8.	2328	Lux.	Schmit	Johann	29. 7.13	Buchhalter
9.	2386	Russe	Prawiska	Konstantin	1. 6.22	Arbeiter
10.	2925	"	Misko	Gregori	2. 2.24	Arbeiter
11.	3030	B.V.	Rolf	Eduard	8. 3.96	Schmidd
12.	3724	Pole	Sguraki	Julian	14.12.21	Arbeiter
13.	3864	B.V.	Wetzel	Walter	21. 1.07	Arbeiter
14.	4243	Russe	Ostapenko	Bimitro	14.10.18	Arbeiter
15.	4249	Russe	Wasjuk	Hilko	2. 9.23	Arbeiter
16.	4670	B.V.	Reinmuth	Arthur	15.10.09	Schneider
17.	5429	Pole	Mlynarczek	Julius	11. 2.16	Photograf
18.	5530	B.V.	Spieß	Josef	23. 7.99	Kellner
19.	5765	"	Hotz	August	8.12.05	Maler
20.	5897	"	Artmeier	Franz	1. 9.09	Anstreicher
21.	6396	Russe	Jewstigujew	Iwan	5. 5.22	Arbeiter
22.	6507	Zigeuner	Horwart	Franz	20. 2.18	
23.	6508	"	Laueneburger	Erich	17. 3.23	
24.	6509	"	Gerste	Robert	14.10.22	
25.	6511	"	Bebstock	Mätto	29.12.22	
26.	6512	"	Daniel	Josef	18. 2.20	
27.	6513	"	Kier	Isidor	21.11.19	
28.	6514	"	Adler	Kurt	21. 7.22	
29.	6515	"	Gärns	Werner	26.12.18	
30.	6517	"	Kreutz	Karl	10.12.22	
31.	6519	"	Ferjo	Isidor	1. 3.23	
32.	6520	"	Reinhardt	Eugen	7. 8.21	
33.	6522	"	Rubicka	Karl	9. 2.17	
34.	6523	"	Rubicka	Rudolf	9. 7.14	
35.	6524	"	Janecek	Gottlieb	10. 6.06	
36.	6526	"	Supri	Johann	18. 3.20	
37.	6527	"	Steinbach	Heinrich	3. 9.21	
38.	6528	"	Lagerin	Friedrich	19. 4.20	
39.	6529	"	Georg	Rudolf	16.10.06	
40.	6530	"	Schmitt	Jakob	14. 4.07	
41.	6532	"	Munk	Rihan	10. 6.12	
42.	6533	"	Steinbach	Christian	19. 4.21	
43.	6534	"	Bäcker	Ludwig	5. 2.15	
44.	6535	"	Steinberger	Franz	10.12.19	
45.	6536	"	Kreits	August	27. 1.22	
46.	6537	"	Ries	Heinrich	24.11.04	
47.	6540	"	Lambert	Sylvester	21.12.21	
48.	6541	"	Schmidt	Heirich	20. 6.25	
49.	6543	"	Wack	August	19. 1.09	
50.	6544	"	Sattler	Josef	28. 8.23	

arbeiten, zu einem »Sonderkommando« zusammengestellt und mit der Eisenbahn nach Neckarelz transportiert wurden. »Wir wußten nicht, wohin es ging, auch haben wir uns gewundert, daß sie uns überhaupt mitgenommen haben, wo doch keiner von uns in diesem Zustand in der Lage war zu arbeiten. Als wir in Neckarelz ankamen, hat uns die SS zu einer Schule gebracht, in der wir einquartiert wurden.«

Heinrich Steinbach war im März 1943 in Koblenz verhaftet worden. Er war zunächst im RAD »318 West« in Karlsruhe, wo er im Bunkerbau und bei Rodungsarbeiten eingesetzt worden war. Dann hatte man ihn gemustert und zur Infantrie-Ersatz-kompanie 212 in Koblenz eingezogen. Ende 1942 wurde er als »N.z.v.« (Nicht zu verwenden), in Wahrheit aber aus rassischen Gründen aus seiner Einheit entlassen. Er arbeitete noch einige Zeit als Kraftfahrer, bevor man ihn mit seinen Eltern und Ge-schwistern und seiner Frau nach Auschwitz-Birkenau transpor-tierte. Von der 15 Mitglieder umfassenden Familie Steinbach haben nur er selbst und zwei seiner Brüder überlebt, alle anderen, auch seine Frau, wurden in den Gastod geschickt. Von Birkenau kam Heinrich Steinbach nach Auschwitz I ins Hauptlager, wo er bis November 1943 bei den DAW und im »Kommando Bauhof« arbeiten mußte. Als man einige hundert Sinti und Roma am Morgen des 9. November zum Appell antreten ließ und die kräftigsten unter ihnen für den Transport nach Natzweiler-Struthof aussuchte, sagte man ihnen, daß sie bevorzugt behandelt und in ein »Freiheitslager« gebracht würden, in dem sie nicht zu arbeiten hätten. Daß aber das, was sie dort erwartete und was sie dann zu erleiden und zu erdulden hatten, selbst noch die menschenschin-dende Arbeit übertraf, zu der man sie bis dahin gezwungen hatte, erfuhren sie erst, als sie zu jenen meist tödlich verlaufenden pseudomedizinischen Humanversuchen, von denen schon die Rede war, herangezogen wurden.

Unter den Sinti- und Roma-Häftlingen, die nach Natzweiler transportiert wurden, befand sich auch Franz Hauer; er war

Transportliste von KZ-Häftlingen aus Natzweiler zum Außen-lager Neckarelz vom 18.4.1944 (Nr. 22 bis 50: die »Zigeuner«) Bundesarchiv Koblenz NS 4 Na 93 (links)

damals 18 Jahre alt. Er war am 15. März 1943 in der Nähe von Brüx (Most) in der Tschechoslowakei verhaftet worden. Dort arbeitete er im Jahre 1940 in einer Kohlengrube der Sudetenländischen Bergbau AG, danach wurde er zur Zwangsarbeit beim Aufbau eines HGW-Konzerns, der Sudetenländischen Treibstoffwerke AG in Brüx[14], verpflichtet; man errichtete dort eine Anlage zur Benzingewinnung durch Verflüssigung von Kohle. Franz Hauer arbeitete als Bauarbeiter bei der Hoch- und Tiefbaufirma Siemens & Bresat; für seine Arbeit erhielt er lediglich zwei bis drei Reichsmark in der Woche. Bei Brüx gab es ein »Arbeitserziehungslager«, ein Lager, das – wie Franz Hauer sich erinnert – die Bezeichnung »KZ-Lager 29« trug. In dieses Lager waren Zwangsarbeiter wegen so geringer Verstöße wie zu spätes Erscheinen bei der Arbeit eingewiesen worden.

Die Schule in Neckarelz, in der man die Häftlinge zunächst unterbrachte, war mit einem doppelten Stacheldrahtzaun umgeben; bewacht wurde sie von Wachsoldaten der Luftwaffe. Am Eingang hatte man ein Schild mit der Aufschrift »Arbeitslager Neckarelz« angebracht. Einige Monate später, im Juli 1944, wurde am Bahnhof in Neckarelz unweit der Schule ein zweites Lager errichtet. Bereits Anfang April waren zwölf Kilometer flußabwärts in Neckargerach Häftlinge in die leerstehenden Baracken eines Reichsarbeitsdienst-Lagers einquartiert worden. Einer Aussage von Silvester Lampert zufolge hatte man am Ortsrand von Neckargerach ein Zeltlager für die Unterbringung von Häftlingen aufgestellt.

Die Sinti und Roma im Lager Neckarelz brachte man in einigen Wochen durch eine Art Sonderverpflegung wieder so weit zu Kräften, daß sie »arbeitsfähig« waren und in den zwei Kilometer entfernten, auf der anderen Seite des Neckars liegenden Stollenanlagen eingesetzt werden konnten. In Begleitung der Wachsoldaten wurden sie jeden Morgen, auch an Sonn- und Feiertagen, in aller Frühe über die Eisenbahnbrücke zu den Stollen gebracht. Während sie – wie sich Franz Hauer erinnert – nach Verlassen des Lagers sogleich ein Lied anstimmen mußten, schlossen die Einwohner des Ortes, als sie die Häftlinge hörten und herannahen sahen, Türen und Fensterläden. In den weiträumigen Stollenanlagen – sie dehnten sich auf einer Fläche

Eingangstor zum Stollen des »Goldfisch«-Projekts von Daimler-Benz in Obrigheim (1990)

von annähernd 40 000 Quadratmetern aus – wurden sie von den Meistern und Vorarbeitern der Baufirmen, die ihre Maschinen für das Bauprojekt zur Verfügung stellten, und später auch vom Daimler-Benz Flugmotorenwerk übernommen und den jeweiligen Arbeitsstellen und kleinen Arbeitskommandos zugewiesen. Diese zivilen Vorarbeiter und Meister und vor allem die Kapos der einzelnen Arbeitskommandos trieben die Häftlinge zur Arbeit an und schlugen sie, sobald sie in ihrer Arbeit nachließen oder etwas falsch machten. Silvester Lampert erzählt, daß es unter den freien Arbeitskräften auch einige gab, die für die Lage der Häftlinge Verständnis zeigten und ihnen manchmal halfen, soweit ihnen das möglich war. Bewacht wurden die Häftlinge unter Tage weder von SS-Leuten noch von Luftwaffensoldaten; man beschränkte sich darauf, die Grube als Ganze von außen durch eine Postenkette zu sichern. Die Daimler-Benz AG duldete keine SS in den Stollen. Natürlich gab es wie für alle anderen Rüstungs-

165

betriebe auch für das »Goldfisch«-Werk von Daimler-Benz einen Abwehrbeauftragten, der in Fällen von »Sabotage«, »Arbeitsverweigerung« und dergleichen einschritt und die jeweiligen Häftlinge, die dieser Vergehen bezichtigt wurden, der SS zur Aburteilung übergab.

Führende Vertreter von Daimler-Benz, namentlich die Herren Dr. Kurt Krumbiegel und Karl Christian Müller, wandten sich freilich fortwährend an SS-Dienststellen, um irgendwelche Wünsche und Beschwerden vorzutragen, sei es, daß die Bauarbeiten nicht rasch genug vorankamen oder die Anforderungen an die Qualifikation der Häftlinge nicht ausreichten, es hier und da an etwas mangelte, wobei in vielen Fällen die SS keine Abhilfe schaffen konnte. Hinsichtlich der Lage der Häftlinge zeigte sich der Konzern völlig gleichgültig und tat eigentlich nicht das Geringste, um ihre Lebensbedingungen zu verbessern, geschweige denn die größten Mißstände zu beseitigen, »die in letzter Konsequenz zum Tode einer Vielzahl von Häftlingen führte(n)«[15]. Da dient auch nicht der Hinweis als Rechtfertigung, »die Daimler-Benz AG schein(e)(!) mit (dem) Verlagerungsvorschlag wegen der hohen Feuchtigkeit in der Grube nicht einverstanden gewesen zu sein«; doch habe »das Unternehmen nachgeben müssen«, als man es mehr oder weniger dazu gezwungen hatte.[16] Nun hatte man freilich den Gesichtspunkt der Feuchtigkeit nicht wegen der Häftlinge vorgebracht, sondern wegen der leicht rostenden Werkzeugmaschinen, die bei den dazu noch stark schwankenden Temperaturen, wie man befürchtete, nicht mit der nötigen Präzision hätten bedient werden können. Daß es aber andererseits wegen des weichen Anhydritgesteins und aufgrund der hohen Luftfeuchtigkeit, die das Gestein in einem porösen Zustand hielt, bei den Bauarbeiten, vor allem beim Stollenvortrieb und Ausbau der Fabrikräume, zu vielen tödlichen Unfällen kam, war Daimler-Benz gleichgültig. Chronische Erkältungskrankheiten, die sich eine Vielzahl von Häftlingen durch ständig wechselnde Temperaturen, Zugluft, mangelnde Beheizung und Belüftung zuzog, wurden von den Verantwortlichen in den Stollen stillschweigend hingenommen.

Aber wer war für die Häftlinge in den Stollen veranwortlich? Die Daimler-Benz AG hatte mit der Vereinbarung über die

Die Fundamente des 1986 gesprengten »Kesselhauses« unter-
halb des Stolleneingangs in Obrigheim

Übernahme des Ausbaus der Stollenanlage durch die Bauleitung
der SS und die Verlagerung ihres Maschinenparkes in die
Gipsgrube zugleich auch die Verantwortung für die Häftlinge der
SS übertragen. Sie hat es sich mit dieser Vereinbarung sehr leicht
gemacht. War sie für das Los der Häftlinge auch nicht unmittelbar
zur Verantwortung zu ziehen, so war sie doch *mittelbar* verantwortlich für eine Vielzahl von Unfällen, z.B. für solche, die durch
mangelnde Sicherheitsmaßnahmen hervorgerufen wurden. Viele Häftlinge kamen durch herabfallendes Gestein von den Stol-
lendecken ums Leben, weil die Decken nicht hinreichend gesi-
chert waren. Hier hätte Daimler-Benz bei der SS vorstellig
werden können und darauf dringen müssen, daß durch entsprechende Vorkehrungen weitere Unfälle hätten vermieden werden
können. Statt dessen hat sie diese Zustände nicht nur hingenommen, so wie das Unternehmen in Obrigheim vieles hinnahm, was
den Häftlingen schadete und ihr Leid und ihre Not vergrößerte,

sondern konnte darüber hinaus die Verantwortung für das Schicksal der Häftlinge allein der SS anlasten. Daß diese Entlastung von der Verantwortung noch in anderer Hinsicht recht zweifelhaft erscheint, zeigt sich daran, daß man ein und dieselben Häftlinge, die unter dem SS-Führungsstab A 8 als Bauarbeitssklaven eingesetzt worden waren, nach und nach in die Produktion von Flugzeugteilen übernahm. Mit anderen Worten: Die Grenze zwischen den Häftlingen, die der SS-Bauleitung unterstanden, und denjenigen, die direkt für das Daimler-Benz Flugmotorenwerk arbeiten mußten, war fließend.

Sinti und Roma wurden im allgemeinen zu Stollen- und Ausbauarbeiten herangezogen; sie mußten loses Gestein aus den Stollen bringen oder Zement und andere Baustoffe in Loren hineinfahren sowie Planierungs-, Betonierungs- und Maurerarbeiten ausführen. Sie hatten Fundamente anzulegen und später, als man die ersten Maschinen aus Genshagen zum Bahnhof Neckarelz brachte, diese Maschinen in die Stollen zu befördern und auf den Fundamenten zu installieren.

Alles mußten sie für Daimler-Benz tun, oder – um es mit den Worten eines Autors des »Daimler-Benz-Buches« auszudrücken – alles, was in Obrigheim geschah, »geschah für Daimler-Benz, auf Veranlassung von Daimler-Benz oder mit Kenntnis von Daimler-Benz«.[17]

Selbst jene Sinti wie Anton Rose, Vinzenz Rose und Silvester Lampert und andere, die im »Kommando Elektro« unter Anleitung von Elektrikern und Fernmeldetechnikern der Firmen Siemens, AEG und BBC die Grube elektrifizierten und das Fernsprechnetz einrichteten, mußten für Daimler-Benz arbeiten. Dabei kam es nicht selten vor – wie Silvester Lampert erzählt –, daß ein Häftlingsbautrupp dieses Kommandos außerhalb der Grube für das Verlagerungswerk nicht nur Telefonmasten setzen und Telefonkabel verlegen, sondern in sogenannten Privatkommandos auch Telefonanschlüsse für private Haushalte installieren mußte.

Im »Goldfisch«-Werk von Daimler-Benz war den Häftlingen jeder direkte Kontakt mit den freien »reichsdeutschen« Arbeitern untersagt. Verstöße gegen dieses Verbot wurden im allgemeinen von den Kapos angezeigt und mit Stockhieben bestraft. Alle befragten Sinti und Roma berichten, daß sie nicht wußten, für wen sie arbeiten mußten. Anders gesagt: Keiner wußte, daß er für Daimler-Benz Sklavenarbeit verrichten mußte, so gut hatte es das Unternehmen verstanden, sich zu tarnen.

Die Häftlinge des Verlagerungswerkes nahmen um die Mittagszeit ihr kärgliches Mahl, bestehend aus einer Steckrübensuppe und einem Stück Brot, außerhalb der Gipsgrube, auf den Wiesen des Neckarufers ein. Eines Tages, so erzählt Silvester Lampert, versuchte ein junger russischer Häftling, sein Eßgeschirr im Neckar zu waschen. Als er sich dem Ufer näherte und am Rande des Neckars niederknien wollte, wurde er von den tödlichen Schüssen zweier Wachsoldaten getroffen. Zu einer Anzahl von Exekutionen kam es im Lager Neckargerach, in das man im Laufe des Jahres 1944 auch Sinti und Roma gebracht hatte. Hier wurde unter anderem ein junger Franzose erhängt, der von einem anderen Häftling bezichtigt worden war, eine Flucht geplant zu haben. Die SS hatte sich nicht die Mühe gemacht nachzuprüfen, ob die Behauptung der Wahrheit entsprach, sie hängte den jungen Mann einfach kurzerhand an einem Weidenbaum auf. In einem anderen Fall war nach dreimaligem Versuch, einen Häftling zu erhängen, dieser noch immer am Leben, worauf zwei SS-Männer an seinen Beinen zogen, um den Tod herbeizuführen. Von solchen und ähnlichen Vorfällen, und sei es nur, daß die Häftlinge täglich Prügelstrafen über sich ergehen lassen mußten oder Schikanen und Drohungen ausgesetzt waren, war das Leben im Lager bestimmt.

Daimler-Benz-Direktor Karl C. Müller plante gegen Ende des Krieges, die Verpflegung der Häftlinge von ihrer Arbeitsleistung abhängig zu machen. In zynischer Weise versuchte er das Prinzip durchzusetzen: Wer nicht arbeitet, soll auch nicht essen. Die Nahrungsmittelzuteilung sollte entsprechend der erbrachten Arbeitsleistung erfolgen, wobei die Häftlinge selbst einer bestimmten Klassifikation unterzogen werden sollten. »Die zur Durchsetzung der Zwangsarbeit eingeführten Druckmittel wie körperliche Strafen, Einweisung in ein Arbeitserziehungslager oder Übergabe an die Gestapo sollten durch weitere Differenzierung des Strafsystems ergänzt werden. Die Gruppe mit der geringsten Arbeitsleistung ... sollte gegen neue Arbeits-

kräfte ausgetauscht werden, die dann ebenfalls der Leistungsprüfung zu unterziehen war. Zur Aufnahme der Arbeitskräfte der
untersten Kategorie sollten 'besondere Lager' dienen, in denen
die Häftlinge entsprechend 'ihrer Leistung auch verpflegt werden'«.[18] Hielten die neuen Arbeitskräfte der Leistungsprüfung
nicht stand, so sollte auch ihnen die Verpflegung gekürzt werden,
wobei man in Kauf nahm, daß sie in den vorgesehenen »Sonder-
lagern« an Hunger starben. Die Nahrungsmittelzuteilung mußten
sich die Häftlinge also durch eine entsprechende Arbeitsleistung
überhaupt erst »verdienen«. Die rücksichtslose Ausbeutung der
Sklavenarbeiter in den »Musterbetrieben« des »Dritten Reiches«
führte zu Maßnahmen, durch die sich das Prinzip »Vernichtung
durch Arbeit« uneingeschränkt durchsetzen konnte. Die spätere
Rechtfertigung, man habe die Häftlinge human behandelt, klingt
im Hinblick auf diese Verhältnisse nur zynisch.

Als die Häftlinge des Lagers Neckarelz und seiner Unterlager
Ende März 1945 zu den Todesmärschen Richtung Dachau ge-
zwungen wurden, gelang es einigen Sinti und Roma zu fliehen.
Aus dem Lager oder dem Stollen zu entkommen, war nahezu
ausgeschlossen, und die wenigen, die es trotzdem schafften,
wurden bald wieder eingefangen und hingerichtet. Von den
Häftlingen der Sinti und Roma gelang nur Vinzenz Rose die
Flucht. Er hatte Verbindungen »nach draußen«. Sein Bruder
Oskar Rose, der selbst vor der Gestapo und der SS auf der Flucht
war, konnte unter Einsatz seines eigenen Lebens diese Flucht im
Sommer 1944 organisieren. Unter dem Fahrersitz des Lastkraft-
wagens einer Baufirma, die Material nach Obrigheim lieferte,
konnte Vinzenz Rose am 30. August 1944 unbemerkt aus dem
Verlagerungswerk gebracht werden.

Der Abtransport nach Dachau erfolgte zunächst in Richtung
Schwäbisch Hall. Da aber die Bahnstrecke unterbrochen war,
mußten die Häftlinge zu Fuß weitergehen. Viele sind auf diesem
Todesmarsch ums Leben gekommen. Die rund 200 Sinti und
Roma, die unter den 3000 bis 4000 Häftlingen des Zuges waren,
kamen zum Flughafen München-Riem, wo man sie in Pferde-
ställen unterbrachte. Noch in den letzten Kriegstagen wurden sie
gezwungen, das Rollfeld des Flughafens, das durch ständige
Luftangriffe schwer beschädigt worden war, notdürftig auszu-

bessern. Franz Hauer, Silvester Lampert, Heinrich Steinbach und andere Sinti konnten von dort fliehen und sich in der Nähe von München bei Bauern verstecken, bis sie Anfang Mai 1945 von amerikanischen Soldaten befreit wurden.

Dem Leid der Häftlinge, die für Daimler-Benz Sklavenarbeit leisten mußten, steht jene nackte geschäftsmäßige Bilanz gegenüber, die den wirtschaftlichen Erfolg des Unternehmens während der zwölfjährigen Gewaltherrschaft des Nationalsozialismus zeigt. Er wurde unter Einsatz von Konzentrationslagerhäftlingen, Kriegsgefangenen und »Fremdarbeitern« erzielt und bildete nach dem Zusammenbruch die Grundlage für den Neubeginn des renommierten Unternehmens. In den Jahren 1933 bis 1945 wurden in das Unternehmen 686,5 Millionen Reichsmark neu investiert; das Kapital stieg im selben Zeitraum von 79 auf 445 Millionen Reichsmark. Der Umsatz hatte sich in diesen Jahren verzehnfacht, wobei zwischen 1942 und 1944 ein gewaltiger Sprung zu verzeichnen war; er stieg in diesen wenigen Jahren von 65 auf 954 Millionen Reichsmark. Im Jahre 1933 erzielte die Daimler-Benz AG einen Bruttogewinn von 14,37 Millionen Reichsmark; zehn Jahre später waren es 185,9 Millionen Reichsmark. In der Zeit von 1933 bis 1944 hatte das Unternehmen einen Umsatz von 6,079 Milliarden Reichsmark; es erwirtschaftete in dieser Zeit einen Bruttogewinn in Höhe von 1,139 Milliarden Reichsmark.[19]

Der Anteil der »Fremdarbeiter«, Kriegsgefangenen und KZ-Häftlinge an der Gesamtbelegschaft von 92 297 Beschäftigten aller Daimler-Benz-Werke (Hauptwerk, Organgesellschaften und Wehrmachtswerke) im Jahre 1944 betrug 42 359, das waren rund 40 Prozent.[20] Sie dürften zu einem nicht unerheblichen Maße zum Erfolg des Unternehmens beigetragen haben.

VII. Chronologie des Völkermords an den Sinti und Roma

1931
Beginn der Erhebungen über die beiden »außereuropäischen Fremdrassen« in Deutschland (Juden und »Zigeuner«) durch die »NS-Auskunftei« des »SD des Reichsführers SS« in München.

1933
Forderung des »Rasse- und Siedlungsamtes« der SS in Berlin, die »Zigeuner und Zigeunermischlinge« zu sterilisieren.

15. September 1935
Verkündung der »Nürnberger Rassegesetze«. Die juristischen Kommentare 1936: »Artfremden Blutes sind in Europa regelmäßig nur die Juden und die Zigeuner.« Die Heirat von Sinti mit Nicht-Sinti wird verboten.

November 1936
Einrichtung des »Rassehygieneinstituts« unter Leitung von Dr. Robert Ritter im Reichsinnenministerium.

1937 und 1938
Berufsverbote für Selbständige und Beamte. Auflage der »Rassensondersteuer« bei der Lohnsteuer, »da die Zigeuner gewisse rassische Ähnlichkeiten mit den Juden aufweisen« (Parteikanzlei der NSDAP).

13. – 18. Juni 1938
Verstärkte Deportationen nach dem Kriterium »Zigeuner, männlich, erwachsen und standesamtlich nicht verheiratet« in die Konzentrationslager Dachau und Buchenwald und später auch Mauthausen.

August 1938

Himmlers »Rassenforscher« Dr. Adolf Würth: »Die Zigeunerfrage ist uns heute in erster Linie eine Rassenfrage. So wie der national-sozialistische Staat die Judenfrage gelöst hat, so wird er auch die Zigeunerfrage grundsätzlich regeln müssen.«

1. Oktober 1938

Übernahme der NS-»Zigeunerpolizeistelle« München in das Reichskriminalpolizeiamt (ab 27.9.1939 Amt V des Reichssicherheitshauptamtes, RSHA) unter Leitung von SS-Oberführer Arthur Nebe, dem nun auch Ritter untersteht. Die Deportation der Juden und »Zigeuner« führt Adolf Eichmann im Amt IV, B4 durch. Die Gestapo zieht das bei den Deportationen geraubte Vermögen der Sinti und Roma ein.

8. Dezember 1938

Himmlers »Grunderlaß«: Es sei »die Regelung der Zigeunerfrage aus dem Wesen der Rasse heraus in Angriff zu nehmen«. Die »Feststellung« der »Zigeuner«-Zugehörigkeit treffe das RSHA aufgrund Ritters »Rassegutachten«.

21. September 1939

Besprechung des Amtschefs der Sicherheitspolizei und der Leiter der Einsatzgruppen unter Vorsitz Heydrichs zur Vorbereitung der Deportation der »restlichen 30 000 Zigeuner« aus dem Reichsgebiet nach Polen.

13. Oktober 1939

SS-Hauptsturmführer Braune benachrichtigt Eichmann. SS-Oberführer Nebe bittet »um Auskunft, wann er die Berliner Zigeuner schicken kann«.

16. Oktober 1939

Der »SD Donau« teilt SS-Oberführer Nebe mit, dem ersten am 20. Oktober 1939 von Wien abgehenden »Judentransport können drei bis vier Waggon Zigeuner angehängt werden. Transporte gehen jetzt regelmäßig von Wien, Mähr.-Ostrau und Kattowitz ab.«

17. Oktober 1939

Himmlers »Festschreibungserlaß«. Die dem Reichssicherheits-hauptamt unterstellten 21 »Zigeunerleitstellen« von Königsberg, Prag, Wien, München bis Hamburg haben KZ-ähnliche Sammel-lager zur Vorbereitung der Abtransporte in die Vernichtungs-lager einzurichten.

30. Januar 1940

Konferenz Heydrichs mit SS-Führern zur Deportation von »sämtlichen Juden der neuen Ostgaue und 30 000 Zigeunern aus dem Reichsgebiet und der Ostmark als letzte Massenbewegung in das Generalgouvernement«.

27. April 1940

Himmlers Anordnung zur ersten Deportation ganzer Familien. Die Deportationszüge mit 2800 deutschen Sinti und Roma in das »Generalgouvernement« gehen im Mai von Hamburg, Köln und Hohenasperg bei Stuttgart ab.

1940

Im KZ Lackenbach südlich von Wien ermordete Sinti und Roma werden auf dem jüdischen Friedhof in Massengräbern beerdigt, die anderen 1941 über das Ghetto von Lodz in das Vernichtungs-lager Kulmhof deportiert.

7. August 1941

Erlaß Himmlers: Für weitere KZ-Deportationen deutscher Sinti und Roma »entscheidet das Reichskriminalpolizeiamt aufgrund eines Rassegutachtens«. Das »Rassehygieneinstitut« erstellt bis Ende 1944 rund 24 000 »Gutachten«.

10. Oktober 1941

Besprechung »über die Lösung der Judenfrage« und »die zu evakuierenden Zigeuner« im Protektorat Böhmen und Mähren mit den SS-Führern Heydrich, Frank, Eichmann und Günther.

Januar 1942
5000 Sinti und Roma aus dem Ghetto von Lodz werden im Vernichtungslager Kulmhof in Vergasungswagen ermordet.

Alle ostpreußischen Sinti- und Romafamilien, meist Bauern mit Höfen und Vieh, werden in das KZ Bialystok und von dort 1943 nach Auschwitz deportiert.

7. Juli 1942
Der Reichskommissar für das Ostland über die »Zigeuner«: »Ich bestimme, daß sie in der Behandlung den Juden gleichgestellt werden.«

29. August 1942
Aufzeichnung der deutschen Militärverwaltung in Serbien: Dort sei mit Hilfe von Vergasungswagen die »Judenfrage und die Zigeunerfrage gelöst«.

18. September 1942
Vereinbarung zwischen Reichsjustizminister Thierack und Himmler: Das Programm des Reichsführers SS zur »Vernichtung durch Arbeit« betrifft neben Juden, Russen, Ukrainern und anderen auch die »Zigeuner«.

16. Dezember 1942
Himmlers »Auschwitz-Erlaß« für die Deportationen von 22 000 Sinti und Roma aus Europa, davon die letzten 10 000 aus dem Reichsgebiet, in den als »Zigeunerlager« bezeichneten Abschnitt des KZ Auschwitz-Birkenau ab März 1943.

Mai 1943
Dr. Josef Mengele wird SS-Lagerarzt von Auschwitz. Als erstes schickt er mehrere hundert Sinti und Roma ins Gas. Seine von der Deutschen Forschungsgemeinschaft und dem Kaiser-Wilhelm-Institut geförderte »Zwillingsforschung« setzt er durch Tötung von Juden- und Sinti-Kindern fort.

2. August 1944

Auflösung des »Zigeunerlagers« in Auschwitz-Birkenau. Von den im Juli 1944 noch lebenden 6000 Sinti und Roma werden 3000 in andere Konzentrationslager deportiert, die anderen 3000 in der Nacht auf den 3. August ermordet.

Mai 1945

Die Zahl der in Europa bis Kriegsende in Konzentrationslagern und von SS-Einsatzgruppen ermordeten Roma und Sinti wird auf eine halbe Million geschätzt. Von den durch die Nazis erfaßten 40 000 deutschen und österreichischen Sinti und Roma wurden über 25 000 ermordet.

15. September 1947

SS-Einsatzgruppenleiter Otto Ohlendorf im Nürnberger Kriegs-verbrecherprozeß zur Vernichtung Zehntausender »Zigeuner« hinter der Ostfront: »Es bestand kein Unterschied zwischen den Zigeunern und Juden, für beide galt damals der gleiche Befehl.«

VIII.   Anhang

Anmerkungen zu I. Einleitung

1 MPI, IMT, Fall IV, Urteil gegen Oswald Pohl und andere, Deutsch-Englisch, S. 57.
2 Ebenda, S. 7960-7961.
3 Rund-Erlaß von Heinrich Himmler vom 8. Dezember 1938.
4 M. Novitch, Il genocide degli Zigani sotto il regime Nazista, in: Quaserno del Centro di Studi sulla Deportazione e l'Internamento, No. 2, zitiert nach Donald Kenrick/Grattan Puxon, Sinti und Roma – die Vernichtung eines Volkes im NS-Staat, Göttingen 1981, S. 125
5 Ebenda, S. 123.
6. Ebenda, S. 79.
7 Vertraulicher Erlaß über »Vorbeugende Verbrechensbekämpfung«, in: Schriftenreihe des Reichskriminalamtes Berlin, Dezember 1941, Bl. 70.
8 Ebenda, Bl. 81.
9 Martin Broszat, Nationalsozialistische Konzentrationslager 1939-1945, in: Anatomie des SS-Staates, Band 2, 4. Aufl., München 1984, S.77.
10 Falk Pingel, Die Konzentrationslagerhäftlinge im nationalsozialistischen Arbeitseinsatz, in: Waclaw Dlugoborski (Hg.), Zweiter Weltkrieg und sozialer Wandel, Göttingen 1981, S. 155.
11 Vgl. hierzu Wolfgang Wippermann, Das Leben in Frankfurt zur NS-Zeit, Band II: Die nationalsozialistische Zigeunerverfolgung, Frankfurt am Main 1986.
12 Selma Steinmetz, Die Zigeuner. Einleitung, in: Widerstand und Verfolgung im Burgenland 1934-1945. Eine Dokumentation, hg. vom Dokumentationsarchiv des österreichischen Widerstandes, 2. Aufl., Wien 1983, S. 246.
13 Ebenda, S. 250.

14 BA, R 58/1032.

15 Siehe hierzu Helmut Heiber, Der Generalplan Ost, in: Vierteljahreshefte für Zeitgeschichte, 6 (1958), 3, S. 281-325.

16 Karl Heinz Roth, Bevölkerungspolitik und Zwangsarbeit im »Generalplan Ost«, in: Mitteilungen der Dokumentationsstelle zur NS-Sozialpolitik, 1 (1985), 3, S. 75f.

17 Über Vernichtungsaktionen bzw. Massenerschießungen von oft bis zu 30 Personen umfassenden Gruppen von Roma in Südostpolen siehe Stanislaw Zabierowski, Die Ausrottung der Zigeuner in Südostpolen. Hauptkommission zur Untersuchung der Naziverbrechen in Polen. Internationale wissenschaftliche Session zum Thema Naziverbrechen gegen die Menschlichkeit in Polen und Europa 1939-1945, Warszawa, 14.-17. April 1983.

18 Karl Heinz Roth (Anm. 16), S. 76.

19 Siegmund A. Wolf, Zur Kenntnis des Zigeuners von heute, in: Kriminalstatistik, 12 (1958), 9, S. 380.

20 Siehe Donald Kenrick/Grattan Puxon (Anm. 4), S. 56.

21 BA, R 70/23.

22 MPI, IMT, Fall IV (Anm. 1), S. 56 (NO - 1016).

23 Antoni Galinski, Nazi Camp for Gypsies in Lodz. The Main Commission for Investigation of Nazi Crimes in Poland. International Scientific Session of Nazi Genocide in Poland and Europe 1939 – 1945, Warszawa, April 14th-17th, 1983.

24 Donald Kenrick/Grattan Puxon (Anm. 4), S. 74.

25 Ebenda, S. 112.

26 Berthold Puchert, Aus der Praxis der IG Farben in Auschwitz-Monowitz, in: JbW, 1963, Band 2, S. 203-211.

27 Erika Buchmann, Die Frauen in Ravensbrück, 2. Aufl., Berlin 1960, S. 79.

28 Zum Konzentrationslager Lackenbach, das mit Stacheldraht umzäunt war und in das im November 1940 die ersten »Zigeuner« eingeliefert wurden, siehe auch Selma Steinmetz, Österreichs Zigeuner im NS-Staat, Wien 1966, S. 17ff.

29 Donald Kenrick/Grattan Puxon (Anm. 4), S. 70f.

30 Falk Pingel (Anm. 10), S. 155.

31 Enno Georg, Die wirtschaftlichen Unternehmungen der SS, Stuttgart 1963, S. 61.

32 Zitiert nach Ulrich Herbert, Fremdarbeiter, Bonn 1985, S. 245.

33 MPI, IMT, Fall IV (Anm. 1), S. 58.

34 Falk Pingel, Häftlinge unter SS-Herrschaft, Hamburg 1978, S. 125.

35 Ulrich Herbert (Anm. 32), S. 437.

36 Ebenda, S. 307 ff.

37 Ebenda, S. 214.

38 Falk Pingel (Anm. 34), S. 68.

39 MPI, IMT, Fall IV (Anm. 1), Dok. B. 12, PS - 654.

40 Falk Pingel (Anm. 34), S. 67.

41 MPI, IMT, Fall IV (Anm. 1), S. 51 (NO - 2126).

42 MPI, IMT, Fall V, S. 348 (R - 129).

43 MPI, IMT, Fall IV (Anm. 1), S. 7959.

44 Vgl. Georg Blessin-Wilden, Bundesentschädigungsgesetz, 2. Aufl., § 43 BEG, Anm. 25, Urteil des OLG Stuttgart in RzW 1953, S. 237 und Urteil des Kammergerichts Berlin vom 2. April 1958 - 13 U (Entsch.), 825/57.

45 MPI, IMT, Fall IV (Anm. 1), S. 7951.

46 Benjamin B. Ferencz, Lohn des Grauens. Die verweigerte Entschädigung für jüdische Zwangsarbeiter, Frankfurt am Main 1981, S. 215.

47 Otto Küster, Das Minimum der Menschlichkeit, Plädoyer, in: Dachauer Hefte 2, Sklavenarbeit im KZ, hg. von Wolfgang Benz und Barbara Distel, 2. Jg. Nov. 1986, S. 156ff. Küster war allerdings im Falle der Entschädigung für Sinti und Roma von rassistischen Vorurteilen geprägt, ebenso wie der BGH im Urteil von 1956.

48 Ebenda, S. 159.

Anmerkungen zu II. Die Sinti- und Roma-Frauen im Konzentrationslager Ravensbrück

1 Ino Arndt, Das Frauenkonzentrationslager Ravensbrück, in: Studien zur Geschichte der Konzentrationslager (= Schriftenreihe der Vierteljahreshefte für Zeitgeschichte, Nummer 21), hg. von Hans Rothfels und Theodor Eschenburg, Stuttgart 1970, S. 108.

2 Ebenda.

3 Frauen-KZ Ravensbrück, Autorenkollektiv, hg. vom Komitee der Antifaschistischen Widerstandskämpfer der Deutschen Demokratischen Republik, Frankfurt am Main 1982, S. 53. Nach anderen Schätzungen betrug die Lagerstärke 1943: 9000, 1944: 36000 und im Februar 1945 über 50 000; siehe dazu »Frauenkonzentrationslager Ravensbrück. Geschildert von Ravensbrücker Häftlingen«, 2. Aufl., Wien 1946, in: BA, NS 4 Ra 1.

4 Erika Buchmann, Die Frauen von Ravensbrück, 2. Aufl., Berlin 1960, S. 14.

5 Ebenda, S. 37.

6 Frauen-KZ Ravensbrück (Anm. 3), S. 71. Vergl. auch Erika Buchmann (Anm. 4), S. 57: »In der Strohflechterei z.B. wurden vorwiegend Zigeunerinnen, darunter Kinder von dreizehn, vierzehn Jahren beschäftigt. Viele von ihnen wurden dort tuberkulös.«

7 Frauen-KZ Ravensbrück (Anm. 3), S. 64.

8 Ebenda, S. 71.

9 Erika Buchmann (Anm. 4), S. 16f.

10 Lotte Zumpe, Die Textilbetriebe der SS im KZ Ravensbrück, in: JbW Teil I, 1969, S. 11 - 40.

11 Frauen-KZ Ravensbrück (Anm. 3), S. 72. Dieselbe Leihgebühr verlangte die SS auch von den privaten Betrieben. Die Angaben des Autorenkollektivs müssen freilich in Frage gestellt werden, da die SS – das WVHA – für ihre eigenen Betriebe in der Regel geringere Tagessätze erhob als für die privaten Betriebe. Eine einheitliche Regelung wurde im April

1944 geschaffen. Das SS-WVHA legte »Häftlingsentgelte für SS-Dienststellen« mit »Wirkung vom 1.4.44« neu fest. Für alle im Reichsgebiet bestehenden Konzentrationslager wurden für »Häftlingsentgelte« folgende »Lohnsätze« in Rechnung gestellt: für Facharbeiter 6 RM, für Hilfsarbeiter 5 RM und für Frauen 3 RM. Nach Auffassung des SS-WVHA war dadurch »das Ziel, die Häftlinge ihrer Leistung entsprechend zu bezahlen, verwirklicht«. Siehe BA, NS 4 Bu 229.

12 Heinz Bongartz, Luftmacht Deutschland, Essen 1941, S. 42.

13 PS - 1584.

14 Erika Buchmann (Anm. 4), S. 60.

15 NI - 092.

16 Frauen-KZ Ravensbrück (Anm. 3), S. 78.

17 Benjamin B. Ferencz, Lohn des Grauens, Frankfurt am Main 1981, S. 235.

18 NI - 091 (Anhang 2).

19 Ebenda.

20 Schreiben des Generals Fellgiebel vom OKW an den »Reichsführer SS und Chef der Deutschen Polizei« vom 24.9.1942; NO - 1791.

21 NI - 091 (Anhang 2).

22 Siehe Eberhard Koebel-Tuk, AEG Energie – Profit – Verbrechen, Berlin 1958, S. 135f.

23 NO - 1791.

24 Zitiert nach Erika Buchmann (Anm. 4), S. 67.

25 PS - 1584.

26 Georg Siemens, Geschichte des Hauses Siemens, Band III, Die Dämonie des Staates, Freiburg/München 1952, S. 369.

27 Ebenda, S. 348.

28 Ebenda, S. 318.

29 Ebenda, S. 290f.

30 Dieser Untersuchungsbericht wurde freundlicherweise von der Hamburger Stiftung für Sozialgeschichte des 20. Jahrhunderts auszugsweise zur Verfügung gestellt.

31 Ebenda, S. 248f.

32 Ebenda, S. 250.

33 NO - 395.

34 BA, NS 4 Fl 75.
35 NO - 254; Aussage des Lagerkommandanten von Buchen-
    wald, Pister, vor dem Internationalen Militärgerichtshof.
36 NI - 363 und BA, NS 4 Bu 210, sowie Konzentrationslager
    Buchenwald. Bericht des internationalen Lagerkomitees Bu-
    chenwald, Weimar 1949, S. 87 und S. 93f.
37 NI - 363.
38 NI - 315.

Anmerkungen zu III. Sinti und Roma in den Konzentrationslagern Sachsenhausen und Neuengamme

1   Donald Kenrick/Grattan Puxon, Sinti und Roma – die Ver-
    nichtung eines Volkes im NS-Staat, Göttingen 1981, S. 128.
2   NI 280.
3   Sachsenhausen. Dokumente, Aussagen, Forschungsergeb-
    nisse und Erlebnisberichte über das ehemalige Konzentra-
    tionslager Sachsenhausen, Frankfurt am Main 1982, S. 79.
4   Zitiert nach Fritz Sigl, Todeslager Sachsenhausen, Berlin
    1948, S. 45.
5   Ebenda.
6   Falk Pingel, Häftlinge unter SS-Herrschaft, Hamburg 1978,
    S. 67.
7   Ebenda.
8   Fritz Sigl (Anm. 4), S. 49.
9   NI - 1791.
10 Siehe Fritz Sigl (Anm. 4), S. 26.
11 NI - 603 (Rückübersetzung aus dem Engl.).
12 Siehe Sachsenhausen (Anm. 3), S. 73f.
13 Donald Kenrick/Grattan Puxon (Anm. 1), S. 128.
14 Bogdan Suchowiak, Mai 1945: Die Tragödie der Häftlinge

von Neuengamme, Reinbek bei Hamburg 1985, S. 23.

15 Vgl. Werner Johe, Das KL Neuengamme, in: Studien zur Geschichte der Konzentrationslager, Stuttgart 1970, S. 33.

16 Siehe hierzu: Doktor Flick vermochte eine moralische Pflicht nicht zu erkennen, in: Frankfurter Rundschau vom 13. November 1986, S. 12.

17 Zitiert nach Gerd Wysocki, Zwangsarbeit im Stahlkonzern, Braunschweig 1982, S. 105.

18 Vgl. Hans Radandt, Beteiligungen der deutschen Konzerne an Unternehmen in der Tschechoslowakei 1938 - 1945, in: JbW, Teil II, 1969, S. 182.

Anmerkungen zu IV. Sinti und Roma in den Konzentrationslagern Buchenwald und Dora-Mittelbau

1 Bericht des internationalen Lagerkomitees Buchenwald, Weimar 1949, S. 51; siehe auch NI - 363.

2 PS - 2171.

3 Ebenda.

4 Eugen Kogon, Der SS-Staat. Das System der deutschen Konzentrationslager, 16. Aufl., München 1986, S. 288f.

5 Bericht des internationalen Lagerkomitees Buchenwald (Anm. 1), S. 49; siehe auch Eugen Kogon (Anm. 4), S. 289ff.

6 BA, NS 4 Bu 149.

7 NO - 254, Aussage des ehemaligen Lagerkommandanten Pister vor dem IMT.

8 PS - 2171.

9 BA, NS 4 Bu 210.

10 Ebenda.

11 Bericht des internationalen Lagerkomitees Buchenwald (Anm. 1), S. 91f.

12 BA, NS 4 Bu 149.

13 Erich Buchmann, Von der jüdischen Firma Simson zur nationalen Industriestiftung Gustloff-Werke. Thüringer Untersuchungen zur Judenfrage, Erfurt 1944, S. 13.

14 Horst Lange, REIMAHG – Unternehmen des Todes. Der Aufbau der faschistischen Luftwaffe. Die Rolle des Gustloff-Konzerns. Verbrechen an ausländischen Zwangsarbeitern im unterirdischen Flugzeugwerk »Reimahg« bei Kahla (1944/45), Rat des Kreises, Jena 1969, S. 39.

15 NO - 505.

16 BA, NS 4 Bu 149.

17 BA, NS 4 Bu 213.

18 BA, NS 4 Bu 227; in Wirklichkeit war dieser Betrag natürlich etwas höher, da unter den Häftlingen auch einige hundert Fachkräfte waren, für die Gustloff 6 RM pro Tag an die SS abführen mußte.

19 NI - 4181.

20 Siehe hierzu Manfred Bornemann, Geheimprojekt Mittelbau. Die Geschichte der deutschen V-Waffenwerke, München 1971; Manfred Bornemann/Martin Broszat, Das KL Dora-Mittelbau, in: Studien zur Geschichte der Konzentrationslager (= Schriftenreihe für Zeitgeschichte, Nummer 21), hg. von Hans Rothfels und Theodor Eschenburg, Stuttgart 1970, S. 154 - 198.

21 MPI, IMT, Fall IV, Urteil gegen Oswald Pohl und andere, Deutsch-Englisch, T/205, S. 61f.

22 Aus einem Geheimen Rundschreiben der SS, zitiert in PS - 398.

23 BA, R 3/1585 - Brief Speers an Kammler vom 17. Dezember 1943.

24 NI - 363; siehe auch: Bericht des internationalen Lagerkomitees Buchenwald (Anm. 1), S. 104.

25 PS - 398.

26 NI - 363; MPI, IMT, Fall IV (Anm. 21), S. 62. Die höchste Todesrate von 11,3 Prozent hatte man im September verzeichnet; in diesem Monat starben allein 3221 von insgesamt

28 480 Häftlingen. Bornemann und Broszat (Anm. 20), S. 164, kommen jedoch für den Zeitraum von Herbst 1943 bis Ende des Winters 1943/44 zu einer weit höheren Todesrate. »Hier (in den Stollen des Kohnsteins, die Verf.) spielten sich im Herbst 1943 und im Winter 1943/44 jene grauenhafte Verelendung und Massensterblichkeit ab, die das Lager Dora in dieser Phase zu einem der berüchtigsten Häftlingskommandos machten. Nach Dora verschickt zu werden, bedeutete in diesen Monaten für rund 25 Prozent der davon Betroffenen 'Vernichtung durch Arbeit'.«

27 MPI, IMT, Fall IV (Anm. 21), S.68.

28 Siehe Fritz Sigl, Todeslager Sachsenhausen, Berlin 1948, S. 51.

29 Urteil Pohl (Anm. 21).

30 Karlheinz Kens/Heinz J.E. Nowarra, Die deutschen Flugzeuge 1933 - 1945, München 1960, S. 285.

31 Strahltriebwerke für die Me 262, die von den Junkers-Werken zur Serienreife entwickelt und ständig verbessert worden waren, wurden vor allem im Nordwerk des Kohnsteins gefertigt.

32 Manfred Bornemann (Anm. 20), S. 110.

33 Heinz Dieter Hölsken, Die V-Waffen. Entstehung – Propaganda – Kriegseinsatz, Stuttgart 1984, S. 81.

34 Ebenda, S. 73.

35 Ebenda, S. 77.

36 Ebenda, S. 79f.

37 August Meyer, Das Syndikat. Reichswerke »Hermann Göring«, Braunschweig 1986, S. 188f.

38 Ebenda, S. 185.

39 BA, NS 4 Bu 232.

40 Ebenda.

41 Friedrich Kochheim, Bilanz – Erlebnisse und Gedanken, Hannover 1952, zitiert nach Manfred Bornemann (Anm. 20), S. 138.

42 Beim Internationalen Suchdienst in Arolsen stößt man im Historischen Ordner 264 auf die Zahl von 1185 »Zigeunern«, von denen 377 im Lager Dora selbst inhaftiert waren – Stand: 1. November 1944.

43 NI - 363.

44 PS - 398.

45 PS - 398.

46 NI - 363.

47 NI - 363.

48 Bericht des internationalen Lagerkomitees Buchenwald (Anm. 1), S. 103.

49 MPI, IMT, Fall IV (Anm. 21), S. 63 (»Bestrafung und Tod in den Konzentrationslagern«).

50 Ebenda (T/315).

51 Bericht des internationalen Lagerkomitees Buchenwald (Anm. 1), S. 57.

52 Zitiert nach Eugen Kogon (Anm. 4), S. 239.

Anmerkungen zu V. Sinti und Roma in den Konzentrationslagern Dachau, Flossenbürg und Mauthausen

1 Messerschmitt-Bökow-Blohm. 111 MBB-Flugzeuge 1913-1973, hg. von Hans J. Ebert, 2. Aufl., Stuttgart 1974, S. 14.

2 Ebenda.

3 Ebenda, S. 9.

4 Ebenda, S. 13.

5 PS - 1584.

6 MPI, IMT, Fall IV, Urteil gegen Oswald Pohl und andere, Deutsch-Englisch, S. 64.

7 PS - 1584.

8 Hermann Pohlmann, Chronik eines Flugzeugwerkes 1932-1945, Stuttgart 1979, S. 21.

9 Ebenda, S. 61.

10 NI - 1065.

11 Toni Siegert, Das Konzentrationslager Flossenbürg. Ein Lager für sogenannte Asoziale und Kriminelle, in: Bayern in der NS-Zeit II, Herrschaft und Gesellschaft im Konflikt, Teil A, hg. von Martin Broszat und Elke Fröhlich, München/Wien 1979, S. 450.

12 PS - 1584.

13 Armand van Ishoven, Messerschmitt. Der Konstrukteur und seine Flugzeuge, Wien und Berlin 1975, S. 123.

14 Ebenda, S. 180.

15 Ebenda, S. 179f.

16 Ebenda, S. 211.

17 Zitiert nach Armand van Ishoven (Anm. 13), S. 214.

18 Ebenda, S. 233.

19 Ebenda, S. 325.

20 Toni Siegert (Anm. 11), S. 450.

21 Armand von Ishoven (Anm. 13), S. 333. Es ist bemerkenswert, daß van Ishoven mit keinem Wort erwähnt, daß Messerschmitt Produktionsstätten in Flossenbürg und Mauthausen (Gusen) hatte.

22 Enno Georg, Die wirtschaftlichen Unternehmungen der SS, Stuttgart 1963, S. 77; siehe auch MPI, Prot. F. IV, S. 5685.

23 BA, NS 4 Fl 75. Abweichend von diesen Angaben finden sich in BA, NS 4 Fl 45 nachfolgende Zahlen über den Einsatz von Häftlingen in den einzelnen Arbeitskommandos am 31. Dezember 1944. Insgesamt waren Häftlingsarbeitskräfte eingesetzt für:

Wirtschaftsbetriebe Rüstung	911
Wirtschaftsbetriebe kriegswichtig	1019
Rüstungsbetriebe	33 053
Kriegswichtige Betriebe	302
Privatbetriebe	44
Bauleitung Rüstung	7552
Bauleitung kriegswichtig	1508
SS-Dienststellen z.ber.kriegsw.	464
	44 853

Zur selben Zeit betrug die Lagerstärke 63 430; in den Außenkommandos waren 39 243 Häftlinge im Arbeitseinsatz.

24 Toni Siegert (anm. 11), S. 444.

25 Hugo Walleitner, Zebra. Ein Tatsachenbericht aus dem Konzentrationslager Flossenbürg, Bad Ischl 1946, S.99f.

26 BA, NS 4 Fl vorl. 22.

27 BA, NS 4 Fl vorl. 32.

28 BA, NS 4 Fl 75.

29 NO - 395.

30 Hans Marsálek, Die Geschichte des Konzentrationslagers Mauthausen, Wien 1974, S. 93.

31 BA, R 165/205, Heft 2.

32 Hans Marsálek (Anm. 30),S. 223.

33 Ebenda, S. 87.

34 Ebenda, S.91 Fußnote. Siehe auch Hans Marsálek, Die Geschichte des Konzentrationslagers Mauthausen. Dokumentation. Österreichische Lagergemeinschaft Mauthausen, 2. Aufl., Wien 1980, S. 115ff.

35 Hans Marsálek (Anm.30), S. 9.

36 Hans Marsálek/Kurt Hacker, Kurzgeschichte der Konzentrationslager Mauthausen und seiner Nebenlager Gusen, Ebensee und Melk. Österreichische Lagergemeinschaft Mauthausen, Wien o.J., S. 37.

37 Siehe Benjamin B. Ferencz, Lohn des Grauens. Die verweigerte Entschädigung für jüdische Zwangsarbeiter, Frankfurt am Main 1981, S. 253, Anm. 378.

38 Hans Marsálek/Kurt Hacker (Anm. 36), S. 32f.

39 Ebenda, S. 18ff; siehe auch Gisela Rabitsch, Das KL Mauthausen, in: Studien zur Geschichte der Konzentrationslager (= Schriftenreihe der Vierteljahrshefte für Zeitgeschichte, Nummer21), hg. von Hans Rothfels und Theodor Eschenburg, Stuttgart 1970, S.71ff.

40 Hans Marsálek (Anm.34), S. 185ff.

41 Armand van Ishoven (Anm. 13), S. 350.

42 Enno Georg (Anm. 22), S. 57.

Anmerkungen zu VI. Vom Konzentrationslager Natzweiler-Struthof in das Außenlager Neckarelz

1   Danuta Czech, Kalendarium der Ereignisse im Konzentrationslager Auschwitz-Birkenau, Hefte von Auschwitz 6, Auschwitz 1962, S. 75.

2   Beno Müller-Hill, Tödliche Wissenschaft. Die Aussonderung von Juden, Zigeunern und Geisteskranken 1933-1945, Reinbek bei Hamburg 1984, S. 55.

3   BA, NS 4 Na 77.

4   NI - 1065 (Eidesstattliche Erklärung von Karl Sommer).

5   BA, NS 4 Na 77.

6   Ebenda.

7   Rainer Fröbe, »Wie bei den alten Ägyptern«. Die Verlegung des Daimler-Benz-Flugmotorenwerks Genshagen nach Obrigheim am Neckar 1944/45, in: Das Daimler-Benz-Buch. Ein Rüstungskonzern im »Tausendjährigen Reich«, hg. von der Hamburger Stifung für Sozialgeschichte des 20.Jahrhunderts, Nördlingen 1987, S. 461.

8   Michael Schmid, »... eine unterirdischeStadt in einer alten Gipsgrube ...« Der Einsatz von KZ-Häftlingen beim Bau einer untertägigen Fertigungsanlage für die Daimler Benz AG, in: Mitteilungen der Dokumentationsstelle zur NS-Sozialpolitik, 2(1986)13/14, S. 34.

9   BA, NS 4 Na 77.

10 Michael Schmid, Goldfisch, Gesellschaft mit beschränkter Haftung: Eine Lokalhistorie zum Umgang mit Menschen, in: Das Daimler-Benz-Buch, Ein Rüstungskonzern im »Tausendjährigen Reich«, hg. von der Hamburger Stiftung für Sozialgeschichte des 20. Jahrhunderts, Nördlingen 1987, S. 488f.

11 Ebenda, S. 493.

12 Nach Angaben von Rainer Fröbe (Anm. 7), S. 430 waren im »Goldfisch«-Werk Anfang August 1944 2550 Häftlinge für Daimler-Benz im Einsatz, das entsprach einem Anteil an der »Gesamtbelegschaft« von 80,8 Prozent.

13 BA, NS 4 Na 93.

14 Hans Radandt, Beteiligung deutscher Konzerne an Unternehmungen in der Tschechoslowakei 1938-1945, in: JbW, Teil II, Berlin 1969, S. 183.

15 Rainer Fröbe (Anm. 7), S. 460.

16 Hans Pohl/Stephanie Habeth/Beate Brüninghaus, Die Daimler-Benz AG in den Jahren 1933 bis 1945, Zeitschrift für Unternehmensgeschichte, Beiheft 47, Wiesbaden 1986, S. 82.

17 Rainer Fröbe (Anm. 7).

18 Michael Schmid (Anm. 10), S. 499.

19 Karl Heinz Roth, Der Weg zum guten Stern des »Dritten Reichs«: Schlaglichter auf die Geschichte der Daimler-Benz AG und ihrer Vorläufer(1890-1945), in: Das Daimler-Benz-Buch. Ein Rüstungskonzern im »Tausendjährigen Reich«, hg. von der Hamburger Stiftung für Sozialgeschichte des 20. Jahrhunderts, Nördlingen 1987, S. 333f., Tabellen 4 bis 7.

20 Ebenda, S. 342, Tabelle 19.

Abkürzungsverzeichnis

BA	Bundesarchiv, Koblenz
IMT	Internationales Militärtribunal, Nürnberg
JbW	Jahrbuch für Wirtschaftsgeschichte
MPI	Max-Planck-Institut für Völkerrecht, Heidelberg
NI	Nürnberger Akten – Nazi-Industrie
NO	Nürnberger Akten – Nazi Organisation
OKW	Oberkommando der Wehrmacht
PS	Nürnberger Akten – Paris Storey

Verzeichnis der Interviews und Widmung

Zusätzlich zu einer Umfrage des Zentralrats Deutscher Sinti und Roma bei ca. 350 ehemaligen Sklavenarbeitern aus der Volksgruppe der Sinti und Roma in Deutschland im Jahre 1986 führten die Autoren im Jahre 1987 mit den nachfolgenden Personen ausführliche Interviews für diese Dokumentation:

Asta Fadler, Mannheim 10.5.1987
Anna Dörr, Mannheim, 10.5.1987
Rosa Wiegand, Wiesbaden, 25.5.1987
Heinz Adler, Wächtersbach, 25.5.1987
Sonja Lene Wernicke, Krefeld, 29.5.1987
Max und Dorothea Hartmann, Viersen, 29.5.1987
Regina Angelokastritis, München, 3.6.1987
Mimi Schopper, Krefeld, 9.6.1987
Ella Weiss,Bruchsal, 11.6.1987
Robert und Franziska Krauß, Bochum, 20.7.1987
Heinrich Braun, Würzburg, 27.7.1987
Wenzel Frolian, Mönchengladbach, 3.8.1987
Albert Steinbach, Koblenz, 3.8.1987
Nikolaus Weinlich, Karlsruhe, 11.8.1987
Josef Schmidt, Frankfurt, 17.8.1987
Peter Rose, Krefeld, 21.8.1987
Eduard Hauer, Neuwied, 24.8.1987
Franz Hauer, Euskirchen, 24.8.1987
Jakob Steinbach, Koblenz,31.8.1987
Fritz und HermannKiowski, Hückeswagen, 4.9.1987
Eduard Lind, Dortmund, 12.9.1987
Josef Reinhard, Euskirchen, 5.10.1987
Max Lauenburger, Speyer, 6.10.1987
Albert Pfaus, Haßloch, 20.10.1987
Heinrich Steinbach, Ludwigshafen, 30.10.1987
Silvester Lampert, Wiesbaden, 6.11.1987

Ihnen allen ist dieses Buch gewidmet, auch Vinzenz Rose, der Auschwitz und Natzweiler überlebte und als Sklavenarbeiter am 30. August 1944 aus dem Stollen der Daimler-Benz-Rüstungswerke in Neckarelz/Obrigheim fliehen konnte.

Literaturverzeichnis

Aalmans, William J.: Booklet with a brief History of the Dora Nordhausen Labor concentration camp and Information on the Nordhausen War Crimes Case, October 1947

Arndt, Ino: Das Frauenkonzentrationslager Ravensbrück, in: Studien zur Geschichte der Konzentrationslager (= Schriftenreihe der Vierteljahrshefte für Zeitgeschichte, Nummer 21), hg. von Hans Rothfels und Theodor Eschenburg, Stuttgart 1970, S. 93-129

Bauche, Ulrich/Brüdigam, Heinz/Eiber, Ludwig/Wiedey, Wolfgang (Hg.): Arbeit und Vernichtung. Das Konzentrationslager Neuengamme 1938-1945, Hamburg 1986

Bayern in der NS-Zeit, Band II, Herrschaft und Gesellschaft im Konflikt, Teil A, hg. von Martin Broszat und Elke Fröhlich, München/Wien 1979

Bericht des internationalen Lagerkomitees Buchenwald, Weimar 1949

Blessin-Wilden, Gerog: Bundesentschädigungsgesetz. 2. Auflage, § 43 BEG, Anm. 25, Urteil des OLG Stuttgart in RzW 1953

Boelcke, Willi A.: Die deutsche Wirtschaft 1930-1945. Interna des Reichswirtschaftsministeriums, Düsseldorf 1983

Bongartz, Heinz: Luftmacht Deutschland, Essen 1941

Borkin, Josef: Die unheilige Allianz der IG Farben, Frankfurt am Main/New York 1981

Bornemann, Manfed: Geheimprojekt Mittelbau. Die Geschichte der deutschen V-Waffenwerke, München 1971

Bornemann, Manfred/Broszat, Martin: Das KL Dora-Mittelbau, in: Studien zur Geschichte der Konzentrationslager (= Schriftenreihe der Vierteljahreshefte für Zeitgeschichte, Nummer 21), hg. von Hans Rothfels und Theodor Eschenburg, Stuttgart 1970, S. 155-198

Bringmann, Fritz: KZ Neuengamme. Berichte, Erinnerungen, Dokumente, Frankfurt am Main 1981

Broszat, Martin: Nationalsozialistische Konzentrationslager 1933-1945, in: Hans Buchheim/Martin Broszat/Hans-Adolf

Jacobsen/Helmuth Krausnick: Anatomie des SS-Staates, Band 2, 4. Aufl., München 1984, S. 11-133

Buchmann, Erich: Von der jüdischen Firma Simson zur national-sozialistischen Industriestiftung Gustloff-Werke. Thüringer Untersuchungen zur Judenfrage, Erfurt 1943

Buchmann, Erika: Die Frauen von Ravensbrück, 2. Aufl., Berlin 1960

Burger, Oswald: Zeppelin und die Rüstungsindustrie am Boden-see, in: 1999. Zeitschrift für Sozialgeschichte des 20. und 21. Jahrhunderts, 2(1987)1, S. 8-49

Czech, Danuta: Kalendarium der Ereignisse im Konzentrations-lager Auschwitz-Buchenau, Hefte von Auschwitz 6, Auschwitz 1962, S. 43-87

Das Daimler-Benz-Buch. Ein Rüstungskonzern im »Tausend-jährigen Reich«, hg. von der Hamburger Stiftung für Sozial-geschichte des 20. Jahrhunderts, Nördlingen 1987

Delius, Christian Friedrich: Unsere Siemens-Welt. Eine Fest-schrift zum 125jährigen Bestehen des Hauses S., Berlin 1972

Demps, Laurenz: Die Ausbeutung von KZ-Häftlingen durch den Osram-Konzern 1944/45, in: Zeitschrift für Geschichtswis-senschaft, 26(1978)5, S. 417-437

Der deutsche Imperialismus und der Zweite Weltkrieg, hg. von der Kommission der Historiker der DDR und der UdSSR, Band 1-5, Berlin 1960-1962

Der Konzern der großen Rechner. Bericht über das Luft- und Raumfahrtunternehmen Messerschmitt-Bölkow-Blohm, in: Süddeutsche Zeitung, 21./22. Februar 1987

Dieckmann, Götz: Existenzbedingungen und Widerstand im Konzentrationslager Dora-Mittelbau unter dem Aspekt der funktionellen Einbeziehung der SS in das System der faschi-stischen Kriegswirtschaft. Diss., Humboldt-Universität, Ber-lin 1968

Dugoborski, Waclaw (Hg.): Zweiter Weltkrieg und sozialer Wandel. Achsenmächte der besetzten Länder, Göttingen 1981

Doktor Flick vermochte eine moralische Pflicht nicht zu erken-nen, in: Frankfurter Rundschau, 13. November 1986

Dokumentationsarchiv des österreichischen Widerstands (Hg.): Widerstand und Verfolgung in Wien 1934-1945, Band 3, Wien 1975

Drobisch, Klaus: Dokumente zur direkten Zusammenarbeit zwischen Flick-Konzern und Gestapo bei der Unterdrückung der Arbeiter, in: Jahrbuch für Wirtschaftsgeschichte, 1963, Teil III, S. 211-225

Eiber, Ludwig (Hg.): Verfolgung, Ausbeutung, Vernichtung. Die Lebens- und Arbeitsbedingungen der Häftlinge in deutschen Konzentrationslagern 1933-1945, Hannover 1985

Ferencz, Benjamin B.: Die verweigerte Entschädigung für jüdische Zwangsarbeiter, Frankfurt am Main 1981

Forstmeier, Friedrich/Volkmann, Hans-Erich: Wirtschaft und Rüstung am Vorabend des Zweiten Weltkrieges, Düsseldorf 1975

Frauen-Konzentrationslager Ravensbrück. Geschildert von Ravensbrücker Häftlingen, hg. von ehemaligen Häftlingen des FKL Ravensbrück, 2. Aufl., Wien 1946

Frauen-KZ Ravensbrück, Autorenkollektiv, hg. vom Komitee der Antifaschistischen Widerstandskämpfer der Deutschen Demokratischen Republik, Frankfurt am Main, 1982

Fröbe, Rainer: »Wie bei den alten Ägyptern«. Die Verlegung des Daimler-Benz-Flugmotorenwerks Genshagen nach Obrigheim am Neckar 1944/45, in: Das Daimler-Benz-Buch, Ein Rüstungskonzern im »Tausendjährigen Reich«, hg. von der Hamburger Stiftung für Sozialgeschichte des 20. Jahrhunderts, Nördlingen 1987, S. 392-470

Galinski, Anatoli: Nazi Camp for Gypsies in Lodz. The Main Commission for Investigation of Nazi Crimes in Poland. International Scientific Session of Nazi Genocide in Poland and Europe 1939 - 1945, Warszawa, April 14th - 17th, 1983

Georg, Enno: Die wirtschaftlichen Unternehmen der SS, Stuttgart 1963

Gutachten des Instituts für Zeitgeschichte, 2 Bände, München 1958 und 1966

Hase-Mihalik, Eva/Kreuzkamp, Doris: Du kriegst auch einen schönen Wohnwagen, Zwangslager für Sinti und Roma während des Nationalsozialismus in Frankfurt am Main, Frankfurt am Main 1990

Heiber, Helmut: Der Generalplan Ost, in: Vierteljahreshefte für Zeitgeschichte, 6 (1958) 3, S. 281 - 325

Herbert, Ulrich: Fremdarbeiter. Politik und Praxis des »Ausländer-Einsatzes« in der Kriegswirtschaft des Dritten Reiches, Berlin/Bonn 1985

Heuzeroth, Günter/Martinß, Karl-Heinz: Vom Ziegelhof nach Auschwitz – Verfolgung und Vernichtung der Sinti und Roma im Oldenburgr Land und Ostfriesland, in: Günter Heuzeroth (Hg.), Unter der Gewaltherrschaft des Nationalsozialismus 1933-1945. Dargestellt an den Ereignissen im Oldenburger Land, Band II, Zentrum für pädagogische Berufspraxis, Universität Oldenburg, 1985, S. 227-352

Hölsken, Heinz Dieter: Die V-Waffen. Entstehung – Propaganda – Kriegseinsatz, Stuttgart 1984

Holzapfel, Fritz: Volkswagenwerk – Demagogie und Wahrheit, Berlin 1962

In deutschen Firmen zur Sklavenarbeit gezwungen, in: Frankfurter Rundschau, 27. Februar 1986

Irving, David: Die Geheimwaffen des Dritten Reiches, Reinbek bei Hamburg 1968

Ishoven, Armand van: Messerschmitt. Der Konstrukteur und seine Flugzeuge, Wien/Berlin 1975

Johe, Werner: Das KL Neuengamme, in: Studien zur Geschichte der Konzentrationslager (= Schriftenreihe der Vierteljahreshefte für Zeitgeschichte, Nummer 21), hg. von Hans Rothfels und Theodor Eschenburg, Stuttgart 1970, S. 29-49

Kaiser, Johann R: Die Geschichte des Messerschmitt-Flugzeugbaus, Köln 1975

Kannapin, Hans Eckhardt: Wirtschaft unter Zwang, Köln 1966

Kenrick, Donald/Puxon, Grattan: Sinti und Roma – Die Vernichtung eines Volkes im NS-Staat, Göttingen 1981

Kenz, Karlheinz/Nowara, Heinz J.: Die deutschen Flugzeuge 1933-1945. Deutschlands Luftfahrt-Entwicklung bis zum Ende des Zweiten Weltkrieges, München 1960

Kochheim, Friedrich: Bilanz – Ergebnisse und Gedanken, Hannover 1952

Koebel-Tusk, Eberhard: AEG Energie – Profit – Verbrechen, Berlin 1958

Kogon, Eugen: Der SS-Staat. Das System der deutschen Konzentrationslager, 16. Aufl., München 1986

Kogon, Eugen / Langbein, Hermann / Rückerl, Adalbert u.a.: Nationalsozialistische Massentötung durch Giftgas, Eine Dokumentation, Frankfurt am Main 1983

Krausnick, Michail: Abfahrt Karlsruhe 16.5.1940, die Deportation der Karlsruher Sinti und Roma in den Völkermord, Karlsruhe und Neckargemünd 1990

Küster, Otto: Das Minimum der Menschlichkeit, Plädoyer, in: Dachauer Hefte 2, Sklavenarbeit im KZ, hg. von Wolfgang Benz und Barbara Distel, 2. Jg., November 1986, S. 156-174

Langbein, Hermann: … nicht wie die Schafe zur Schlachtbank, Wiederstand in den nationalsozialistischen Konzentrationslagern 1938 - 1945, Frankfurt am Main 1980

Lange, Horst: REIMAHG – Unternehmen des Todes. Der Aufbau der deutschen faschistischen Luftwaffe. Die Rolle des Gustloff-Konzerns. Verbrechen an ausländischen Zwangsarbeitern im unterirdischen Flugzeugwerk »Reimahg« bei Kahla (1944/45), Rat des Kreises, Jena 1969

Littmann, Friederike: Vom Notstand eines Haupttäters: Zwangsarbeit im Flickkonzern, in: 1999, Zeitschrift für Sozialgeschichte des 20. und 21. Jahrhunderts, 1 (1986) 1, S. 4 - 43

Lusar, Rudolf: Die deutschen Waffen und Geheimwaffen des 2. Weltkrieges und ihre Weiterentwicklung, München 1956

Marsálek, Hans: Die Geschichte des Konzentrationslagers Mauthausen. Dokumentation. Österreichische Lagergemeinschaft Mauthausen, 2. Aufl., Wien 1980

Marsálek, Hans/Hacker, Kurt: Kurzgeschichte der Konzentrationslager Mauthausen und seiner Nebenlager Gusen, Ebensee und Melk. Österreichische Lagergemeinschaft Mauthausen, Wien o.J.

Marszalek, Josef: Majdanek. Geschichte und Wirklichkeit des Vernichtungslagers, Reinbek bei Hamburg 1982

Marszalek, Josef: Konzentrationslager Lublin, Warszawa 1984

Meier, Heinrich Christian: So war es – Das Leben im KZ Neuengamme, Hamburg 1946

Messerschmitt-Bökow-Blohm. 111 MBB-Flugzeuge 1913-1973, hg. von Hans J. Ebert, 2. Aufl., Stuttgart 1974

Meyer, August: Das Syndikat. Reichswerke »Hermann Göring«, Braunschweig 1986

Mettke, Jörg: Die Herren nahmen nur die Kräftigsten, in: Der Spiegel, 40. Jg., Nr. 15, 1986, S. 79-104

Milward, Alan S.: Die deutsche Kriegswirtschaft 1939-1945, Stuttgart 1966

Mönnich, Horst: BMW – Eine Jahrhundertgeschichte, Band 1: Vor der Schallmauer, 1916-1945, Düsseldorf/Wien 1983

Müller-Hill, Benno: Tödliche Wissenschaft. Die Aussonderung von Juden, Zigeunern, Geisteskranken 1933-1945, Reinbek bei Hamburg 1984

Munson, Kenneth: Die Weltkrieg II-Flugzeuge. Alle Flugzeuge der kriegführenden Mächte, Stuttgart 1973

Nowarra, Heinz J.: Deutsche Jagdflugzeuge 1915-1945. Eine Gesamtübersicht über die wichtigsten deutschen Jagdflugzeuge, Friedberg 1985

Nowarra, Heinz J.: Heinkel und seine Flugzeuge, München 1975

Nowarra, Heinz J.; Die deutschen Flugzeuge 1933-1945, München 1960

Office of Military Government for Germany, United States (OMGUS): Ermittlungen gegen die Deutsche Bank 1946/1947, übers. und bearb. von der Dokumentationsstelle zur NS-Sozialpolitik Hamburg, Nördlingen 1985

Pelny, Kurt/Weißhaupt, Manfred: Geheimwaffe im Kohnstein, Nordhausen 1964

Pingel, Falk: Häftlinge unter SS-Herrschaft. Widerstand, Selbstbehauptung und Vernichtung im Konzentrationslager, Hamburg 1978

Pingel, Falk: Die Konzentrationslagerhäftlinge im nationalsozialistischen Arbeitseinsatz, in: Waclaw Dlugoborski (Hg.): Zweiter Weltkrieg und sozialer Wandel, S. 151-163

Pohl, Hans/Habeth, Stefanie/Brüninghaus, Beate: Die Daimler-Benz AG in den Jahren 1933-1945. Eine Dokumentation, Zeitschrift für Unternehmensgeschichte, Band 47, Stuttgart 1986

Pohlmann, Hermann: Chronik eines Flugzeugwerkes 1932-1945, Stuttgart 1979

Puchert, Berthold: Aus der Praxis der IG Farben in Auschwitz, in: Jahrbuch für Wirtschaftsgeschichte, 1963, Teil II. S. 203-211

Rabitsch, Gisela: Das KL Mauthausen, in: Studien zur Geschichte der Konzentrationslager (= Schriftenreihe der Vierteljahreshefte für Zeitgeschichte, Nummer 21), hg. von Hans Rothfels und Theodor Eschenburg, Stuttgart 1970, S. 50-92

Randandt, Hans: Beteiligungen deutscher Konzerne an Unternehmungen in der Tschechoslowakei 1938 bis 1945, in: Jahrbuch für Wirtschaftsgeschichte, 1969, Teil II, S. 157-201

Rose, Romani: Bürgerrechte für Sinti und Roma. Das Buch zum Rassismus in Deutchland, hg. vom Zentralrat Deutscher Sinti und Roma, Heidelberg 1987

Roth, Karl Heinz: Bevölkerungspolitik und Zwangsarbeit im »Generalplan Ost«, in: Mitteilungen der Dokumentationsstelle zur NS-Politik, 1(1985)3, S. 70-93

Roth, Karl Heinz: Zur Entschädigung für Zwangsarbeit im »Dritten Reich«. Der Fall Flick und die Deutsche Bank, Hamburg 1986

Roth, Karl Heinz: Der Weg zum guten Stern des »Dritten Reiches«: Schlaglichter auf die Geschichte der Daimler-Benz AG und ihrer Vorläufer, in: Das Daimler-Benz-Buch. Ein Rüstungskonzern im »Tausendjährigen Reich«, hg. von der Hamburger Stiftung für Sozialgeschichte des 20. Jahrhunderts, Nördlingen 1987, S. 28-386

Sachsenhausen. Dokumente, Aussagen, Forschungsergebnisse und Erlebnisberichte über das ehemalige Konzentrationslager Sachsenhausen, Frankfurt am Main 1982

Sator, Klaus: Großkapital im Faschismus. Dargestellt am Beispiel der I.G. Farben, Frankfurt am Main 1978

Schmid, Michael: »... eine unterirdische Stadt in einer alten Gipsgrube ...« Der Einsatz von KZ-Häftlingen beim Bau einer untertägigen Fertigungsanlage für die Daimler Benz AG, in: Mitteilungen der Dokumenttionsstelle zur NS-Politik, 2(1986)13/14, S. 31-42

Schmid, Michael: Das Konzentrationslageraußenkommando Neckarelz. Zulassungsarbeit Geschichte an der Universität

Heidelberg, Heidelberg 1983

Schmid, Michael: Goldfisch, Gesellschaft mit beschränkter Haftung: Eine Lokalhistorie zum Umgang mit Menschen, in: Das Daimler-Benz-Buch. Ein Rüstungskonzern im »Tausendjährigen Reich«, hg. von der Hamburger Stiftung für Sozialgeschichte des 20. Jahrhunderts, Nördlingen 1987, S. 482-513

Schminck-Gustavus, Christian (Hg.): Hungern für Hitler. Erinnerungen polnischer Zwangsarbeiter im Deutschen Reich 1940-1945, Reinbek bei Hamburg 1984

Schnabel, Reimund: Macht ohne Moral. Eine Dokumentation über die SS, Frankfurt am Main 1957

Seper, Hans: 100 Jahre Steyr-Daimler-Puch A.G. 1864-1964. Der Werdegang eines österreichischen Industrieunternehmens, Wien 1964

Siegert, Toni: Das Konzentrationslager Flossenbürg. Ein Lager für sogenannte Asoziale und Kriminelle, in: Bayern in der NS-Zeit, Band II, Herrschaft und Gesellschaft im Konflikt, Teil A, hg. von Martin Broszat und Elke Fröhlich, München/Wien 1979, S. 429-492

Siegfried, Klaus: Rüstungsproduktion und Zwangsarbeit im Volkswagenwerk 1939-1945. Eine Dokumentation, 2. Aufl., Frankfurt am Main/New York 1987

Siemens, Georg: Geschichte des Hauses Siemens, Band 3: Die Dämonie des Staates 1922-1945, Freiburg/München 1952

Sigl, Fritz: Todeslager Sachsenhausen, Berlin 1948

Steinmetz, Selma: Die Zigeuner, in: Widerstand und Verfolgung im Burgenland 1939-1945. Eine Dokumentation, hg. vom Dokumentationsarchiv des österreichischen Widerstandes, 2. Aufl., Wien 1983, S. 244-293

Studien zur Geschichte der Konzentrationslager (= Schriftenreihe der Vierteljahreshefte für Zeitgeschichte, Nummer 21), hg. von Hans Rothfels und Theodor Eschenburg, Stuttgart 1970

Suchowiak, Bogdan: Mai 1945: Die Tragödie der Häftlinge von Neuengamme, Reinbek bei Hamburg 1985

Vaupel, Dieter: Zwangsarbeiterinnen für die Dynamit Nobel, in: 1999. Zeitschrift für Sozialgeschichte des 20. und 21. Jahrhunderts, 2(1987)1, S. 50-86

Vermehr, Isa: Reise durch den letzten Akt, 2. Aufl., Hamburg 1947

Volkmann, Hans-Erich: Zum Verhältnis von Großwirtschaft und NS-Regime im Zweiten Weltkrieg, in: Waclaw Dlugoborski (Hg.): Zweiter Weltkrieg und sozialer Wandel. Achsenmächte der besetzten Länder, Göttingen 1981, S. 87-116

Vorländer, Herwart (Hg.): Nationalsozialistische Konzentrationslager im Dienste der totalen Kriegsführung. Sieben württembergische Außenkommandos des Konzentrationslagers Natzweiler/Elsaß, Stuttgart 1978

Wagenführer, Rolf: Die deutsche Industrie im Krieg 1939-1945, Berlin 1955

Wallach, Jehuda L.: Probleme der Zwangsarbeit in der deutschen Kriegswirtschaft, in: Jahrbuch des Instituts für Deutsche Geschichte, Band 6, 1977

Walleitner, Hugo: Zebra. Ein Tatsachenbericht aus dem Konzentrationslager Flossenbürg, Bad Ischl 1946

Widerstand und Verfolgung im Burgenland 1934-1945. Eine Dokumentation, hg. vom Dokumentationsarchiv des österreichischen Widerstandes, 2. Aufl., Wien 1983

Wincenty, Hein: Lebens- und Arbeitsbedingungen der Häftlinge im Konzentrationslager »Dora-Mittelbau«, Warschau 1969

Wysocki, Gerd: Zwangsarbeit im Stahlkonzern. Salzgitter und die Reichswerke »Hermann Göring« 1937-1945, Braunschweig 1982

Zabierowski, Stanislaw: Die Ausrottung der Zigeuner in Südostpolen. Hauptkommission zur Untersuchung der Naziverbrechen in Polen. Internationale wissenschaftliche Session zum Thema Naziverbrechen gegen die Menschlichkeit in Polen und Europa 1939-1945, Warszawa, 14.-17. April 1983

Ziegler, Jürgen: Mitten unter uns. Natzweiler-Struthof: Spuren eines Konzentrationslagers, Hamburg 1986

Zülch, Tilmann /Hg.): In Auschwitz vergast, bis heute verfolgt. Zur Situation der Roma (Zigeuner) in Deutschland und Europa, Reinbek bei Hamburg 1979

Zumpe, Lotte: Arbeitsbedingungen und Arbeitsergebnisse in den Textilbetrieben der SS im Konzentrationslager Ravensbrück, in: Jahrbuch für Wirtschaftsgeschichte, 1969, Teil II, S. 11-51

Zumpe, Lotte: Die Textilbetriebe der SS im Konzentrationslager Ravensbrück. Eine Studie über die ökonomische Funktion und wirtschaftliche Tätigkeit der SS, in: Jahrbuch für Wirtschaftsgeschichte, 1969, Teil I, S. 11-40

Zwangsarbeit unter dem NS-Regime, Information, hg. vom Studienkreis zur Erforschung und Vermittlung der Geschichte des deutschen Widerstandes 1933-1945, Frankfurt am Main, 11(1986)2/3

Bildnachweis

Auschwitz-Museum (Vorwort und Einleitung)
Nationale Mahn- und Gedenkstätte Ravensbrück (Kap. II)
Nationale Mahn- und Gedenkstätte Sachsenhausen (Kap. III)
KZ-Gedenkstätte Neuengamme (Kap. III)
Nationale Mahn- und Gedenkstätte Buchenwald (Kap. IV)
Nationale Mahn- und Gedenkstätte Dora-Mittelbau (Kap. IV)
KZ-Gedenkstätte Flossenbürg (Kap. V)
Archiv des Museums Mauthausen des Österreichischen Innenministeriums (Kap. V)
Zentralrat Deutscher Sinti und Roma (Kap. VI)

Die Autoren

Romani Rose

1946 in Heidelberg geboren und dort bis 1982 selbständiger Kaufmann. Seit 1982 Vorsitzender und Geschäftsführer des Zentralrats Deutscher Sinti und Roma in Heidelberg. Mit Minderheitenvertretern aus USA, Südafrika, Indien, Frankreich, England und Japan ist Rose Direktoriumsmitglied der 1988 in Tokio gegründeten Internationalen Bewegung gegen Diskriminierung und Rassismus. Er veröffentlichte mehrere Aufsätze in Zeitschriften und Büchern zum Thema Sinti/Roma und »Zigeunerwissenschaft«. Seine Buchveröffentlichung 1987: »Bürgerrechte für Sinti und Roma – Das Buch zum Rassismus in Deutschland«.

Walter Weiss

geboren 1944. Studium der Soziologie, Philosophie und Politikwissenschaft in Heidelberg und Berlin 1970 bis 1978. Promotion zum Dr. rer. pol. 1984 an der Freien Universität Berlin. Freier Journalist. 1986 bis 1988 Mitarbeiter des Zentralrats Deutscher Sinti und Roma. Seit 1989 Mitarbeiter der Landesverbände Deutscher Sinti und Roma in Baden-Württemberg und Rheinland-Pfalz, seit 1991 beim Dokumentations- und Kulturzentrum Deutscher Sinti und Roma in Heidelberg.

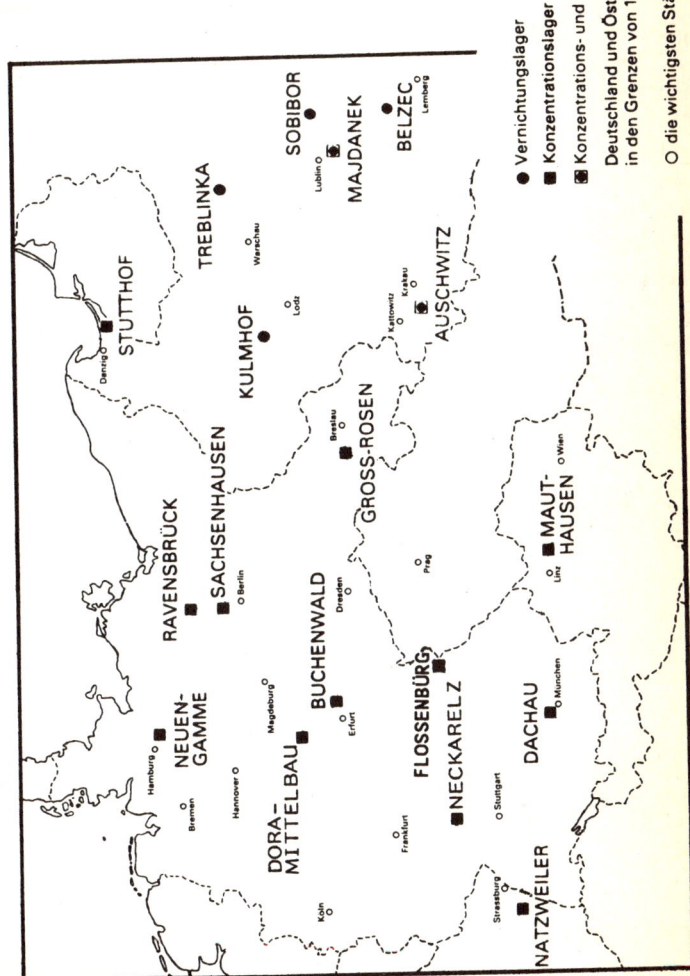

Vernichtungslager

Konzentrationslager

Konzentrations- und Vernichtungslager

Deutschland und Österreich in den Grenzen von 1937.

die wichtigsten Städte

Bücher zur Deutschen Geschichte.

Bücher von Günther Schwarberg im Steidl Verlag

Der SS-Arzt und die Kinder vom Bullenhuser Damm
174 Seiten, Taschenbuch, 9,80 DM

»Ich kann mir nichts Verächtlicheres vorstellen, nichts Ekelhafteres, als mit unwissenden Kindern zu experimentieren...« In diesen Worten des Anklägers in einem Prozeß gegen die Leiter des KZ-Lagers Neuengamme scheint viel von den Gefühlen auf, die im Leser dieses Buches entstehen. Hier nämlich wird berichtet über die barbarischen Experimente derer, für die 20 Kinder nur »Material« waren. Über die schließliche Ermordung der Kinder im Keller einer Hamburger Schule. Über die Opfer, die Täter, die Hintergründe und juristischen Nachspiele der Taten.

Die Mörderwaschmaschine
144 Seiten, Taschenbuch, 9,80 DM

Dieses Buch berichtet, wie die Justiz der Bundesrepublik Deutschland 84 000 Täter, die an Morden teilgenommen haben, mit Hilfe von Freisprüchen und besonders von »Einstellungsverfügungen« nach Ermittlungsverfahren wieder in ihre soziale Karriere (mit Pensions- und Rentenanspruch) eingliederte. So wurde der Schein des Rechtsstaates gewahrt: Es hatte ja ein vorgeschriebenes Verfahren gegeben. Dann wurden die Akten weggeschlossen. Wenn man sie heute sehen will – Achselzucken: Bedaure, Personenschutz. So schützen sich auch die Juristen gegen die Aufdeckung ihrer Reinigungsmaßnahmen. Und doch kommen nun die Taten wieder hervor. Als ob die toten Opfer noch einmal zu schreien beginnen.

Die letzte Fahrt der Exodus
144 Seiten, Broschur, 9,80 DM

Das Geschehen, von dem dieses Buch erzählt, ist von ebenso großer Inhumanität wie Symbolhaftigkeit: Viereinhalbtausend jüdische Menschen, den KZs und Gettos endlich entkommen, versuchten 1947 auf einem hoffnungslos überladenen Schiff, das bald »Exodus« genannt wurde, Palästina zu erreichen. Doch die dort noch herrschenden Engländer verweigern ihnen die Einreise, prügeln sie – es gibt Tote und Verletzte – zurück, ja verfrachten sie schließlich wieder in das Land, das sie fliehen wollten: Deutschland. Diese an Qualen reiche Wiederholung des biblischen Auszugs des Volkes Israel wird von Günther Schwarberg bewegend dokumentiert.

Bitte fordern Sie unser kostenloses Gesamtverzeichnis an!

Steidl Verlag · Düstere Straße 4 · D-3400 Göttingen

Bücher von Bernt Engelmann im Steidl Verlag

Deutschland-Report

240 Seiten, Paperback, 24,00 DM

Was ist des Deutschen Vaterland? Darauf gibt es eine Fülle von Antworten, überraschende und nachdenklich stimmende. Eindeutig steht fest, was schon der Brockhaus von 1834 über »Deutschland« ausgesagt hat: Es ist das Herz Europas. Dieser Report soll ein Beitrag zur gründlichen Diagnose des Herzens Europas sein, wobei scheinbaren Nebensächlichkeiten – den Kranzgefäßen sozusagen – besondere Beachtung zuteil wird. Engelmann, ein Meister der gegen den Strich gekämmten Geschichte, zeigt schon in seinem historischen Vorspann: was sich da stolz wieder Deutschland nennt, hat es nie dauerhaft in bleibenden Grenzen gegeben. Sein Deutschland-Report 1991, sorgfältig recherchiert und spannend geschrieben, ist ein Geschichtsbuch zur Gegenwart, das Ereignisse und Fakten überzeugend sortiert.

Die Laufmasche

256 Seiten, Taschenbuch, 10,00 DM

Bernt Engelmann hat mit seinen Tatsachenromanen stets für politischen Wirbel gesorgt. Neben »Großes Bundesverdienstkreuz« und »Hotel Bilderberg« gehört »Die Laufmasche« in dieses Genre. Dabei macht Engelmann nur augenfällig, was er durch Fakten beweisen kann: Wer sich unter den Nazis loyal verhielt, aber sich nicht gerade als Kriegsverbrecher exponierte (aber nicht einmal das mußte ein Hindernis sein), konnte auch in der Bundesrepublik bald eine einflußreiche Position bekleiden. Die Seilschaften der Vergangenheit sind dabei von Nutzen. Als in einem Münchener Supermarkt eine jugoslawische Hilfskraft ein Paar Strümpfe entwendet, löst sie damit eine Reihe tragischer Affären aus. Die Ähnlichkeit handelnder Personen mit mancher Prominenz des öffentlichen Lebens ist nicht zufällig.

Großes Bundesverdienstkreuz mit Stern

224 Seiten, Taschenbuch, 10,00 DM

Bernt Engelmanns Polit-Thriller »Großes Bundesverdienstkreuz mit Stern« rührt an ein heikles Kapitel bundesdeutscher Politik, dabei ebenso spannend wie aktuell. Judenverfolgung und Massenmord brachten einigen skrupellosen Geschäftemachern Millionenprofite. Engelmann fand neue Beweise für die Langzeitwirkung der Leichenfledderei von damals auf die konservative »Wende«-Politik von heute. Die Spur von Auschwitz führt über Rheinland-Pfalz direkt in die Machtzentralen der Bundesrepublik. Der Sklaventreiber von einst, Konsul Dr. Fritz Ries, war der politische Ziehvater von Helmut Kohl, und Kohl zeichnete den »Arisierungskönig« mit dem Großen Bundesverdienstkreuz, dann auch noch mit dem Stern dazu aus. Doch Kohl ist nicht der einzige Spitzenpolitiker aus dem engeren Kreis des großen Beutemachers von Trzebinia, Lodz und Auschwitz…

Schwarzbuch Helmut Kohl

144 Seiten, Taschenbuch, 9,80 DM

Bernt Engelmann über sein neues Schwarzbuch: »Es geht nur vordergründig um die höchst fragwürdige Person des Helmut Kohl. Wichtig ist, daß die Wählerinnen und Wähler die Hintergründe seiner verhängnisvollen Politik kennenlernen: das Komplott des Großen Geldes, mit dem er ins Kanzleramt gehievt wurde.« Sorgfältig recherchierte Hintergrundinformationen werden hier geboten, spannend wie ein Kriminalroman.

Bitte fordern Sie unser kostenloses Gesamtverzeichnis an!

Steidl Verlag · Düstere Straße 4 · D-3400 Göttingen

Romani Rose

Bürgerrechte für Sinti und Roma
Das Buch zum Rassismus in Deutschland

Taschenbuch, 190 Seiten (mit 85 Fotos und Dokumenten), DM 8,80

Dieses Buch dokumentiert erstmals zusammenfassend die Völkermordpolitik der Nazis, die Perfektionierung des polizeilichen Überwachungssystems nach 1945, den Betrug um die Wiedergutmachung, den Weg ins soziale Abseits durch behördliche Diskriminierung, die Entstehung der Bürgerrechtsarbeit seit 1979, die »Zigeunerforschung« nach 1945 und den Mißbrauch der NS-Rasseakten, Verfahren gegen NS-Verbrecher, die Bürgerrechtsarbeit gegen neue Sondererfassung, das Verhalten von Regierung und Parteien in Bonn und das Verhalten der Katholischen und Evangelischen Kirche gegenüber Sinti und Roma.

Johannes Meister

Die »Zigeunerkinder« von der St. Josefspflege in Mulfingen

Broschüre, 42 Seiten (mit 15 Fotos und Dokumenten), DM 3,-

Wegen der Deportationen vieler Eltern in die Konzentrationslager ordneten die Nazis im November 1938 mit einem »Heimerlaß« eine für das Vernichtungsprogramm vorgesehene Vorselektion der Kinder an; danach mußten die »konfessionellen Verbände« bis auf weiteres die Sinti- und Roma-Kinder übernehmen. So kamen 39 Sinti-Kinder in das katholische Heim St. Josefspflege im württembergischen Mulfingen. Rassenforscher benutzten sie dort für Experimente und ließen sie 1944 in Auschwitz vergasen.

Buch und Broschüre sind erhältlich beim
Zentralrat Deutscher Sini und Roma, Zwingerstr. 18, 6900 Heidelberg

Verfolgt und vergessen

Die Vernichtung der Sinti und Roma in Auschwitz und ihre Verfolgung bis heute

Ein Video-Film der Medienwerkstatt Franken (62 Min., 1986)
Verleih und Verkauf (VHS-Kopie): Rosenaustr. 7, 8500 Nürnberg 80
Telefon: 09 11 / 28 80 13

Sinti und Roma
Bürger dieses Staates

Eine Ausstellung des
Zentralrats Deutscher Sinti und Roma

Die Ausstellung besteht aus 29 Plakaten im Format 60 x 84 cm mit großen Fotos und übersichtlichen Texten
* über den Völkermord an 500 000 Sinti und Roma im »Dritten Reich«
* über die Diskriminierung und den Rassismus in der Bundesrepublik
* und über die seit 1979 neu entstandene Bürgerrechtsbewegung.

Die 29 Plakate sind für 75.- DM zu kaufen und werden in einer festen Rolle zugeschickt.
Die Ausstellung eignet sich auch für Schulen, Kirchengemeinden, Jugendstätten, Gerwerkschaftseinrichtungen usw.

Zentralrat Deutscher Sinti und Roma
Zwingerstraße 18, 6900 Heidelberg